海洋发展研究丛书

教育部人文社会科学重点研究基地、国家哲学社会科学创新基地、
中国海洋大学海洋发展研究院资助出版

海岛法律制度比较研究

郭 院　华敬炘　吴莉婧　编著

中国海洋大学出版社
·青岛·

图书在版编目(CIP)数据

海岛法律制度比较研究/郭院等编著. —青岛：中国海洋大学出版社，2006.10
(海洋发展研究丛书)
ISBN 7-81067-704-7

Ⅰ.海…　Ⅱ.郭…　Ⅲ.岛－法律－对比研究－世界　Ⅳ.D993.5

中国版本图书馆 CIP 数据核字(2005)第 018832 号

出版发行	中国海洋大学出版社			
社　　址	青岛市鱼山路 5 号		邮政编码	266003
网　　址	http://www2.ouc.edu.cn/cbs			
电子信箱	whs0532@126.com			
订购电话	0532—82032573　82032644(传真)			
责任编辑	施薇		电　　话	0532—88888719
印　　制	日照报业印刷有限公司			
版　　次	2006 年 10 月第 1 版			
印　　次	2006 年 10 月第 1 次印刷			
成品尺寸	170 mm×230 mm			
印　　张	17.25			
字　　数	326 千字			
定　　价	30.00 元			

"海洋发展研究丛书"编审专家

(按姓氏笔画为序)

李凤岐　　李永祺　　李学伦

杨自俭　　张　克　　徐祥民

魏世江

总　序

　　海洋是生命的摇篮,她孕育了人类的文明。海洋有丰富的自然资源,是人类赖以生存和持续发展的第二疆土。人口膨胀、环境恶化、资源短缺的今日世界,使人们将生存、发展的目光移向了海洋。21世纪是海洋的世纪已越来越成为大家的共识。

　　海洋的世纪首先是认识海洋的世纪。尽管人类与海洋打交道的历史十分悠久,整个人类历史从古至今每个时期都有人类海洋文明的记录,然而,一直到今天,我们仍然不能说已经完全了解海洋,已经掌握了海洋的全部秘密。不管是利用海洋、开发海洋资源,还是要管理海洋、保护海洋,我们首先面临的都是进一步认识海洋的任务。海洋世纪一定是开发海洋、利用海洋的各路队伍向海洋大进军的世纪,然而,用科学的眼光看待海洋开发和利用,用可持续发展的观点对待海洋发展,我们现在更需要做的是认识海洋。

　　海洋的世纪意味着国家、社会乃至个人将从海洋里和与海洋有关的领域中获得更多的利益,而要实现这样的目标,解决利益的合理取得和公平分配是必要的前提。不管是在个人与个人之间、地区与地区之间、还是国家与国家之间,如果不能很好地解决这些问题,有关的个人、地区、国家就难以实现他们的利益追求,至少无法充分实现这种利益追求。这是为人类历史的经验所反复证明了的真理。不管是劳动分工、所有权制度的确立和各项保障制度的完善,还是生产关系的变革,抑或是可持续发展原则的建立,最终所要解决的都是与利益取得和利益分配有关的问题。在海洋世纪里,为了实现人类对海洋的经济、社会、军事、文化等价值的期望,我们应该认真地研究与海洋有关的利益取得与利益分配的问题,包括在个人与个人之间、地区与地区之间、国家与国家之间关系意义上的利益取得与分配的问题。

海洋的世纪应该是加强海洋管理与保护的世纪。不管是对海洋的开发，还是对与这种开发相关的利益取得方式和分配关系的处理，都不能不对海洋的自然特性产生这样或那样的影响，而且，开发的强度越大，影响的程度就越高；海洋利益取得和分配问题的解决可以使人类活动对海洋的影响更趋合理，但无法真正使之消除，可以使人类活动对海洋的局部的影响在强度上有所减弱，但另一方面却可能使这种影响的范围更加广泛。人类活动对海洋在强度和广度上都将不断施加的影响要求我们加强对海洋的管理，采取更加有力的措施保护海洋。而从实践方面来看，上个世纪和本世纪初，人类在开发与利用海洋的活动中已经给海洋带来了极大的且多具消极特性的影响。可以不夸张地说，人类活动已经给海洋带来了难以承受的压力，在我们充满希望地走进海洋世纪的时候，海洋环境污染不断加剧、海洋资源日趋减少、海洋生态环境恶化难以逆转等严重问题就立刻摆在我们面前。人类只有有效地解决了这些问题，才能拥有繁荣的海洋世纪。我们要建设美好的海洋世纪，就必须把海洋管理好、保护好。

为此，中国海洋大学于2000年启动了编撰"海洋发展研究丛书"（当时叫"迎接海洋世纪丛书"）工程。经过五年多的工作之后，这项工程即将告竣。作为一个海洋科技工作者，我对工程所取得的成就感到由衷的高兴，对参与这项工程的我的同事们充满敬佩之情。希望即将呈献给广大读者的这套"海洋发展研究丛书"能够在认识海洋、正确处理海洋利益取得与分配问题、管理海洋和保护海洋等方面，在推进相关领域的研究上，发挥应有的作用。

中国工程院院士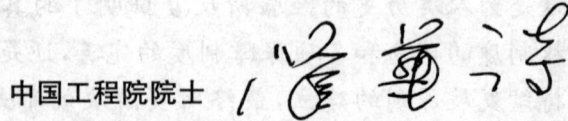

2006年7月1日

目　次

总序 ·· (1)
导言 ·· (1)
第一章　国外海岛立法模式 ··· (13)
　　第一节　海岛法律制度的法体模式 ································ (13)
　　第二节　海岛法律制度的目标模式 ································ (18)
第二章　国外海岛管理法律制度 ······································· (23)
　　第一节　海岛管理的法律渊源与主管机构 ····················· (23)
　　第二节　海岛综合管理法律制度 ··································· (31)
第三章　国外海岛物权法律制度 ······································· (48)
　　第一节　海岛所有权法律制度 ······································· (48)
　　第二节　海岛使用权法律制度 ······································· (57)
　　第三节　海岛租赁权法律制度 ······································· (63)
第四章　国外海岛生态环境保护法律制度 ························ (75)
　　第一节　海岛开发利用中面临的生态环境问题 ·············· (75)
　　第二节　海岛生态环境保护法律制度 ···························· (78)
　　第三节　海岛自然保护区法律制度 ································ (86)
第五章　国外海岛法律制度比较研究对我国的借鉴 ········· (92)
　　第一节　我国海岛的立法现状 ······································· (92)
　　第二节　海岛立法模式的比较研究与借鉴 ····················· (96)
　　第三节　海岛管理制度的比较研究与借鉴 ···················· (100)
　　第四节　海岛物权制度的比较研究与借鉴 ···················· (107)
　　第五节　海岛生态环境保护法律制度的比较研究与借鉴 ···· (118)
第六章　香港、澳门和台湾地区海岛法律制度研究与借鉴 ···· (126)
　　第一节　香港海岛法律制度研究 ·································· (126)
　　第二节　澳门海岛法律制度研究 ·································· (140)

第三节　台湾海岛法律制度研究 …………………………（149）
　　第四节　对健全国家海岛法律制度的借鉴 ………………（159）
附录　国外海岛法规选录 ……………………………………（163）
　　一、日本 …………………………………………………（163）
　　二、韩国 …………………………………………………（195）
　　三、美国 …………………………………………………（206）
　　四、法国 …………………………………………………（210）
　　五、澳大利亚 ……………………………………………（212）
参考文献 ………………………………………………………（260）
后记 ……………………………………………………………（265）

导　言

　　海岛是地球表面具有特殊形态的地貌体,是全球生命支持系统的一个基本组成部分,也是实现经济、社会可持续发展的宝贵财富之一。世界上有40多个国家全部由海岛构成,100多个有大陆海岸线的国家也都拥有一定数量的海岛。海岛不仅是所有沿海国家领土的重要组成部分,也关系到内陆国家的利益。沿海国无不将对海岛实施综合管理作为国家的基本职能,运用法律、行政、经济、科学技术、教育等多种手段,对海岛的开发、利用、保护及其他活动,进行规划、调整和监督,以实现海岛经济发展、资源和环境保护与国防安全的统一。国际社会早在20世纪30年代初,就意识到建立海岛国际法制度的必要性。许多沿海国都很重视海岛法律制度建设。2004年12月26日造成28万多人丧生的印度洋地震海啸的发生,再一次引起了世界各国乃至全人类对海岛事业发展的深切关注。如何建立和健全合理的海岛开发、利用、保护的法律制度,自然成为摆在法学工作者面前的重要课题。

一、海岛的概念和基本属性

　　海岛,是指位于海洋中的岛屿。在地学上对岛屿无统一的定义,有的界定为"比大陆面积小并完全被水包围的陆地"。[1] 有的界定为"海洋、湖泊和河流中四面环水的陆地。"[2]有的界定为"散处在海洋、河流或湖泊中的小块陆地。"[3]2000年中国国家推荐标准将"海岛"作为海洋地质学的基本术语之一,释义为:"散布于海洋中面积不小于500平方米的小块陆地"[4]。海岛,按其成因,分为大陆岛(基岩岛)、海洋岛(火山岛、珊瑚岛)和冲积岛(泥沙岛);按其分布,分为沿海岛屿、外海岛屿和大洋岛屿。

---

[1]《简明不列颠百科全书》第2卷,中国大百科全书出版社1985年版,第464页。
[2]《中国大百科全书》简明版(光盘),中国大百科全书出版社。
[3]《辞海》缩印本,上海辞书出版社1999年版,第299页。
[4]《海洋学术语　海洋地质学》(GB/T18190-2000),国家质量技术监督局发布。

海岛,在国际法上是指"四面环水并在高潮时高于水面的自然形成的陆地区域"。[①] 依此定义,海岛必须同时满足以下 4 个条件:由陆地形成,与海底自然相连;是自然形成的陆地,而非依赖人力构筑;在高潮时突出于水面;在低潮时仍四面环水。海岛,按其权属关系,分为海岛国或群岛国所属的岛屿和拥有大陆海岸线的沿海国的岛屿。

海岛的基本属性是位置固定、面积有限、相对封闭、生态脆弱和不可替代。

1. 位置固定,是指每个海岛在地球上所处的地方即其经纬度是固定的,不能移动,只能就地开发、利用和保护。

2. 面积有限,是指在世界 50 多万个海岛中只有 62 个面积超过 1.036 万平方千米,126 个面积超过 2 590 平方千米,绝大多数面积都不大甚至很小,世界海岛的总面积不超过世界陆地总面积的 1/15,而且,非经漫长的地质过程,海岛面积不会有明显的增减,因此在开发海岛时,必须十分珍惜和合理利用海岛土地,全面规划,加强管理。

3. 相对封闭,是指海岛四周被海水包围,与大陆或其他海岛相分离,地域结构简单,物种来源受限制,生物多样性相对较少,从而成为一个独立的生态环境地域小单元,形成了相对独立的生态系统。海岛,特别是大洋型海岛往往只有几种动物大量繁殖,主要是鸟类和昆虫类,可能有大量植被,但植物的种类无论如何也没有大陆上那么多。形成已久的大海阻隔,造成了甚至是相邻的海岛上的动物以及植物之间显著的差异。海岛的交通条件限制了岛上居民的对外交往和社会经济活动,海岛的封闭性较强,对外开放的程度低,形成了以海岛为单元的、相对独立的生产和生活体系,人类的生存环境具有了明显的地域特征。

4. 生态脆弱,是指虽然海岛与其周围海域构成一个完整的生态系统,但这种生态系统具有很大的脆弱性,这是因为海岛陆域大多面积较小,生境条件严酷,土层较薄且贫瘠,肥力低,陆域植被种类相对贫乏,组成比较单一,优势种较明显,易受破坏。由于海岛陆域地形坡度相对较大,水土流失严重,裸露岩石砾地增加,易导致荒漠化的形成和发展。单个岛屿的生物物种相对较少,稳定性较差,极易遭受破坏,且破坏后很难恢复。在有人海岛上人们生产和生活空间通常比较紧张,加之海岛本身资源有限,若开发强度过大,生态景观和生物多样性易受破坏,资源量可能会急剧下降。海岛水资源缺乏,如果开发不当,容易加重岛上水源和沿岸水质污染,使生物资源的生存环境受到破坏。海岛四

[①]《联合国海洋法公约》第一百二十一条。

周环海,易受海洋灾害的侵袭,受灾频度大、种类多、面积大、危害大,而且开展救灾措施也比较困难。全球气候变化,海平面上升使高程较低的海岛面临消失的威胁,还会使海水入侵,影响沿海陆域地下水质和土地盐碱化程度,改变岛陆和岛滩的生态环境,在一些情况严重的地区生态系统可能遭到毁灭性破坏。

5. 不可替代,是指海岛无论作为人类生活的一种基地,还是作为某些动、植物的栖息地,都不能用其他空间区域来代替。特别是在当今全球资源短缺、人口膨胀、环境恶化的形势下,人类社会的可持续发展必然越来越多地寄希望于海岛的开发、利用和保护上。

二、海岛法律制度的含义

海岛法律制度,是指与海岛有关的法律规范的统称,包括国际法上的制度和国内法中的制度两部分。

在《联合国海洋法公约》中,不使用"海岛"术语,而用"岛屿"术语。按照该公约的规定,岛屿的法律制度主要是:

1. "岛屿是四面环水并在高潮时高于水面的自然形成的陆地区域。"

2. "如果紧接海岸有一系列岛屿,测算领海宽度的基线的划定可采用连接各适当点的直线基线法。"直线基线法是在大陆沿岸向海突出处和沿海最外缘岛屿上选定一系列的点,并采用各相邻点之间直线连线划定领海基线。采用直线基线法要比采用正常基线法确定基线的效果"使原来并未认为是内水的区域被包围在内成为内水",也就是扩大了内水的面积,并将国家管辖海域的外部界限向海一面推进了一段距离。

3. 处于领海基线以外的岛屿,它的"领海、毗连区、专属经济区和大陆架应按照本公约适用于其他陆地领土的规定加以确定","不能维持人类居住或其经济生活的岩礁不应有专属经济区或大陆架"。按照这两项规定,每个远离大陆的岛屿或岩礁,都可拥有不少于1 550平方千米的领海海域;每个远离大陆的岛屿都可拥有42万多平方千米的专属经济区和大陆架。①

4. 在岛屿与大陆之间或岛屿与岛屿之间形成两端连接海洋的狭窄水道,构成海峡。在领海基线以内的海峡为内海海峡,适用内水制度。海峡宽度在24海里以内且有国际航线穿过的海峡为用于国际航行的海峡,虽处于沿岸国的主权下,但适用类似自由航行的制度。

5. 在群岛国的情形下,以连接群岛最外缘各岛和各干出礁的最外缘各点

---

① 《联合国海洋法公约》第一百二十一条。

的直线划定群岛基线。群岛基线所包围的水域为群岛水域。群岛国对群岛水域行使主权,但群岛海道适用类似自由航行的制度。

对于岛屿在海岸相向或相邻国家间海洋区域划界中的效力,《联合国海洋法公约》和有关国际公约未作规定。在实践中,通常根据岛屿的地理位置、面积大小、人口情况、各方岛屿分布的总体形势和政治经济因素综合考虑,有的给予全部效力,有的给予半效力,有的则不给效力。

国内法的海岛法律制度,是在保障国家对岛屿和领海行使主权及对专属经济区和大陆架行使主权权利,维护国家安全和海洋权益的条件下,以开发、利用、保护海岛及邻近海域的资源为主要目的,对海岛的控制、管理、使用的原则、规则和规定。主要包括:海岛的所有权制度,使用权制度,物权制度,对外开放制度,海岛土地征用补偿制度,具有特殊价值的海岛的保护制度,海岛的生态保护制度和关于海岛管理体制的规定等。

三、中国的海岛及其战略地位

我国是一个沿海大国,在 18 000 多千米的漫长大陆海岸线之外,分布着众多的海岛,还有一定数量的外海岛屿和濒临太平洋的岛屿。据 1988~1995 年开展的"全国海岛资源综合调查"的统计,我国沿海 11 个省自治区、直辖市中,共有面积在 500 平方米以上的海岛 6 961 个(不包括海南岛本岛和台湾、香港、澳门所属海岛),面积在 500 平方米以下的岩礁有上万个。岛屿岸线 14 000 多千米,① 总面积约 8 万平方千米,约占全国陆地面积的 8%。② "这些大大小小、星罗棋布的岛屿,像一颗颗璀璨的明珠,镶嵌在祖国近 300 万平方千米的蓝色国土上,成为中华民族锦绣版图上闪闪发光的瑰宝。"③

我国海岛在地理分布上具有如下 4 个特征:一是大部分海岛分布在沿岸海域,距离大陆小于 10 千米的海岛占全国海岛总数的 67% 以上;二是基岩岛数量最多,占全国海岛总数的 93% 左右;冲积岛占 6% 左右,主要分布在渤海和一些大河河口处;珊瑚岛数量很少,仅占 1.6%,主要分布在南海区;三是岛屿呈明显的链状或群状分布,大多数以列岛或群岛的形式出现;四是小岛数量多,面积小于 5 平方千米的小岛约占全国海岛总数的 98%。④

---

① http://www.qingdaonews.com/content/2003-12-05/content_2385327.htm
② 以上数字资料,参见杨文鹤主编《中国海岛》,海洋出版社 2000 年版,第 3 页。
③ 王曙光:《把我国的海岛建设得更加美丽富饶》(《中国海岛》序),杨文鹤主编:《中国海岛》,海洋出版社 2000 年版。
④ 同②注,第 4 页。

海岛与中华民族的劳动、生息、文明发展息息相关。当前,我国正处在社会主义现代化建设的重要历史时期。海岛在维护国家主权、海洋权益和国防安全,促进经济社会的可持续发展,实现国家和平崛起的伟大事业中具有不可替代的战略地位与重要的作用。主要表现在以下8个方面:

1. 我国有以海岛构成的省级行政建制2个、设区的市级行政建制2个、县级行政建制17个、乡级行政建制191个(不包括海南岛本岛和台湾、香港、澳门的数据)。在有常驻居民的460多个海岛上承载着近4 000万人口。海岛为中华民族的生存与发展提供了另一片广阔的天地。

2. 由于紧接大陆海岸一系列岛屿或岩礁的存在,才得以最外缘岛、礁的外缘作为领海基点采用直线基线法划定领海基线,而不以大陆沿岸低潮线作为领海基线,从而扩大了国家管辖海域的范围。钓鱼岛诸岛和南海诸岛自古以来就是中国的神圣领土,正是由于它们的存在,才可使我国依照《联合国海洋法公约》的规定,对这些海岛周围的广阔海域及蕴藏于其中丰富的自然资源主张和行使无可争辩的主权、主权权利和管辖权,并在与周边海岸相邻和相向国家的海域划界中,主张这些海岛应起的重要作用。当今,一些周边国家分别以种种借口对钓鱼岛诸岛、南沙群岛的部分岛礁提出主权要求,并已实际控制了一些岛礁,形成了礁岛被侵占、资源被掠夺、海域被分割的局面,严重地侵犯了中国的领土主权和海洋权益。

3. 海岛是我国海洋经济发展中的特殊区域。海岛及邻近海域的资源优势主要是渔业、旅游、港址和海洋可再生能源。全国海岛周围有滩涂300多万平方米,还有广阔的浅海区,适合大规模的海洋农牧化。我国海域地跨热带、亚热带和温带3个气候带,环境条件优越,加之,沿岸岛礁区入海河流较多,为渔业资源的生长繁殖提供了有利条件,渔业资源可开发面积大,种类多,使海岛周围水域成为海洋捕捞生产的重要场所。大陆海岸适合建设深水码头的岸线大部分已被开发,未开发的深水岸线多在海岛。海岛中多数是基岩岛,岸线曲折,有众多避风条件良好、终年不冻的港湾和天然锚地。全国海岛共有337处适宜建港的港址,港口建设和港口工业将成为海岛开发建设的重点产业。海岛自然景观和人文资源十分丰富,大部分海岛气候宜人,山海兼容,水碧沙洁,奇石古树,风光秀丽,还有诸多历史文化遗迹、宗教庙堂以及渔乡民俗风情,而且毗连沿海大城市和经济发达地区,旅游客源多,拥有发展海岛旅游业得天独厚的条件。根据海岛的特点,可以按地域组合规律把全国海岛组合成具有多层次旅游优势和多种多样旅游功能的旅游区,发展海岛休闲、观光和生态特色旅游。海岛还拥有丰富的风能、潮汐能等再生能源,有森林资源、矿产资源、海盐和盐化工资源以及土地资源。海岛的各种优势资源,如能获得合理适度的开发,加之海岛特有的区位和环境优势,与沿海经济发达区域形成资源互补,必能作为沿海经济拓展的重要空间,促进海洋经济的整体发展。

4. 海岛在海洋经济发展中,还具有作为海洋开发的海中基地的作用。全国海岛有几百处渔港,是海洋渔业捕捞生产、加工、销售、补给的基地和避风港。海洋油气开采、海洋能生产、海水淡化等,离开基地也都无法进行生产活动。有一些海岛港口,本身就是石油或矿石运输的中转港。在南沙群岛捕鱼的渔船,也常常在岛礁停靠。

5. 海岛由于与大陆隔离,且其周围存在岛屿效应,生物区系独特,有一批珍稀物种,形成了众多各具特色的生态系统,如蛇岛的蝮蛇、黄岛的柱头虫、厦门的文昌鱼、南澳岛的鲤鸟和军舰鸟、内伶仃岛的红树林、担杆岛和上川岛的猕猴、大洲岛的金丝燕、砑洲岛的龙虾和江瑶贝、海南岛的麋鹿以及庙岛暖温带海岛生态系统、南麂列岛贝藻类生态系统和三亚珊瑚礁生态系统等,在其他海岛也存在某些具有典型性、代表性的生态系统,在海洋生物多样性和生态环境保护上都具有重大价值。

6. 海岛不仅是领海基点所在地,也是许多海洋站、气象站、测绘标志、天文点和科学实验室的所在地。而且就其成因,有的是由构造动力作用而产生,有的由外力搬运作用形成,有的因海底火山喷发堆积而成,有的由珊瑚虫骨骼筑造而成,海岛存有许多自然历史遗迹。这些都使得海岛在科学文化上也具有重大价值。

7. 海岛又是大陆的海上天然屏障,保卫国家领土的前沿阵地。海岛是军队活动的有力依托和载体,是一些海军基地、军事要塞和军事交通和通讯枢纽及武器和军需物资储备库的所在地,军事演习或武器试验的场所,反潜侦察和空中预警装置的安置地,有些远离大陆的较大海岛,可以兴建大型机场,使之成为不沉的"航空母舰"。在我国国防从守土防御向近海防御的转变中,在未来反侵略战争中,利用海岛组成"岛链防御"对侵略者实施反击和追击具有非常重要的作用。还有些海岛处在国际航道附近,控制了这些海岛就控制了海上交通要道和战略要冲。在中国近代历史上,从1840~1949年,外国侵略者的军舰入侵我国沿海地区达470余次之多,[1]它们往往以侵占海岛作为入侵大陆的跳板。前车之鉴,后事之师。因此,开发利用海岛,在总体上要军民兼顾与平战结合,对具有重要军事价值的海岛要实行严格保护制度。

---

[1] 邓力群等主编:《当代中国海军》,中国社会科学出版社1987年版,第4~5页。

8. 海岛处于大陆的前沿,是边防的前哨,也是偷渡犯、走私犯、毒犯经常活动的地方,甚至可能是武装劫持分子、恐怖分子或海盗出没的场所。因此,海岛在维护社会治安、巩固边防中也具有重要作用。

四、中国海岛法律制度有待健全

海岛战略地位的巩固和重要作用的发挥,需要健全的法律制度的引导和保障。在相当长的一段时间,我国海岛工作服从国防和战备需要,开发利用排不上位置。从 20 世纪 70 年代末起,海岛开发逐步向全方位发展,在取得重大成就的同时,也存在不少问题,主要表现在:

1. 海岛开发在总体上程度不高,发展不平衡。海岛开发尚集中于少数大岛,它们的一二三产业俱全,大多数海岛产业则比较单一,主要从事渔业和种植业。除少数大岛有少量电厂、水厂、医院、学校外,大多数海岛淡水匮乏,电力不足,缺医少药,没有教育文化设施。海岛总体经济实力薄弱,基础设施落后,城镇化水平不高,对海岛经济的进一步发展构成很大限制。

2. 海岛开发在总体不足的同时,个体过度开发问题严重。最突出的是,在一些地区,为了开采矿石或建筑材料外销,或填海造地,擅自炸岛、炸礁、开山采石等掠夺性活动多有发生,使被炸岛礁高度降低,甚至造成岛礁在高潮时被水淹没,或在低潮时与陆地相连,岛礁四周不再环水,丧失了岛礁的地位。特别是为了将岛岛或岛陆连接,盲目地兴建实体坝连岛工程,也使海岛四周不再环水,造成海岛自然性状的改变,丧失海岛的地位。有的开发活动与军事活动争抢海岛,有的开发活动甚至可能破坏领海基点、军控点、天文点、三角点的所在地,对国家主权的行使和国防安全造成损害。

3. 海岛开发过程中的处置失当,尤其是不合理地开发利用海岛自然资源,造成了部分海岛的环境污染和生态破坏。炸岛、筑坝、挖砂、采石、填埋或采挖珊瑚礁、挖掘贝壳堤都会严重改变一些海岛的地形以及邻近海域的水动力条件,大规模围垦会改变岸滩性状和海域的水动力条件,在高潮线以上挖塘养殖和从事高密度滩涂贝类养殖和浅海网箱养殖,则会破坏海岸防护林或红树林,还会造成养殖污染。在岛上擅自建设构造物,则会破坏岛上植被。海岛生态环境本来就是脆弱的,海岛开发特别是无居民海岛开发利用的这种自主性、随意性,势必加速导致污染和损害海岛生态环境的事件频发,海岛邻近海域赤潮增多,外来物种入侵加剧,使一些海岛的生态环境恶化,物种减少,资源遭到破坏,对相关地区经济社会的可持续发展构成了现实威胁。

4. 在有的沿海相邻省之间,或同一地区相邻市、县、区之间,长期存在着某些海岛行政管辖权的归属争议,用岛纠纷时有发生,对当地社会的安定以及经济的健康发展造成一定影响①。而由于管辖权属存在不确定性,常引发对此类海岛资源的过度开发和超强度利用现象,给这些海岛的开发、合理利用和生态保护带来危害。

这些问题的发生和存在,除历史的和自然的因素外,主要原因是:

1. 一些地方和部门不能正确处理发展经济与保护环境、开发海岛与保护海岛的关系,沿袭以牺牲环境、破坏资源为代价的粗放型增长方式,不顾破坏根基,自毁家园的后果,盲目换取一时的经济增长。

2. 在无居民海岛的开发、利用和保护中措施不力,管理工作不到位。多年来,基本上是谁有钱、谁投资,谁开发、谁利用,缺乏科学规划和论证,各部门各自为政,多头管理。从而使得海岛开发秩序比较混乱,行政管理执法不严。

3. 造成此种现状的根本原因,在于长期以来,海岛法律制度不够健全,可适用的法律对海岛特别是无居民海岛的针对性和可操作性不强。我国《宪法》第九条规定:矿藏、水流、森林、山岭、草原、荒地、滩涂等自然资源都属于国家所有,即全民所有;由法律规定属于集体所有的森林和山岭、草原、荒地、滩涂除外。无居民海岛作为一种重要的自然资源,应属于国家所有,但迄今尚没有一部法律对无居民海岛的权属性质和具体管理制度,包括管理体制和有关国家机关的职责分工及相应的权力与责任作出专门规定。有些沿海地方政府、单位或组织误认为与本行政区相毗邻的无居民海岛归本地所有,擅自占用、出让、转让和出租海岛。而有关国家机关对无居民海岛的管理,也就无法可依。

解决这些问题的根本途径与最佳方案是,国家在对海岛特别是无居民海岛及其邻近海域的生态、资源、环境保护及经济发展进行统筹考虑的基础上,以科学发展观为指导,加快健全海岛法律制度建设进程,明确无居民海岛的归属,规定比较完备、合理的法律制度,建立高效、协调的管理机制,为维护国家海洋权益和国家安全,促进海岛经济社会的可持续发展,提供有效的法律保障。

五、比较借鉴域外海岛法律制度的意义

(一)联合国在公约与文件中关于海岛的规定

健全海岛法律制度是加强海岛法制建设的基础工作。健全海岛法律制度不仅符合我国海岛管理的客观现实,也是与国际公约相衔接的需要。1994年

---

① 例如,浙江与福建等"七星岛"之争,山东与江苏的"前三岛"之争等。

生效的《联合国海洋法公约》第八部分专门规定了岛屿制度,并在相关条款中规定了岛屿在确定国家管辖海域中的地位和作用。

1992年联合国环境与发展会议通过的《21世纪议程》中关于"小岛屿的可持续发展"的规定指出:"对环境与发展来说,小岛屿发展中国家和支持小社区的岛屿是一种特殊情况。它们在生态上是脆弱而易受害的。它们的幅员小,资源有限而且在地理上与市场隔绝,因此在经济上处于不利地位,不能发展规模经济。""它们被认为极易受到地球温度增高和海平面上升的伤害,某些地势低的小岛屿面临失去其整个国土的威胁与日俱增。"在1994年联合国通过了《小岛屿发展中国家可持续发展行动纲领》,要求各国采取切实的行动措施,加强对岛屿资源开发的管理,努力提高岛屿基础设施的能力,扩大岛屿信息的交流,为岛屿的可持续发展提供根本的保障。随后,在联合国第22届特别会议上,通过了《〈小岛屿发展中国家可持续发展行动纲领〉进展情况和今后实施的倡议》;第53届联大通过了《〈小岛屿发展中国家可持续发展全球会议成果的实施情况〉决议》;第54届联大通过了《〈小岛屿发展中国家可持续发展全球会议成果的执行情况〉决议》;在第55届联大,秘书长作了《小岛屿发展中国家可持续发展行动纲领进一步执行情况》的报告。这些决议和文件反映了国际社会对小岛屿的广泛关注和立法趋势,对最终关于小岛屿国际法规范的形成具有重要的推动和促进作用。

(二)沿海国家对海岛制定了相关法律与管理制度

许多沿海国家也很重视本国海岛发展,或是出台专门法律,或是制定相关的管理制度,调整对岛屿资源的开发利用和对岛屿生态环境的保护。例如,为了消除远离本土的孤岛的落后状态,改善岛屿生活环境,增加岛屿居民收入和提高岛民生活水平,发展国民经济,日本颁布了《日本孤岛振兴法》及《日本孤岛振兴法实行令》等,韩国制定了《韩国岛屿开发促进法》及《韩国岛屿开发促进法施行令》等。美国等海洋大国,非常重视沿海资源与环境的保护,在海岸带管理方面具有完善的法律制度,这些制度也都适用于位于海岸带中的岛屿,如《1972年美国联邦海岸带管理法》、《1978年美国外大陆架土地法修正案》及《美国康涅狄格州海岸带管理条例》、《美国加利福尼亚州海岸带条例》等法律法规中,对此都有明确规定。美国、加拿大、澳大利亚等国还制定了针对海岛自然保护区的准规范性文件,如美国得克萨斯州的山姆洛克岛的管理计划(Shamrock Island Management)、佛罗里达州威顿岛的保护方案(Weedon Island Preserve)、梅里特岛国家野生动物保护区综合保护规划,澳大利亚的罗特内斯特岛管理计划(the Rottnest Island Management Plan)、加拿大的艾尔克岛国家公园管理计划(Elk Island National Park Management Plan)等。还有一些国家针对面积较大的特殊岛屿,制定了专门的法律来管理,例如澳大利亚的《劳德哈伍岛法》等。

(三)港澳台地区具有较完善的海岛法律制度

除国外的法律规定外,中国香港、澳门两个特别行政区以及台湾地区也有很多关于海岛的法律制度,值得研究。香港、澳门、台湾的地理位置决定了海岛在其经济与社会发展中具有重要意义:香港岛在香港特区中占据极为重要的地位;氹仔岛和路环岛是澳门行政区的重要组成部分,也是未来最具发展潜力的地区;台湾本身就是一个海岛省,周围又分布着大量岛屿。因此,香港、澳门、台湾的相关法律制度与政策措施,在制定时就充分考虑到了海岛的特点,海岛法律制度比较完善,特别是关于海岛土地的使用以及海岛生态环境保护方面的许多规定值得借鉴。

虽然香港、澳门、台湾处于中国统一主权之下,是我国领土神圣不可分割的一部分,但是由于历史的原因,这3个地区各自有着不同的法律文化、法律传统与法律制度,形成了独立的法域。在进行比较研究时,香港、澳门、台湾地区的法律也应成为我们的研究对象。为行文简便,对于国外以及香港、澳门、台湾地区的法律制度统称为域外法律制度。①

(四)应科学借鉴域外合理的法律规定

我国要加强海岛法律制度的建设,一方面,要在进行充分详细的海岛调查的基础上,立足国情,研究我国现存的问题并提出对策;另一方面,有必要对域外海岛法律制度进行比较研究。他山之石,可以攻玉。域外的一些合理、可行的制度设计与法律规定,可以作为健全我国海岛法律制度的参考和借鉴,博采众长,为我所用,在与国际上的立法趋势保持一致的基础上,根据中国的具体情况和实际需要有所创新,发挥出我国作为一个海洋大国,在国际舞台上应有的地位。

虽然域外的一些合理规定值得学习参考,但在借鉴以致于引进、移植法律制度时,还需要慎重,应充分考虑与本土文化的契合度以及法律制度本土化的问题。

"在鉴别、认同、调适、整合的基础上,引进、吸收、采纳、摄取、同化外国的法律(包括法律概念、技术、规范、原则、制度和规律观念等),使之成为本国法

---

① 此处的"域外"是指"法域"之外,笔者注。

律的有机组成部分,为本国所用。"①这在理论上可称之为法律移植。

任何时代各国文明的发展都不可能是同步的,它总是存在先进与不先进、文明与落后的区分。如同其他文明的发展一样,法律文明的发展程度也总是受制于各国的社会经济发展状况,而各国的经济发展状况往往是存在差距的。这种由经济发展的差距所带来的法律发展的差距使得法律在各个不同国家间的移植成为可能。法律发展水平低的国家要加快本国的法制文明进程,使自身不致在世界法制发展的大潮中落伍,甚至被淘汰,或为实现法律传统的现代转型以及法律制度的更新,并以此推进社会改革和经济发展,就必须对法律发展水平高的国家或地区的法律进行批判性的借鉴和吸收。② 成功的法律移植往往可以减缩立法过程中的一系列环节,避免不必要的成本支出,从而给植入国带来效益。③

在改革开放后,我国要在较短的时间内建立起比较完善的法律体系,而且在当前的全球经济一体化的背景之下,法律制度要与国际惯例接轨,与国际立法趋势保持一致,这些都决定了我国在现阶段的法制建设中不可避免地要参考、借鉴或者直接移植域外先进的法律理念与法律制度。对海岛而言,由于长期以来我国对海岛问题的理论研究不足,又缺乏高位阶的法律规范,在健全海岛法律制度的过程中,需要研究和借鉴一些海岛法律制度比较完备的国家及地区的海岛法律制度。

海岛法涉及对海岛资源的开发、利用与保护,在法律体系中应属于自然资源法的范畴。我国是政府供给国家所有的自然资源的国家,自然资源开发利用中低效率和无效率是比较普遍的现象,这种经济和社会现实导致自然资源法的理论研究和制度建设都相对落后,决定了我国在自然资源法律制度中进行可持续发展的制度创新的任务,比较发达的市场经济国家更加繁重和艰难。④ 因此,健全我国海岛法律制度需要参考和引进经济较为发达、制度较为完善的国家或地区中关于自然资源法的法律观念、原则和制度,以便实现可持续发展的制度创新。

但是,法律制度的借鉴与引进,需要格外慎重。法律文化作为一国文化的重要组成部分,与该国特定的经济基础、政治制度、价值观念、风俗习惯、民族

---

① 张文显:《法哲学范畴研究(修订版)》,中国政法大学出版社2001年版,第269页。
② 黄金兰:《论法律移植》,载《山东大学学报(哲学社会科学版)》2001(6),第29页。
③ 笔者认为,这方面日本可作为典型例证。在日本法制史上曾发生过3次大规模的法律移植,总体来说较为成功,具体情况可参见注①的有关内容。
④ 参见肖国兴、肖乾刚编著:《自然资源法》,法律出版社1999年版,第6页。

精神等有着密切的联系。欲使引进的法律制度更好地适应新的文化环境,从而发挥其应有的效用,就必须认真对待法律文化冲突,并实现外来法律的本土化。"必须记住法律是特定民族的历史、文化、社会的价值与一般意识形态与观念的集中体现。任何两个国家的法律制度都不可能完全一样,法律是一种文化的表现形式,如果不经过某种本土化的过程,它便不可能轻易地从一种文化移植到另一种文化。"① 要做到法律的本土化,必须做好外部和内部两种法律文化工作。② 只有对域外有关海岛的法律制度进行深入透彻的研究,才能在此基础上,为健全我国海岛法律制度提供参考和借鉴。

基于上述理念,本书致力于对国外以及我国香港、澳门、台湾地区海岛法律制度进行比较研究,介绍域外海岛法律制度的具体规定,阐述各国及各地区法律规定的异同,分析形成这些制度的经济、政治、社会、民族、地理等方面的因素,探求这些制度的立法精神与价值取向,评价具体制度的利弊得失,并考察法律制度在实施中的实际效果。简言之,通过比较研究,真正深入理解和掌握域外海岛法律制度,在此基础上,对比中国海岛法律制度的现状,结合我国的实际情况,选择合理先进而又适合中国具体国情的规定与制度,加以参考借鉴,为健全我国海岛法律制度,建立具有中国特色的海岛法律体系提出若干看法和建议。

---

① 格林顿等著:《比较法律传统》,米健等译,中国政法大学出版社 1993 年版,第 6~7 页。
② 弗里德曼将法律文化分为外部和内部两种。前者是指全体公众的法律文化,后者是指从事法律工作的专业人员的法律文化,在这两种法律文化中,内部法律文化起着举足轻重的作用。参见 L. Freidman: The legal system Marasinghe and Conklin, pp. 105-110, 209-213.

第一章 国外海岛立法模式

所谓立法模式,是指一国在立法时所采取的、与调整范围有关的法律类型。① 也有学者认为,立法模式是指一个国家制定、修改、废止法律的惯常套路,基本思维定式和具体行动序列以及由诸因素决定的法律确认的立法制度、立法规则。② 作为一种模式,它使某个国家的立法体制有了自身独特的内涵,区别于其他种类的立法模式,进而区别于不同国度的立法逻辑。因此,研究国外海岛法律制度,应首先从立法模式入手。

第一节 海岛法律制度的法体模式

海岛法律制度,从广义上理解,是指一国法律体系内与海岛有关的各项规则,依一定的逻辑关系组织而成的规则群。根据此种规则群在法律体系中分布的不同,国外海岛法律制度的法体模式可大致分为单行立法和分散立法两种。

一、单行立法模式

单行立法模式中包括下述两种类型:

(一)调整某一类海岛

有些国家颁布的海岛法律适用于对某一类海岛的开发利用,在这方面日本与韩国可作为典型代表。

日本曾先后颁布了《日本孤岛振兴法》以及《日本孤岛振兴法实施令》,该

---

① 乔健康:《我国市场竞争法的最佳立法模式》,载《法学杂志》1997(2),第18页。
② 关保英,张淑芳:《市场经济与立法模式的转换研究》,载《法商研究》1997(4),第20页。

法案及实施令的制定,是针对远离本土的孤岛的特殊情况,为消除其落后状态,改善基础条件及振兴其产业而采取的对策。其立法目的是以迅速和强有力的措施实施基础事业,培养和增强经济实力,提高岛民的生活水平,并有助于日本国民经济的发展。①

韩国也采取了这种立法模式。韩国在海洋水产部成立之前,由内政部负责制定了《国家岛屿发展规划》和《岛屿开发促进条例》,后者已于1986年发展成为《韩国岛屿开发促进法》和《韩国岛屿开发促进法施行令》。② 该法及其施行令中所指的岛屿,包括除济州道本岛以外的海上所有岛屿。③《韩国岛屿开发促进法》及其施行令的宗旨,是通过整备、扩充岛屿的生产、所得及生活基础设施来改善生活环境,从而谋求岛屿居民的所得增加和福利提高。④

(二)调整某个或某些特定岛屿

有些国家颁布一部法律或法令,只为调整某一个特定的岛屿,典型代表是澳大利亚的新南威尔士(New South Wales——NSW)的《劳德哈伍岛法》(Lord Howe Island Act)。该法最初于1953年12月16日通过,于1954年4月23日生效,在生效后50年的时间里历经了近20次修改,目前施行的是2004年3月24日通过的《劳德哈伍岛修正法2004》(Lord Howe Island Amendment Act 2004)。⑤《劳德哈伍岛法》主要规定了劳德哈伍岛董事会的选举与组成方式,董事会的权力、责任与运作方式,岛屿的环境计划与评估,对岛上土地的利用等方面内容。

加拿大的《关于塞布尔政府的若干规定》(Regulations Respecting the Government of Sable Island),简称《塞布尔规定》(Sable Island Regulations),也属于这种模式。该规定明确了塞布尔的管理部门、登临岛屿的限制、对岛屿建设等方面的内容,同时规定了违反上述规定应承担的法律责任。⑥

日本也存在针对某些特定岛屿的专门立法。如《日本小笠原群岛振兴开发特别措施法》(最终修改于1989年4月10日法律第22号)以及相应的《日本小笠原群岛振兴开发特别措施法实行令》(最终修改于1989年4月10日政令第112号)。其目的是"考虑到小笠原诸岛的特殊地理状况,制定综合的振

---

① 《日本孤岛振兴法》第一条。
② 该法分别在1995年12月31日以及1999年8月31日进行了两次修订。
③ 《韩国岛屿开发促进法》第二条。
④ 同③注,第一条。
⑤ http://www.legislation.nsw.gov.au/viewtop/inforce/act+39+1953+FIRST+0+N
⑥ http://www.canlii.org/ca/regu/crc1465/whole.html

兴开发计划,以及以此为基础开展的相关事业等的特别措施,按照地理自然特性改善其基础条件,力图开发和振兴小笠原诸岛,希望促进原居住岛民的归岛,恢复岛屿的开发活动,以提高岛屿居民的稳定生活和福利水平"①。《日本奄美群岛振兴开发特别措施法》(最终修改于1989年4月10日法律第22号)以及相配套的《日本奄美群岛振兴开发特别措施法实行令》(最终修改于1989年4月10日政令第120号),其目的也是为了采取特别措施,改善岛屿的基础条件,开发和振兴奄美群岛,促进当地经济的发展。②

此外,韩国于1997年出台了《关于独岛等岛屿地域生态系保护的特别法》,专门针对独岛等岛屿的自然景观与生态环境的保护问题立法,现已成为韩国环境法体系的重要组成部分。③

二、分散立法模式

一些沿海国家目前还没有关于海岛的专门立法,海岛法律制度散见于相关的法律、法规中,这种模式可称为分散立法模式。

(一)美国

美国注重通过立法加强对海洋的开发与保护工作,一些涉海法律、法规中的规定,均可适用于海岛。如《1972年美国联邦海岸带管理法》(1972年10月27日由总统签署;1976年7月26日修正)第304条规定:

"为了本法的目的

(1)海岸带系指邻接若干沿岸州的海岸线和彼此间有强烈影响的沿岸水域(包括水中的及水下的土地)及毗邻的滨海陆地(包括陆上水域及地下水)。这一地带包括岛屿,④过渡区与潮间带、盐沼、湿地和海滩。在大湖水域,这一地带延伸到美国和加拿大的国界线;在其他地区则向海延伸到美国领海的外部界限。向内陆,该地带只从海岸线延伸到管理滨陆所需达到的范围,亦即滨陆利用对沿岸水域直接影响所及的范围,但不包括那种按法律规定完全听凭联邦政府及其官员和下属机构使用、或由联邦政府及其官员和下属机构托管的滨陆。

……

(7)河口自然保护区系指某种研究区,这种区域可以包括任何一部分或全

---

①《日本小笠原群岛振兴开发特别措施法》第一条。
②《日本奄美群岛振兴开发特别措施法》第一条。
③http://www.enn21.com/zw/zw_falvtixi.htm
④"岛屿"下的重点号为作者所加,下同。

部河口以及位于河口内、与之邻接、或邻近的任何岛屿、过渡区和高地,它们在适当范围内构成一个自然单元而被保留下来,以便为科学家和学生提供机会,在一定时期内研究该区内的各种生态关系。"

《1978年美国外大陆架土地法修正案》第二章第201节规定:"将《外大陆架土地法》第二节第(二)、(三)小节(43 U.S.C 1331(b)和(c)修正如下:……第五小节,"'海岸带'一词系指相互间有重大影响并靠近沿海各洲滨线的沿岸水域(包括该水域之中和之下的土地)和邻接的滨地(包括滨地之中及之下的水域),并包括岛屿、过渡区及潮间带、盐沼、湿地以及海滩。海岸带向海一方延伸至美国领海的外部界限,并从岸线向内陆延伸至控制滨地所必要的陆地,滨地的利用会对沿岸水域有直接而重大的影响。……"

《1966年美国海洋资源和工程发展法》(1966年6月17日颁布)第8节规定:"为实施本法,'海洋科学'一词应被认为适用于海洋学的和科学的各种努力和学科以及属于海洋环境的和与之有关的工程和技术;'海洋环境'一词应被认为包括(a)所有海洋,(b)美国大陆架,(c)所有大湖,(d)毗连美国海岸至200米深度,或超过这个限度到达容许开发这种区域的自然资源的上覆水域深度地区的水下区域的海床和底土,(e)与构成美国领土的岛屿、海岸相毗连的相似的水下区域的海床和底土,(f)及其他资源。"

另外,《美国康涅狄格州海岸带管理条例》、《美国加利福尼亚州海岸带条例》等美国州议会通过的一些海岸带管理条例,也都明确规定了适用于沿海岛屿。《康涅狄格州海岸带管理条例》第二条规定,长岛湾水域及其沿岸资源,包括有潮河流、溪流及支流,湿地和沼泽,潮间带、海滩和沙丘,陡岸和海岬,岛屿,岩礁海岸,以及附近的滨陆,形成一个完整的既独特又易受破坏的天然海湾生态系统。《加利福尼亚州海岸带条例》规定,所谓"海岸带"系指加利福尼亚州的从俄勒冈州州界至墨西哥共和国国界之间的、在1975年议会年会上通过的、使1972年海岸带法施行的1975~76号制定法第17节中宣布的、并用地图标明了的土地和水域,向海延伸至州辖区的外界,包括所有沿海岛屿;向陆地延伸至由中均高潮线向陆地1 000码(约914.4米)处。

(二)法国

法国关于岛屿的一些规定,也是散见于各法律之中。例如《城市化法典》第86-2号法律(1986年1月3日颁布)第L.146-7条规定,新修建公路工程的组织工作按本条款的规定进行。新修建的过境公路到海滨的距离不得少于2 000米。禁止在海滩、泻潮洲、沙丘和峭壁突出部兴修公路。不得在海滨和沿海滨新修地方专用公路。然而,迫于地形所致或必须在岛屿上兴修公路的,免于执行本条第 2,3 和 4 款的规定。在此情形下,须就新筑此类公路对环境造成影响征求省风景名胜委员会的意见。

《城市化法典》第 89-694 号法令(1989 年 9 月 20 日颁布)在第四章有关海滨的特殊条款中,根据第 L.146-6 条第一款的规定:"下述地区和环境,因从它们构成海滨自然文化遗产的优秀景点或具有特色的景点之时起,就对维持生态平衡体现出必不可少的生态价值,必须受到保护:

a)沿海的沙丘、荒原、海滩、小岛、悬崖峭壁及其四周;

b)临近海岸的森林、林化区和面积超过 1 000 公顷(约 10 平方千米)的内陆水面;

c)无人岛屿;

d)港湾天然区、沉降海岸和海岬;

e)沼泽地、淤泥地、泥炭沼、潮湿地和临时被淹区;

f)尤其是水生植物丛、鱼类产卵场、动物觅食区及活珊瑚类动、植物的天然聚集区;为保护 1976 年 7 月 10 日第 76-629 号法律第四条规定的野生动植物划定的地区和 1979 年 4 月 2 日有关'保护野生鸟类'的第 79-409 号欧共体指令划定的供野生鸟类休息、筑巢和觅食的区域……"

(三)其他国家

韩国、印度尼西亚、新西兰、澳大利亚等国家关于海岸带保护以及环境保护,特别是海洋环境保护的法律中,有很多规定也适用于岛屿。

另外,很多国家对于特定岛屿的管理,虽然没有颁布法律,却制定了一些政策、计划或规划,用来调整对岛屿的开发、利用以及对岛上生态系统的保护活动,这种模式可称之为管理规划模式。严格说来,政策或规划不是法律渊源,不具有法律效力,本不属于本文所讨论的"法体模式",但在实践中,这些政策或规划性文件的针对性较强,对岛屿管理的意义重大,一些具体的制度,往往是按照管理计划来制定并运作的。因此,从实际出发,在讨论过上述两种立法模式后,也将规划作为岛屿管理的一种模式加以介绍。

各国对岛屿的管理规划是大量存在的,有的是综合性的管理计划,如澳大利亚《诺福克岛保护计划方案》(2002 年 2 月 8 日)。该方案以对诺福克岛的土地利用为主要着眼点,针对诺福克岛在战略计划中所面临的现存问题采取应对措施,并将作为诺福克岛未来开发及土地管理的框架。有些计划方案是针对某岛屿的某个特定问题的,比较常见的是对岛屿生态系统或生态环境的保护计划,例如,《美国梅里特岛国家野生动物保护区综合保护规划》就是针对岛上野生动物的生境保护所做出的规划。

需要说明的一点是,以上几种模式不相互排斥,而是可以兼容的。事实上,一些国家的法律体系中就同时包括上述几种模式。从上文的介绍中也可以看出,美国有分散式规定,也有管理保护计划;澳大利亚有针对劳德哈伍岛的专门立法,也有诺福克岛的综合开发计划;韩国有单行法,同时也有分散规定。海岛法律制度是一个综合性概念,涵盖了各种表现形式的法律规范,一个国家应根据本国的客观需要和实际情况,在法律体系中对海岛法律制度的表现形式和法体模式做出安排。

第二节 海岛法律制度的目标模式

海岛法律制度主要有两种目标模式:第一种是开发模式,第二种是保护模式。根据开发模式,有关海岛的制度设计主要考虑如何充分利用海岛资源,促进经济的发展,至于对岛上生态以及环境的保护,则作为第二位目标考虑。根据保护模式,海岛法律制度的设计着眼于对岛上生物多样性、生态环境以及各种资源,尤其是不可再生资源的保护,至于如何有利于岛屿的开发利用,带动经济增长,则作为第一位目标。这两种模式的根本区别在于价值衡量和价值取向不同,当第二位目标与第一位目标一致,不相冲突时,二者可以同时兼顾;但当第二位目标与第一位目标出现冲突,难以调和时,则舍弃第二位目标而保障第一位目标。

一、开发模式

从国外立法情况来看,对于地理位置偏远、资源匮乏、经济落后、岛民生活水平较差的岛屿,往往采用第一种目标模式,即开发模式,典型代表是日本和韩国,另外澳大利亚对某些海岛的规定也属于这种模式。

(一)日本

《日本孤岛振兴法》及《日本孤岛振兴法实施令》的主要目的就是迅速采取有力措施,改善这些孤岛的基础条件,消除其落后状态,振兴其经济发展,提高岛民生活水平。

为实现上述目的,内阁总理大臣在听取国土审议会的意见后,需要把孤岛地区的全部或一部分划定为孤岛振兴对策实施区域,划定时应进行公示。孤岛振兴对策实施地域指定后,有关都道府县知事必须制定该地区的孤岛振兴计划,并把该计划报告给内阁总理大臣。内阁总理大臣在听取国土审议会的意见后，最终确定孤岛振兴计划，并通知与此有关的都道府县知事。这种孤岛振兴计划，对于相关地区应根据《国土综合开发法》，与已有的综合开发计划进行相关的协调。①

上述孤岛振兴计划通常包括以下内容：

1. 为了确保本土和孤岛、孤岛和孤岛以及孤岛内的交通，必须进行海陆空、港湾、道路、机场及通讯设施的整治。

2. 为了促进资源的开发和产业的振兴，必须进行渔港、林地、农地和电力设施等的整治。

3. 为了防止水灾、风灾以及其他灾害，必须进行国土保全设施等的整治。

4. 为了提高住民的福利水平，必须进行教育、保健及文化等各种设施的整治以及医疗条件的建设。②

日本对于上述孤岛振兴计划的实施经费，每年度在国家财政允许的范围内，列入相应的预算计划。国家对于实施孤岛振兴计划事业的地方公共团体以及其他人员，给予必要的资金融通或者协调，以及采取其他必要的措施。③

另外，《日本小笠原群岛振兴开发特别措施法》及《日本小笠原群岛振兴开发特别措施法实行令》、《日本奄美群岛振兴开发特别措施法》及《日本奄美群岛振兴开发特别措施法实行令》中，也规定了对这些小岛屿的振兴开发计划及其实施。

小笠原群岛和奄美群岛的振兴开发计划，分别由东京都知事和鹿儿岛县知事制定，并向内阁总理大臣提出。内阁总理大臣根据这种提交的方案，分别通过小笠原群岛振兴开发审议会和奄美群岛振兴开发审议会的审议，决定振兴开发计划的内容。决定后应通知东京都知事和鹿儿岛县知事。④

小笠原群岛的综合振兴开发计划，主要包括以下内容：

（1）关于土地（包括公有水面，以下同）利用事项；

（2）关于道路、港湾等的交通设施和通讯设施的整治事项；

（3）关于按地区特性的农林水产业、工商业等的产业振兴开发事项；

（4）关于生活环境设施、住宅、卫生保健设施和社会福利设施的整治，其他市街区域的整治和开发，以及医疗的确保事项；

---

①《日本孤岛振兴法》第二条、第三条。
②同①注，第四条。
③《日本孤岛振兴法》第八条、第九条。在《日本孤岛振兴法》的附表中，详细规定了对于各种孤岛振兴计划事业所需费用，由国家负担及补助的比例。
④《日本小笠原群岛振兴开发特别措施法》第四条；《日本奄美群岛振兴开发特别措施法》第三条。

(5)关于自然环境的确保及防止公害事项;
(6)关于防灾和国土保护设施的整治事项;
(7)关于教育和文化的振兴事项;
(8)关于旅游观光开发事项;
(9)关于促进希望归岛的原居住岛民的归岛,以及小笠原群岛的开发振兴必须的其他事项。[1]

奄美群岛振兴开发计划包括以下内容:
(1)关于道路、港湾、空港等的交通设施和通讯设施的整治事项;
(2)关于生活环境设施、卫生保健设施和社会福利设施的整治以及医疗的确保事项;
(3)关于防灾和国土保护设施的整治事项;
(4)关于按地区特性的农林渔业、工商业等的产业振兴开发事项;
(5)关于自然环境的确保及防止公害事项;
(6)关于教育和文化的振兴事项;
(7)关于旅游观光开发事项;
(8)除上述各项外,关于奄美群岛的振兴开发所需的相关事项。[2]

在这些振兴开发计划实施过程中,对于有关地方公共团体及其他承担者超过法令规定的国库负担比例和补助比例的,国家可以在预算范围内,负担其全部或一部分或者进行补助。对国家补助的事业经费,地方公共团体必须实行专款专用。[3]

在上述这些特别法及其实行令中,虽然也提到对自然环境的保护,但这是出于防止公害事项的考虑,并不作为重点内容加以规定,可见这些法律及其实行令,采取的是典型的开发模式。

(二)韩国

《韩国岛屿开发促进法》及其施行令也属于开发模式。

该法规定,由行政自治部长官根据直辖市长、道级市长或道知事(简称"市长、道知事")的申请,经过岛屿开发审议委员会的审议,将认为有必要开发的

---

[1]《日本小笠原群岛振兴开发特别措施法》第三条。
[2]《日本奄美群岛振兴开发特别措施法》第二条。
[3]《日本小笠原群岛振兴开发特别措施法》第六条、第七条、第八条;《日本奄美群岛振兴开发特别措施法》第六条。在这两个法令的实施令中,分别详细规定了对各项开发事业国家负担或补助的比例。

岛屿,指定为开发对象岛屿(简称"指定岛屿")。① 当行政自治部长官指定岛屿时,须公示岛屿开发目标、岛屿开发的范围、岛屿开发事业的概要以及岛屿开发事业的施行期限。

确定指定岛屿后,管理该指定岛屿的市长、道知事,须按照总统令的规定制定岛屿开发计划,并提交给行政自治部长官,由行政自治部长官在经过岛屿开发审议委员会的审议之后,确定开发计划的方针及其基准,之后向国务总理报告,取得总理的审批后,由行政自治部长官确定计划。②

在制定岛屿开发计划中,通常应列入为使居民所得增加和生活水平提高所需要的居住环境及设施改善的事项,关于产业振兴和资源开发所需要的基础设施设置的事项,关于为了增进岛屿的交通、通信便利所需要的运输、交通手段和通信设施的改善和扩充事项,关于防止风害、水害等灾害所需要的防波堤、防潮堤设施和治山绿化等国土保全的事项,关于为增进居民的福利所需要的教育、福利、医疗、文化及电气设施的设置和改善的事项,关于岛屿地域的环境保全事项,关于为了生活必需品的顺利流通和供给而予以支援、补助等事项,关于为保障国家安全所需要的设施的事项以及其他认定为岛屿开发所需要的事项。③

岛屿开发计划制定后,由国家、地方自治团体、政府投资机关或依据总统令规定由市长、道知事指定岛屿开发的实施者。被指定的实施者,为了有效地促进开发事业,必要时可委托其他地方自治团体、政府投资机关或其他开发者。国家和地方自治团体为了促进计划的实施,须为实施者补助、通融或协调必要的资金,并按照法律及总统令规定的比率,为岛屿开发提供费用补助。为了有效地促进岛屿开发,有关中央行政机关的主管及地方自治团体的主管,须将经费列入预算之内。而且政府为了有效地促进岛屿开发计划的实施,可给予必要的税制上的支援。

为了给岛屿开发计划确定的用途提供岛屿地域内的土地或水面,在施行者按照有关法律申请许可的情况下,如无特别处理,有关中央行政机关的主管及地方自治团体的主管须采取该指定岛屿开发的必要措施。④

(三)澳大利亚

《澳大利亚诺福克岛保护计划方案》从整体上看也倾向于开发模式。该方

---

① 《韩国岛屿开发促进法》第四条。
② 同①注,第六条、第七条。
③ 同①注,第六条第三项。
④ 同①注,第十二条。

案的目的,是在保护诺福克岛自然环境的前提下,开发可持续的旅游产业,开发用于居住、工作和休闲的娱乐区和功能区。该方案规定,诺福克岛的行政管理机构鼓励开发多样化,为繁荣经济基础提供各种机遇,提供合理范围的土地使用或开发机会,采取措施促进各项基础设施和资源获得有力、高效的利用和管理,并确保实现土地的最佳主导利用。

二、保护模式

世界上很多沿海国家,特别是美国、澳大利亚、加拿大等国,对于一些具有珍稀动、植物物种,生态系统又比较脆弱的岛屿,制定了专门的岛屿管理规划,如美国得克萨斯州的山姆洛克岛管理计划(Shamrock Island Management)[1]、佛罗里达州威顿岛保护方案(Weedon Island Preserve)[2]、澳大利亚的罗特内斯特岛管理计划(the Rottnest Island Management Plan)[3]、加拿大的艾尔克岛国家公园管理计划(Elk Island National Park Management Plan)[4]等。在国外海岛管理实践中,很多情况下是由政府制定岛屿保护与管理的法律、法规、管理计划,而由政府和民间组织共同努力实施,以保护岛上的野生物种及其生态系统免遭破坏,这种模式是典型的保护模式。

在一些海岛立法中两种目标模式兼而有之,例如澳大利亚的《劳德哈伍岛法》。该法既详细规定了对岛上土地的利用,又注重对岛上资源的保护和管理,是一部比较完备的岛屿管理法案。

---

[1] http://www.tpwd.state.tx.us/texaswater/txgems/shamrock/shamrock.phtml
[2] http://www.weedonislandcenter.org/
[3] http://www.rottnest.wa.gov.au/rotto/About%20the%20Rottnest%20Island%20Authority/Rottnest%20Island%20Management%20Plan
[4] http://www.pc.gc.ca/pn-np/ab/elkisland/plan/index_e.asp

第二章 国外海岛管理法律制度

海岛作为国家资源的重要组成部分,各沿海国都很重视对其进行综合管理。由于海岛的地理位置和自然属性具有一定的特殊性,对海岛的管理制度也相应地具有一些自身的特点。

第一节 海岛管理的法律渊源与主管机构

一、海岛管理的法律渊源

《联合国海洋法公约》规定,岛屿是四面环水并在高潮时高于水面的自然形成的陆地区域。① 由上述定义可见,与大陆土地相比,岛屿这种陆地区域最大的特殊性在于其"四面环水",处于海洋环境之中。

鉴于海岛具有上述特点,对海岛的管理也相应地有其特殊之处。海岛被海水所包围,一些海岛还处于海岸带之中,一些国家海岸带管理的法律法规,可适用于海岛。

二、海岛事务的主管机构

(一)几个沿海国家的主管机构

1.英国

英国是一个群岛国家,这一特点决定了英国对海洋资源的依赖和珍惜。目前,英国对海洋资源的开发活动已被纳入商业性管理范畴。在宏观上,既要求海洋资源的保值、增值和盈利,又强调资源的再生和可持续性开发,注重环境保护及生态平衡;在微观上,坚持开发商的利益与责任对等原则,将有偿使

---

①《联合国海洋法公约》第八部分第一百二十一条。

用海洋资源的费用列入开发商的开发成本。

海洋资源的管理模式是松散型多头共管,对海洋资源开发管理中发挥重要作用的部门有:

(1)英国皇家地产管理委员会,下设海洋地产委员会,负责经营管理皇室海洋地产的增值与盈利,总部在伦敦,管理人员300余人。在爱丁堡设有苏格兰皇室海洋地产委员会,在威尔士设有皇室地产办公室。

(2)工贸部具体负责海上石油开采区域的规划,统管招标、发放许可证,负责海洋石油平台500米安全区的环境跟踪监管等等。

(3)环境部负责在海洋资源开始利用实施之前的协调工作。

(4)农渔食品部负责采取措施,保护经济鱼类的渔业资源。

(5)地方政府负责监管制约。在开发项目初审期,地方政府作为社团利益的代言者,向开发商提出诸如野生动物及鸟类栖息地的补偿再造等要求。

在海岛土地资源管理方面,英国建立了完善的规划制度,并且规划具有法律效力。根据相关法律规定,由地方规划当局制定弹性发展规划,任何类型的开发活动都必须得到地方规划当局同意。另外,规划机关在审批开发申请时若是对农地变更利用方式,应向农业部部长咨询;因开发而损失过多农地的,环境大臣有权收回地方规划机关的申请核准权。因此,虽然规划机关是主管机关,其他部门也有一定的管理权。①

2. 美国

1976年,美国通过了1972年《美国联邦海岸带管理法》的修正案,这一法律适用于海岛。此外,美国1978年《外大陆架土地法修正案》中第201节也明确规定,海岸带的范围包括海岛。可见,位于海岸带中的岛屿,适用美国关于海岸带的管理规定,而美国海岸带及其他海洋资源的主要管理部门是商务部下属的国家海洋与大气局(NOAA)。

国家海洋与大气局成立于1970年10月,是商务部众多机构中最大的一个,该局局长一般由商务部的一名副部长担任。海洋与大气局设以下一些部门:公共事务部、政策与战略计划部、可持续发展部、立法部、国际部、高性能运算与通讯部、军事部、财务管理部、海洋与大气运作部、系统购置部、项目协调部以及联邦气象协调部。此外,海洋与大气局还有5个中心:国家海洋渔业服务中心,国家海洋服务中心,海洋与大气研究中心,国家天气服务中心和国家

---

① 王龙泉:《国外海洋资源开发管理模式——访英见闻及启迪》,载《海洋开发与管理》1996(2),第49~51页。

环境卫星、数据及信息服务中心,每个中心由一名助理局长分管。海洋与大气局在全国范围内约有1.27万名职员,2001年的预算约为32亿美元。其主要职责有:全美的天气及气候预报,海洋及大气资料的监测及归档,海洋渔业及哺乳动物的管理,全美水域的测量绘图,海岸带管理以及上述领域的研究与发展工作。

国家海洋与大气局下的美国海洋服务中心(NOS)的主要职责是,促使美国海岸地区的环境保护与经济发展协调一致,并确保美国海岸带安全、健康和有生产力。它内设10个办公室和中心,分别是:特殊项目办公室,国际计划办公室,海岸服务中心,海洋运行产品与服务中心,预算管理办公室,海岸调查办公室,国家测地调查办公室,海洋及海岸资源管理办公室,污染应对与恢复办公室以及国家海岸科学中心。该中心主要从事以下4个方面的工作:

(1)保持海岸健康,主要是指沿海居住地的海洋环境资源保护与经济的协调发展,如对海岸污染进行恢复治理等;

(2)提供航运资料与设备;

(3)进行海洋及海岸科学研究;

(4)提供信息,减小海洋灾害的危害。

《美国联邦海岸带管理法》授权美国海洋服务中心下设的海洋与海岸资源管理办公室的海岸带规划部制定《联邦海岸带管理规划》,负责对海岸带资源进行管理并对各州委员会管理工作给予资金支持。目前,《美国联邦海岸带管理法》和《美国联邦海岸带管理规划》已成为美国海岸带管理的重要依据,同时也是对海岸带中的海岛管理的依据。

可见,根据美国的海洋管理体制,对海岸带中海岛的资源与环境保护、海岛防灾减灾、海岛科学研究等事务皆由海洋与大气局及其下设机构进行管理,有关海岛的执法则主要由海岸警备队负责。对于海岛上的联邦矿产资源,由内政部矿产管理局负责管理。矿产管理局(MMS)成立于1982年,负责管理外大陆架矿产资源,包括政策制度、安全生产、环境保护等。海上矿产管理项目是矿产管理局两个经常性管理项目之一,主要负责外大陆架矿产资源的寻找、开发和环境保护,依据的管理法律是《外大陆架土地法》。[1]

为了促进海岛地区的经济发展,美国于1999年建立了跨部门的海岛事务管理机构(IGIA)。该部门的工作任务首先是和美国内务部来确认与美国海

---

[1] 以上资料参见周放:《美国海洋管理体制介绍》,载《全球科技经济瞭望》2001(11),第9~11页。

岛事务相关的问题,并给总统在制定岛屿政策和措施方面提供建议。其次,该部门应该和政府官员、来自海岛地区的议会议员,以及与海岛事务相关的其他官员在海岛有关问题上进行协商。另外,执行部门和机构应该在涉及海岛问题时和 IGIA 合作。

IGIA 成立后,先后实施了一系列行动项目,其中包括"海岛纳入联邦贸易计划行动项目",参与该计划的联邦部门包括内务部、海岛计划署及商业部,通过吸引新的投资者,发展新的产业和创造就业机会来增强海岛的经济。

3. 加拿大

按加拿大宪法规定,各省拥有一直到低潮线的资源并对这些资源的利用和管理拥有充分的权利。联邦政府对低潮线以下以及近海的水平土地拥有主要管辖权。近十几年来,加拿大无论是在社区一级,还是在中央政府都有大量的海洋综合管理活动。

加拿大对海岛土地资源管理实行的是所有权、处置权和管理权基本一致的体制。联邦政府负责管理联邦公有海岛,省政府负责管理省公有海岛。加拿大政府主要是通过制定计划和政策来指导联邦海岛土地的利用。各省公有海岛土地资源由省政府全权管理,一般来讲,各省大都将管理机构设置在林土部或自然资源部。这些管理机构的主要目标是:

(1)保护省有土地及水面的所有权,确保公有土地的合理有效利用;

(2)鼓励在公有土地上发展娱乐、商业、农业和采矿事业,为政府增加财政收入;

(3)出租水力发电场所,负责发电用水的管理;

(4)鼓励开发修建道路;

(5)对私人和企业颁发土地权属证书;

(6)保证建材、矿产资源等的永续利用,对全省同类资源进行合理管理;

(7)鼓励开发全省石油、天然气等燃料资源,等等。

4. 日本

根据《日本孤岛振兴法》、《日本小笠原群岛振兴开发特别措施法》、《日本奄美群岛振兴开发特别措施法》及其配套的实行令的规定,日本岛屿的振兴开发,由政府负责。如前文所述,首先由内阁总理大臣听取国土审议会的意见,把孤岛地区的全部或一部分指定为孤岛振兴对策实施区域,之后由有关都道府县知事制定该地区的孤岛振兴计划并报内阁总理大臣,由内阁总理大臣听取国土审议会的意见后,最终确定孤岛振兴计划,由都道府县知事负责组织实施。

5. 韩国

按照《韩国岛屿开发促进法》的有关规定，待开发的岛屿，由行政自治部长官根据直辖市长、道市长或道知事申请，经过岛屿开发审议委员会的审议，予以指定。岛屿指定后，由市长、道知事负责管理，他们按照总统令的规定制定岛屿开发计划，经开发审议委员会审议后，由行政自治长官向国务总理报告，经总理审批后确定。计划确定后，由国家、地方自治团体、政府投资机关或市长、道知事指定具体的实施者。可见，对于经济落后、有待开发的岛屿，韩国与日本类似，都是由政府及各级行政官员作为主管机构负责实施开发。

对于其他没有被指定的岛屿的土地资源，则应由土地管理机关负责管理。根据韩国的土地管理体制，建设交通部下设规划与管理、国土规划、土地政策等11个局(室)及土地开发公社等若干个事业单位，其职能是制定、贯彻执行、完成国家自然开发规划，国有土地的管理和土地开发，制定城市管理政策，批准城市规划等等。

建设交通部下设的国土规划局和土地政策局负责制定全国的国土规划和土地政策。国土规划局下设国土规划处(或称国家自然规划处)、大都市地区规划处、区域(地区)规划处、土地利用规划处和自然公园管理处等5个处，主要职责是全面制定和执行国土规划(或称国家自然规划)；依据国家经济和社会发展规划，指导和协调部门项目；制定和执行首都地区和大城市区域政策和规划；制定和执行地区政策和规划；制定国家土地利用政策与规划；指定和管理国家公园。

土地政策局下设5个处：土地政策处，土地管理处，土地财政处，地价调查1处，地价调查2处。主要职责是，研究制定相关土地政策和制度；制定、执行土地管理制度，如外国人用地的管理等；研究、执行土地开发收益的赎买和偿还；研究制定土地征用和补偿制度及管理，土地鉴定评价人员的管理等。

另外，建设交通部还设立了若干事业单位，包括：

(1)韩国鉴定院。该院成立于1969年，是国家出资建立的，主要是对不动产、国有资产进行鉴定评价的权威机构，下设7部4室、45个分支机构、一个海外事务所。该院的主要职能是，调查特殊用地、研究地价动向，及时向政府提供情报或研究报告；土地评估，国有资产评估，研究地价政策；土地信托、管理、处分、担保及代理不动产等等。

(2)韩国国土开发研究院。该院建立于1978年，官方事业机构，下设国土计划研究室、土地政策研究室等14个分支研究机构。该院对国土资源及经济建设进行宏观研究，提出研究报告，为政府进行政策决策，其主要职责是：对国土环境资源情况进行分析研究,提出政策性管理意见;研究土地政策,土地管理,分析土地市场形势;国土资源研究;向国内外提供有关国土资源等方面的资料情报等等。

(3)韩国鉴定评价协会。该协会是民间团体,建立于1989年,其目的是为了保护民间鉴定评价人员的合法权益,促进鉴定评价业的健康发展。

(4)韩国内务部。依据地籍法的规定,内务部负责全国的地籍管理工作,同时根据地籍工作的需要,在内务部长官所属之下设立了地籍委员会,该委员会由包括委员长及5位以上10位以下的委员组成。委员长由内务部地方财政局局长提任,副委员长由内务部地籍科长提任,委员由内务部长官从对地籍有丰富学识和经验者中任命或委托,任期两年。委员会的职责是改善土地注册业务,开发研究地籍测量技术,审定地籍测量恰当与否等。①

1996年,韩国政府为奉行加强海洋能力的政策,使韩国成为先进的海洋国家,组建了海洋水产部。新组建的海洋水产部由水产厅、海运港湾厅、海洋警察厅及科技、环境、建设、交通等部中从事海洋业务的厅、局合并而成,下设2个室、7个局,是韩国最大的政府机构之一。韩国海洋水产部是涉海主管部门,负责海洋与水产、交通港口及直属海洋警察厅等方面的行政执法工作。其主要业务职能是:

(1)开发海洋资源、研究海洋科学技术及环境;

(2)负责海洋产业振兴,包括水产业振兴及渔村开发;

(3)港湾建设及运营;

(4)船员福利、船舶管理;

(5)海洋安全审判等。韩国对海岛的开发利用与环境保护同时也要受韩国海洋水产部的管理。

(二)若干特殊海岛的主管机构与管理体制

一些海岛所在国针对海岛面积较大,资源丰富,有常住人口等特点,制定了专门法来对海岛进行综合管理。这类海岛的典型代表,首推上文介绍过的澳大利亚的劳德哈伍岛和诺福克岛。不同的海岛上设立了不同的主管机构和管理机制,大致可分为以下两类:

1.集体决策机制

根据《劳德哈伍岛法》的规定,岛上设立劳德哈伍岛委员会(Lord Howe

---

① 中国土地管理赴韩考察团:《韩国土地管理考察报告》(上),载《中国土地》1996(5),第42～44页。

Island Board),负责管理岛上的日常事务。委员会由7名成员组成,其中4名成员是岛上居民,另外3名由非岛民担任,其中一位代表工商业及旅游业利益,一位代表资源保护方的利益,另一位是环境与保护部的官员。4名岛民通过选举产生,由环境与保护部的部长任命,3名非岛民由部长直接任命。委员会成员可获得报酬及津贴,善意执行职务时,对做出的决定不承担个人责任。

委员会的权力与职责范围广泛,几乎涵盖了岛上的一切事务,包括对岛上事件以及交易的控制与管理,负责采集并出售岛上出产的产品,保护岛上鱼类、植物及动物等等。[1]

委员会的决策原则上采取多数裁决制。由部长任命其中一名委员为主席,由委员会指定另一名委员为副主席,副主席任期一年,在主席因故无法执行公务时,承担主席的职责。委员会会议的召集程序和议事规则,由委员会根据法律和法规自行决定。必须有委员会现有成员的多数人员参加,才可构成会议的法定人数。会议由主席主持,主持人员具有审议投票权(deliberative vote),在票数相等时,具有二次投票权。在有法定人数出席的会议上,多数票赞成的决定就成为委员会的决定。但是,该法同时规定,委员会在行使权力与职责的过程中,在各个方面(除提交报告或提出建议之外)都要接受部长的指示与控制。[2]

澳大利亚的弗雷瑟岛(Fraser Island)也采取了类似的管理机制。为确保具有世界遗产价值的弗雷瑟岛能获得有效的管理、保护与保全,联邦政府与昆士兰州政府于1997年采取措施对该岛进行联合管理。联邦环境部长与昆士兰州环境部长通过会谈,决定建立一系列管理机构,包括弗雷瑟岛行政理事会、管理委员会、科学咨询委员会、社会咨询委员会等,对该岛事务进行管理。行政理事会负责为弗雷瑟岛的管理提供政策指导,同时负责联邦政府与州政府之间的合作与协调;管理委员会负责管理计划的实施,其人员构成包括联邦政府代表、州政府代表以及对弗雷瑟岛负责的地方政府所任命的人员,社会咨询委员会包括旅游业、当地土地所有者、环保组织、土著居民以及娱乐团体的代表,科学咨询委员会负责对科学和技术问题提供专业、独立的建议,这两个咨询委员会都直接向管理委员会做出报告。上述管理机构的成员,经联邦与州的环境部部长双方同意后,共同予以任命。

澳大利亚联邦与昆士兰州的环境部的负责人都对这样的管理机制表示乐

---

[1]《劳德哈伍岛法》第十一条。
[2]《劳德哈伍岛法》第十条。

观,他们相信这一机制有助于保护弗雷瑟岛独特而优美的自然景观,同时也可以促进旅游业管理水平的提升。①

2. 行政长官负责制

澳大利亚的诺福克岛却采取了另一种管理机制——行政长官负责制。根据《1979 诺福克岛法》的规定,岛上设政府(Administration),政府是一个永久存续的政治实体,具有法人资格,可以以自己的名义起诉或被诉;可以签订合同;可以获得、拥有或处分动产或不动产,以及享有或承担社团法人的其他权利或义务。

岛上另设行政长官(Administrator),负责对政府的行政管理。行政长官由总督(Governor-General)委任,任期由总督决定。当行政长官因故不能履行职责时,由总督任命一位执行行政长官(Acting Administrator),代替行使职权。前两者都不能履行职责时,再由总督任命代理行政长官(Deputy Administrator),代理行政事务。

诺福克岛上设执行理事会,其职责是对与政府有关的事务向行政长官提供建议。执行理事会由目前在政府的执行机构中任职的官员组成,行政长官有权参加所有执行理事会的会议,并且可以提出议题由理事会会议讨论。理事会会议应由行政长官召集,行政长官可以在任何时候召集,如果有3名以上的理事会成员提出要求,长官应召集会议。在不违反法律和法规规定的前提下,由理事会决定会议程序。行政长官在行使权力与履行职责时,对于渔业、关税、移民、教育等问题,应听取执行理事会的建议。

诺福克岛上还设有自己的议会,在立法权限内可通过并实施法律、法规。《诺福克岛法》规定行政长官在行使权力、履行职责应听取议会意见的,行政长官应遵循该规定。在听取执行理事会与议会意见的基础上,由行政长官行使裁量权,形成自身意见,但应遵守部长的指示。

对于岛上所设政府行政机构的数量以及名称,由立法机关通过决议予以决定。行政长官根据议会的建议,可以任命议会的成员担任政府行政机构职务,但是诺福克岛或联邦公众服务人员不得在行政机构任职。

---

① http://www.deh.gov.au/minister/env/97/mr7mar97.html

第二节　海岛综合管理法律制度

海岛本身是一种土地资源，在海岛上又可能拥有矿产、旅游、生物等资源。在资源有限，尤其是土地资源稀缺的现代社会，如何合理开发利用海岛，对海岛进行综合管理，日益成为各沿海国，特别是海岛资源丰富的沿海国所关注的问题。具体而言，海岛综合管理的法律制度，主要涉及以下几方面内容：

一、海岛登临制度

对于海岛的登临，各国区别海岛的不同类型，分别做出不同规定，大致可分为以下几种情况：

（一）允许随意登临

大部分海岛，特别是有居民海岛，对外来人员的登临都没有特殊限制。有些海岛因自然环境优美，或因岛上存有历史文化遗迹，大力开展旅游业，将旅游作为海岛的一项重要经济来源，在岛上建有旅馆或别墅，对外出售或出租，并加强宣传以招徕游客。此类海岛，对登临都采取了开放宽松的制度，除个别岛屿对游客有开放季节与开放时间的限制之外[①]，不存在其他特殊的限制。这类岛屿数量很多，例如，美国北卡罗来纳州（North Carolina）的巴德海德岛（Bald Head Island）[②]、巴哈马的格瑞特凯岛（Green Turtle Cay）[③]、新西兰的怀俄可岛（Waiheke Island）[④]等。

（二）要求登临许可

对于一些比较特殊的岛屿，不允许外来人员随意登临，要登岛需要获得主管机构的许可。还有些岛屿，即使对外开放，对外来人员包括游客的活动范围也有一定限制，有些领域禁止涉足。之所以如此规定，往往是因为岛上设有自然保护区或特别保护区，或者虽未设保护区，但在海岛上存在着某些珍稀的动物或植物，或者是岛上保存有珍贵的历史文化遗迹，为了保护这些珍稀物种或历史文化遗产，对外来人员登岛进行一定的控制，以防止游客过多，影响此类

---

①例如，荷兰的风车岛（Windmill Island），在四月的第三个周六开始开放，十月第一周的周五对游客关闭。资料来源：http://www.ci.holland.mi.us/windmill/default.htm
②http://bald-head-island-nc-us.hotels-x.net/Bald-head-island-management.html
③同②注。
④同②注。

特殊海岛的生态环境或历史遗迹，造成难以弥补的损失。

例如，加拿大的塞布尔岛，位于加拿大新斯科舍省（又译诺瓦斯科夏省，Nova Scotia）哈里法克斯市（Halifax）东南 300 千米，因岛上的野马和失事船舶的残骸而著称于世，岛上还拥有引人入胜的地质学自然历史风貌，反映了生物在暴风、海浪以及与世隔绝中为求生存所面临的挑战。① 为保证岛上的生物与历史遗迹免受人类过度活动的侵扰，同时也由于岛上的自然条件恶劣，为避免登岛人遭受不测，塞布尔岛政府对登临该岛进行严格的限制。《关于塞布尔岛政府的规定》的第四条规定，未获得主管机构的书面同意，任何人不得登临塞布尔岛。这一限制不适用于以下几种情况：①居住在岛上的人员；②在岛上执行公务的加拿大政府雇员；③迫于天气或由于船舶或飞行器失事而登陆到岛上的人员。这一条同时规定，主管机构只有确信登岛人员具有充足的配备与给养，足以避免在岛上停留期间遭遇不测，才可以签发批准文书。可见，登临这样的岛屿，要受到严格限制。

需要特别指出的是，一些军用海岛对游客登临的态度经历了一个转变的过程。在一战、二战期间，一些海岛作为驻军基地，一度曾对外封闭，禁止随意登临。随着局势的变化，现在这样的很多岛屿也都向游人开放，美国的阿森松岛（Ascension Island）可作为典型代表。阿森松岛位于非洲与南美洲之间的大西洋中，地理位置遥远，自然资源匮乏，长期以来一直作为美国的军事基地，现在英国皇家空军和美国空军联合在该岛进行导弹、卫星以及航天飞机的监测与追踪，这些工作由美国空军司令负责监管。② 该岛曾一度不对外开放，鉴于其地处偏远，交通不便，也无人前往旅游。目前，阿森松岛已经结束了对外封闭的状态，虽然仍由军事部门控制，但开始欢迎游客前往。每星期有 2～3 架英国皇家空军的飞机前往该岛，游客可以此作为交通工具，岛上也修建了旅馆和其他一些旅游设施。由于该岛仍作为军事基地，具有一定的保密性，因此岛上禁止游客拍照。③

美国的盖姆岛（Guam Island）也走过了类似的历程。直到 20 世纪 60 年代，盖姆岛还完全是一个军事海岛，任何人要登岛，需要首先获得海军的许可。到了 70 年代，这种情况发生了变化。前总统肯尼迪废除了安全许可，加之其他一些自然以及历史原因，去盖姆岛旅游的人数逐渐增多，目前有资料显示，盖姆岛旅游的年收入已达 2 亿美元，占该岛全部经济收入的 60%。由夏威夷

---

① http://collections.ic.gc.ca/sableisland/english_en/index_en.htm
② http://www.abovetopsecret.com/forum/thread47290/pg1
③ http://www.websmith.demon.co.uk/Ascension Island/

大学太平洋岛屿研究中心支持的"太平洋岛屿发展计划"的研究成果《太平洋岛屿报告》中的一篇评论认为,军事和旅游已成为盖姆岛两个最主要的支柱产业,二者并不互相排斥,可以并行不悖,谋求共同发展。[1]

二、海岛居住制度

有些国家对于在特殊海岛上的居住有一些特别规定,上文提到的塞布尔就是一例。《塞布尔岛规定》第四条第二款 a 项表明,只有获得交通部部长(Minister of Department of Transport)颁发的许可证(licence),才可以在岛上居住。

在岛上居住的人,一般可概括称之为岛民(islander),但有些法律对"岛民"也有特殊限定。在《劳德哈伍岛法》中对岛民与非岛民的权利义务做了不同规定,因此对岛民以及居住的含义,都有严格的限定。《劳德哈伍岛法1981年修正案》第一部分第三条"定义"中规定,满足以下条件,方可成为该法所称"岛民":

(1)在《劳德哈伍岛法1981(修正案)》开始生效之前就在岛上居住,并且根据当时生效的原《劳德哈伍岛法》,满足"岛民"的条件,

(2)在新法生效之前已在岛上居住满5年,在生效之后在岛上继续居住,或者

(3)在特殊情况下,根据委员会的建议,经部长宣布,[2]目前可以保留或获得岛民的资格,这种授予岛民资格的决定应在公报上公布。

本法所称"居住"或"居所",是指某人在岛上持续且善意地(in good faith)居住,而且相关情况表明,他(她)将岛上住处视为家庭所在地,此外再无其他习惯居所。

三、海岛规划制度

(一)英国

英国规划的体系由国家级规划、区域级规划、郡级规划和地方(区级)规划所组成,后两者与海岛利用关系最为密切。其中,郡级规划也叫结构规划,为一般性的规划规定,而较详细的规定在地方规划,两种规划共同组成海岛开发利用规划。

---

[1]参见 By Joe Murphy:Military, Tourism Twin Towers of Guam Economy,发表于 Pacific Daily News, May 10,2004. http://pidp.eastwestcenter.org/pireport/2004/May/05—10—com1.htm

[2]此处的部长是指资源与保护部的部长,作者注。

结构规划是每一个郡级规划机关在与相关委员会协商后提出的含有最重要规划基础的规划,此规划包括文字说明及图表等,但没有规划图。规划应予以公布,其后必须将规划呈报规划主管部长。

地方规划机关进行地方规划,在提出地方规划前,应由相关委员会先提出地方规划范围,确定哪些郡属地区被列入地方规划内,应由哪一机关负责草拟。地方规划详细地列出规划机关对特定地域土地,包括海岛土地资源使用的构想,包括规划图及规划说明书,且原则上必须与结构规划协调一致。

(二)加拿大

以加拿大安大略省为例,规划分3级,即省级规划、区域规划,地区规划。省级规划的主要目的是对区域提出政策指导,区域规划的主要目的是对地区提出政策指导和指定一些地区的利用方式。例如,区域规划必须规划出所有大的野生生物保护区。在地区级规划中,必须将政策落实为一个可利用规划方案,并作为整个规划过程必须完成的结果。

地区级利用规划是对地区计划实现的海岛土地用途最终做出决策的过程。因此,一个规划方案就是关于海岛土地利用的一项许诺,或已宣布的意向。编制海岛土地利用规划方案,目的就在于对国家自然资源部设计土地利用的各项计划进行协调,以避免矛盾和低效率利用并实现各种目标。

地区规划方案的要旨是,为自然资源部各项计划确定适当的土地和水域面积。对皇家海岛,规划方案必须为政府的各项计划提供土地;对私有海岛,规划方案须确定那些对完成自然资源部各项计划至关重要的土地和水域。

地区规划方案最后须同其他机构的规划,包括自然保护局的规划和城市规划协调一致。

(三)日本

日本是一个岛国,其对海岛的规划与对国土的利用规划密不可分。日本国土利用计划是由国家计划、都边府县计划和市、町、村计划所组成。市、町、村计划中,贯穿着关于国土利用的基本方向和设想,还有现在和将来的国土利用问题,并制定了以调整国家、地方公共团体和地域性居民的基本发展方向及其各个阶段的意见等为目的的计划,这些都是国土利用上最基本的内容。

日本海岛土地利用基本计划是批准实施海岛土地交易与海岛开发行为的依据之一,同时也是实施闲置地处理措施的最基本的计划,是根据日本的《城市规划法》、《农业振兴区域整治法》、《森林法》、《自然公园法》和《自然环境保护法》等制定的各种计划的上一层次计划,在行政部门间起着综合协调的作用,同时直接地对海岛土地交易以及间接对海岛开发行为中的个别法规起着准则的作用。

日本海岛土地利用基本规划包括：城市区域、农业区域、森林区域、自然公园区域、自然保护区域共5个区域的划分，而且规定了各自按个别法规定的范围，即城市区域就是城市规划区域，农业区域就是农业振兴区域，森林区域就是国有林和地方民有林区域，自然公园区域是指国家公园、国立公园和都边府县立的自然公园区域，自然保护地域是指原始自然保护区域。

（四）美国

美国的海岛利用规划包括联邦规划、州规划、地方规划和区域规划等。严格地说，美国没有法定统一的全国总体规划，联邦政府主要通过制定相关的法律法规、政策来约束、引导地方的海岛土地利用及规划管理。这些相关法律、法规、政策的核心与实质在于：宏观控制、科学开发、集约利用资源，确保全美社会、经济的可持续发展与国家安全。各沿海州、县、市、乡有关海岛土地利用，除体现在总体规划中外，通常还包含、融合在各地制定的交通、海洋环境保护等规划及土地利用方针或规划政策之中，实施全方位、多层次的科学规划与严格管理。应该说明的是，海岛利用方针或规划都是自下而上、在公众参与下完成的。美国的总体利用规划编制，是从基层社区做起的，在制定规划的过程中，公众广泛参与，主要通过公告、召开听证会等形式，让专家学者、社区公众提意见，一般要经过半数以上公众同意方可依法由本级议会或行政部门批准。规划的编制与实施，既要求严格按法律、法规进行，又具有灵活性，如加州规定下级的规划一年内可以有理由地修改1~3次。

四、海岛开发许可制度

（一）几个沿海国家的许可制度

1. 英国

英国的海岛土地开发许可制度规定，海岛所有权人或海岛开发者欲从事地表、地下及地上建筑、土木工程、采矿或其他工程，或从事对土地、建筑物的任何使用做实质性改变的开发行为，都必须向地方规划机关申请开发许可；地方规划机关根据相关政策和对公共利益的影响程度而分别决定是准许开发，还是有限制条件地准许开发，或是不准许开发。这种先审查后开发的开发许可制度，是为了确保把开发建设活动对环境的影响降到最低，更加有效地利用资源。英国的海岛土地规划虽然也对不同地块进行功能分区，但是所有权人或开发者要改变海岛土地的用途，即使与发展计划不冲突，也必须得到规划机关的开发许可。另外，开发者接到规划机关的开发许可后，必须在5年内着手开发,以确保规划的实施。由此可见,英国的海岛土地用途管制不仅是通过规划限制来实施的,而更主要的是通过是否授予开发者以发展权来进行管理的。

另外,英国还在程序和权力上对农地转用进行了限制,规划机关在审批开发申请时若是对农地变更用途,应向农业部部长咨询,但农业部只是陈述其主张,不得有任何指示;因开发而损失过多农地的,环境大臣有权收回地方规划机关的申请核准权,以限制开发活动对农地的过度侵占。

2. 日本

《小笠原群岛振兴开发特别措施法》规定,小笠原群岛的土地(包括公有水面)的利用、道路港湾等交通设施和通讯设施的整治、自然环境的确保及防止公害、防灾和国土保护设施的整治以及旅游观光开发等事项,均由东京都知事制定振兴开发计划方案,并向内阁总理大臣提出。内阁总理大臣根据这一振兴开发计划方案,通过小笠原群岛振兴开发审议会的审议,决定振兴开发计划的内容。当内阁总理大臣决定振兴开发计划时,在通知东京都知事的同时,应将计划中关于土地利用的事项进行公示。

为了实施振兴开发计划,东京都知事在每年度开始前,必须制定当年度的事业计划,并须得到内阁总理大臣的认可。内阁总理大臣在进行确认的时候,必须预先听取小笠原群岛振兴开发审议会的意见。

关于小笠原群岛区域内的土地利用,在振兴开发计划规定的区域内,必须利用土地时,国家和地方公共团体必须按土地利用规定的方法,满足振兴开发计划规定的土地利用活动。国家及地方公共团体以外者,必须在前项规定区域实施土地利用时,应当保证其开发利用活动的实施,对振兴开发计划规定的土地利用无任何不良的损害。

在《奄美群岛振兴开发特别措施法》中,对奄美群岛的开发利用也有类似规定。

除上述有待开发振兴的岛屿之外,对于其他海岛土地资源的开发,日本的国家法令和各地制定的海岛土地开发和利用"要纲"都做出了严格的规定,并形成了一整套制度:一是许可制度。开发海岛土地5平方千米以上,农用地2平方千米以上、农耕地1平方千米以上,开发防护林地域、原生自然环境保护地域的,先由开发者提出书面申请,市町村长同意后,报县企画部土地对策室审核,最后由县农业委员会研究决定,县农业委员会由专家、县有关部门负责人组成。二是事前指导制度。县农业委员会对海岛土地开发行为实行事前指导,使其开发行为符合政府的要求。三是缔结开发协定制度。县农业委员会与开发者缔结海岛土地开发协议后,开发者才能动工实施开发。四是事后监督制度。开发者取得海岛土地两年后,政府对土地开发及利用情况进行调查,对闲置两年未利用的土地,要劝告土地所有者按照要求进行合理开发利用。

3. 美国

在海岸带开发项目的实践中,并不限于采用单一的许可证制度,除各主管部门签发的各种许可证之外,还需要获得海岸带使用许可证。在有偿使用制度方面,美国也是征收多种费用,如区块租金、招标费、产值税等,仅区块租金联邦政府每年的收入就达 2 000 多万美元。

近年来美国有一种新创的海岛土地管理技巧,这就是转移开发权,这种方法可以永久地保护重要生态区,促使开发集中到预定地点,并提供财务诱因给无法开发其海岛的海岛所有者。实施转移开发权有两项基本原则:其一是某些特定地点因其道路、公共设施、保护重要生态地区的政策,使之较其他地区更适合发展;其二是开发一小段土地的权利是可以被中止的,以便转移给更适合此目的的土地。开发权被中止的海岛土地称为"送出地",而转移的海岛土地则称为"接收地"。在私有市场中,送出地的土地所有者可以将开发权卖给接收地的地主。一旦送出土地的开发权被转移,该地便不能再开发。经由转移开发权计划,可使适合的海岛得到开发,而无法开发海岛土地的所有人也可得到补偿。

4. 新西兰

新西兰对海岛资源管理的重要法律依据是 1991 年通过、1993 年修订的新西兰《资源管理法》,该法继承并发展了可持续资源管理的法律原则和制度,许可制度即是其中之一,《资源管理法》对此规定了一系列的法律义务和责任。依照该法规定,不论是否持有开发许可证,所有公民都有责任避免、补救或减轻环境的不良影响。《资源管理法》以义务性规范和禁止性规范的形式设定了一个广泛的法律前提,即没有《资源管理法》或其他法律或合法有效的开发计划的许可,禁止开发利用自然资源。在水管理方面,禁止向水或向可能渗入到水体的土地排放污染物。但对于私有资源(如海岛土地)的利用活动(如建筑和工程)来说,其所采用的前提则正好相反,即私有资源的利用除非属于被《资源管理法》、法定计划条款所强制禁止的活动,都被视为是被许可了的行为,但必须符合环境标准或可持续资源管理的要求。如果海岛所有者的土地利用活动达不到法定的环境质量标准和技术性指标,而该所有者仍想进行此项活动,就必须取得特殊许可,而且必须要完成对该活动环境后果进行评价的公开程序。[①]

[①] 杜群:《新西兰〈资源管理法〉评述》,载《世界环境》1999(1),第 13~15 页。

目前新西兰实行单一的许可程序,即只有地方政府(区和区域)的委员会才有权发放许可,其他一些小的委员会无此权利。如果一个标的涉及两个委员会的许可(如建工厂需要建设用地许可和污染排放许可),则两项许可程序合并为一项进行。许可程序的简化并不意味着许可可以随意获得,所有的开发活动都有一个底线——保证资源的可持续利用。

与许可制度不可分的是环境后果评价制度,每一个许可申请必须附上环境后果评价,申请者必须履行评价义务。在没有计划或计划中没有评价规定时,申请者必须保证环境的不良影响已被明确认知,且相关避免、补救或减轻不良影响的措施亦被确定和制订。按照环境费用由造成环境损害者负担的原则,相关的环境付费由提出申请或相关程序的人负担。除此之外,根据许可证下的条款和条件,申请许可还可能面对其他一系列的费用问题,包括财政付款、保证、契约、环境补偿费、相关工作和服务的费用、许可证条件下的监测费用等。[1]

5. 马尔代夫

马尔代夫对海岛开发实行严格的审查批准制度,海岛上所有建筑都必须经旅游部门批准才能建设,并明确规定海岛建筑面积不能超过海岛总面积的20%,此外,马尔代夫只开发无人居住的海岛。

(二)劳德哈伍岛的许可制度

《劳德哈伍岛法》中规定了对岛上资源利用的开发许可制度,以及在岛上从事特定行业的审批制度,主要包括以下两个方面:

1. 申请程序与审批机构

申请与审批包括以下几种:

(1)对居住用地的申请与审批。根据《劳德哈伍岛法》的规定,满18周岁的岛民,可以申请获得皇室领地中的2平方千米空地作为居住用地,也可以由2名以上的岛民作为联合或共同承租人。对这种居住地的租用,以规定的方式向委员会提出申请,委员会收到申请后,向部长提交报告,说明授予该土地与公共利益是否冲突,如果委员会认为必要,还可以在报告中建议授予被申请土地的全部或部分,或者在报告中建议批准该土地的承租权所需附加的条件。

部长收到申请和委员会的报告后,可以根据委员会的建议,批准岛民承租其所申请土地的全部或其中一部分,也可以根据自己判断做出决定,拒绝该申请。即使部长批准,对此种居住用地的承租权也可附加条件,该条件应由承租

---

[1] 杜群:《新西兰〈资源管理法〉评述》,载《世界环境》1999(1),第13~15页。

人或转租人遵照执行。岛民应在申请批准后的 6 个月内开始居住,经委员会建议,部长也可批准延长此期间。如果承租人因自身或家人生病或因其他不利因素,难以完成附加的条件,可以按规定向委员会提出申请,委员会根据客观情况,可以批准在一定的时间内中止执行承租权所附加的条件。另外,对这种居住用地的承租,部长还可附加自认为适当的条件、保留或规定,对这些条件、保留或规定的修改或取消,由承租人按照规定的方式提出申请,经委员会建议,由部长做出最终决定。①

(2)对农业用地的申请与审批。有权申请承租皇室土地用于种植或畜牧的主体,仅限于依法获得居住用地租赁权的岛民。对农业用地的租赁,经符合条件的岛民提出申请,由部长根据委员会的建议予以审批。农用地的承租权不得超过 10 年,但根据委员会的建议,部长可以批准延长该期限。《劳德哈伍岛法》对农用地申请与获得批准的方式、条件的规定与居住用地的规定相似,上文已有详述,于此不赘。②

(3)对占有的审批。部长可以根据委员会建议的目的及条件条款,批准占有空置的皇室土地或根据《劳德哈伍岛法》保留的皇室土地,无论该土地位于高水位线(high water mark)之上、之下或是之外。对这种占有的批准,部长也可根据委员会的建议随时收回。③

(4)对旅游业的审批。委员会负责管理岛上的旅游业,欲从事此行业需获得许可证。许可的具体条件、条款由委员会决定。

(5)对使用林木的审批。无论土地是否出租或是否保留,生长于土地上的林木全部作为皇室财产。如欲砍伐、利用林木,必须得到委员会的授权,或者承租了林木生长的土地,且根据承租条件,有权砍伐利用林木。

2. 费用负担

委员会提供服务、产品或商品、给予许可、接受申请,都可以根据规定收取费用或征税。如果税费没有规定,可由委员会根据有关规定自行确定。④

五、海岛权利登记制度

经主管机构许可、批准后,申请者可以取得对海岛的某些权利,如海岛所有权、使用权或其他不动产财产权,具体权利类型,取决于各国不同的法律规

---

① 《劳德哈伍岛法》第二十一条。
② 同①注,第二十二条。
③ 同①注,第三十一 A 条。
④ 《劳德哈伍岛法》第十五条。

定以及申请者的具体申请内容。无论取得何种权利,往往需要到登记机关进行登记,对权利进行确认,登记簿可以由公众查阅,也便于权利的公示。由于各国国情不同,它们所规定的不动产的登记制度也有所不同。

(一)美国

美国的海岛土地登记可分为以下种类:测量登记,即对公共海岛土地进行定位和描述;权属登记,记录公共海岛土地和资源的所有权和使用权;管制登记,对公共海岛土地产权交易和使用状况的文件进行登记,这类登记的文件主要有:公地持有证、行政命令或部长命令、征购海岛土地文件等;案例登记,记录关于公共海岛土地和资源使用权或所有权操作行为的所有文件。

美国对于登记文件有3个最基本的要求:第一,契约文件的起草、签字生效等手续必须符合海岛所在州的法律规定;第二,契约文件必须公证;第三,必须以转让文件原件登记,以备校对。

美国海岛土地登记须经以下步骤:

(1)申请。申请人向主管机构的官员提交申请书,阐明获得海岛上土地资源的理由,或者出具政府划拨海岛土地的指令。

(2)授权。颁发授权书,证明特定海岛上土地的所有权,委托官方测量员测量该地,取得优先索赔权和争议请求权,授权书能在任何县或州使用。

(3)测量土地,绘制地图。收到授权书后,测量员测量土地,在绘制的测量图上标出界址,使宗地得以确认,授权书批准的土地面积和界址也可得到鉴定。

(4)海岛土地权利证书/海岛土地转让证书。海岛土地调查完结后颁发海岛土地权利证书/海岛土地转让证书,表明权利人取得权利。这些权利证书或转让证书都被归档保存,公众可再查询。

联邦政府颁发的公地权利证书,包括以下内容:①识别号。因证书种类不同,识别号代表的含义也会不同,例如,有文件编号、许可证号、序列号、土地专有权号、采矿权申请书号等。②权利人。权利人的姓名出现在证书的不同部位,如果权利人不是该地的原买受人,那么证书上就注明买受人为受让人、继承人和受遗赠人。③主管机构名称。④法定的地界。⑤署名和日期。证书还能反映颁发的时间和在任总统的签名。从1948年起,就授权给内政部长签署公共权利证书。⑥美国保留地。这类海岛土地权利证书的末端会注明保留地字样,主要由联邦政府划出的用于某一特殊目的的一类土地,归联邦所有。⑦地表下权利保留。权利证书中注明的地表下权利保留,是指保留地表下的采矿权,如石油、天然气、煤和磷酸盐等由联邦所有。

(二)英国

英国的海岛土地登记也是遵循申请、受理、审核、登记和颁发登记证书这样的程序,但在登记的技术方法上,有以下特点:

(1)收费标准有所区别。英国海岛土地登记收费标准,是在区别土地利益者对土地的持有性质(即永久持有或租用),以及是以市场交易为目的,还是以金融意向(含贷款、抵押)等为目的而进行登记的基础上,按价值量作为海岛土地登记收费标准的依据,不同不动产的价值被依次分段,每段内收费标准一致,但无论哪类性质的登记,收费标准均存在着一个限量值,即超过某数额价值量的不动产,其登记收费标准为同一数额。

(2)统一绘图。英国海岛土地证书中的宗地图来源,具有统一性,所有宗地图件均源于国家测绘局,具有很强的权威性。并且英国国家测绘局对全英范围内的土地,是按区域分布全面测绘成图的,并在规定期限内,不断地调查和更新。

(3)管理计算机化。英国不动产登记计算机化管理始于1987～1995年,已达到相当高的水平,已登记的不动产信息70%实现了计算机化管理,登记办公室之间实现了电脑联网,信息共享,这对登记成果的管理和向社会提供咨询、查找、搜寻等公共服务奠定了良好、坚实的基础。

(三)澳大利亚

澳大利亚现行的海岛土地登记制度是托伦斯登记制度[1],这是一种制度严密、权责分明的登记制度,登记具有绝对的公信力。所登记的海岛土地,由政府保证其产权的权威与合法,而不是以双方交易或转让契约合同为保证。已登记的海岛土地及不动产,其权利人、土地面积、地块位置、边界及其相关权利等都经过政府登记机构的审核和认定,政府保证其准确、真实,这是托伦斯土地登记制度的核心。如果登记本身出了错误,则由政府承担责任。

托伦斯登记制度操作简便,只需在一张纸上就可以登记该宗海岛土地的权利取得、变更、消灭的所有情况,无论登记还是查阅都十分方便,并很少出差错。海岛土地登记不仅登记地表权利,还包括空间利益的登记以及地役权等他物权的登记。登记时,登记机关依一定的程序,审查确定海岛土地的权利状

---

[1] 该制度由托伦斯首创,因此而得名。托伦斯原是一名商人,曾在澳大利亚阿德雷港担任海关税务员,后来又任南澳大利亚殖民内阁第一届成员,1858年在担任南澳大利亚州首任土地登记局局长时,首创这一登记制度。该制度取代了在澳大利亚使用了30年的契约登记制度,于1863年开始在澳大利亚推广使用。托伦斯主张土地权利应用一种书状为证明,并使其权利绝对可靠且有确定性质,从而便于转移。

态后,制成两份记载此权利状态的地卷,一份交与所有人,一份存档保存。海岛土地转移时使用一定的官制用纸,登记官审查以后,将权利的移转结果记入登记簿,与证书存于登记局。托伦斯登记系统是一个开放的动态的系统,任何单位和个人都可以利用该系统查询或索取某海岛土地的有关信息和资料。

(四)日本

日本海岛登记制度与土地登记制度是一体的,而土地登记制度是日本土地制度的重要组成部分,政府通过土地登记以整理地籍,确定产权,便利交易,保证税费公平负担,推行土地政策。规范日本土地登记行为的法律主要是日本的《不动产登记法》,根据该法的规定,日本不动产登记对象为不动产的标示以及附着于不动产的各项权利,如所有权、地上权、地役权、抵押权、租赁权等。以上权利一旦发生设定、保存、转移、变更、处分或消灭,就要进行登记。

登记由登记权利人及义务人或其代理人到不动产所在地的登记所登记。先由登记人提出登记申请,并提交必要的书面材料。登记由登记官办理,登记官是法务机构的工作人员,由政府法务局长或地方法务局长指定。登记官依法对登记申请行使书面审查权和实际调查权,核实申请与事实是否相符。若登记人的一切手续都合法、齐全,登记官就在申请书上加盖有效登记印章,并将副本发还申请人。

日本的不动产登记材料向社会公开,公众可以查阅与自己有利害关系的不动产登记簿及其附属文件和地图等。

(五)韩国

韩国的海岛地籍制度与海岛土地登记制度是各自分开、又相互联系的两种制度。

海岛上每宗地的边界由市、县和区管理机构确定后,要在地籍簿中登记。登记簿以地籍簿中登记的内容为基础,并在登记处公开。如果海岛土地登记簿中已登记的所有权发生变更,登记处必须发出通知,并在地籍簿中登记。

地籍簿中记录的主要事项为:客体的位置、宗地编号、地类、面积和XY坐标;主体的姓名、地址、13位的公民号码、取得日期和共同所有权;其他如海岛土地利用规划、海岛土地等级等等。登记簿中记录的主要事项为:客体的位置、宗地编号、地类和面积;主体的姓名、地址、公民号码、取得日期和共同所有权。

地籍登记制度遵循义务申请原则,登记的是土地所有权,并具有公信力。而地产登记制度遵循自愿申请原则,登记的是地产抵押权、租赁权、地役权、地上权等,但登记不具有公信力。地产登记实行实名制,不允许以其他人的名义进行海岛土地登记。海岛地产登记实行以下3个原则：一是申请原则。除了政府机关委托或法律条款规定之外，登记只应由当事人申请。二是到场原则。登记申请人或代理人应该亲自去登记处登记。三是共同申请原则。共同登记应由双方当事人共同申请。

六、海岛征用制度

海岛征用是国家为公共目的强制取得原海岛权利人的权利并给予合理补偿的一种行政行为，是各国海岛管理制度中的重要组成部分。这一制度，在美国称为"最高土地权"的行使，英国法律中称为"强制收买"，法国、德国法律中称为"征收"，日本法律中称为"土地收用"或"土地收买"，韩国称为"土地收用"。

（一）美国

《美国联邦宪法》、《美国财产法》、《美国公有牧地改良法》、《美国联邦土地政策管理法》等法律中的规定，都可适用于对海岛土地的征用。《美国联邦宪法》规定："非依正当法律程序，不得剥夺任何人的生命、自由或财产；非有合理补偿，不得征用私有财产供公共使用。"由此规定可见，海岛土地征用必须具备3个要件，即正当的法律程序、合理补偿、公共使用。

只有通过公正的法律程序后，海岛土地才能被征用。在这一程序中，政府需要发出公告，在没有出示公告时，要召开听证会，采取司法或类似司法的程序。征用海岛土地的具体程序是：由具有资格的正式审核员审查；审核员在征得海岛土地所有者同意后，实地调查、汇总，提交审核报告给负责征地的机构；高级监督员进一步研究能否同意审核员提交报告中的补偿价格；征用机构向海岛土地所有者或与之有利害关系的人报价。如果产权方与政府机关之间在价格上有分歧，则进行谈判。在此之后，若在补偿费用上仍不能达成一致，政府及有关机构则实施强制征用，强制征用的程序和手续，各个州差异很大。

根据美国财产法，合理补偿是指赔偿所有者财产的公平市场价格，根据征用前的市场价格计算标准，充分考虑到海岛土地所有者的利益，不仅补偿被征海岛土地现有的价值，而且考虑补偿其可预期的未来价值。

（二）加拿大

根据加拿大联邦及安大略省相关法律的规定，海岛征用是国家为了公共利益向私人收回海岛土地使用权的一种强制性权力。征用权只能由法定征用机构强制行使，只能用于公共目的且应给予被征者合理补偿，3个条件缺一不可。

征用的目的必须为公共利益服务，征用范围限制在公共服务的交通、能源、水利、环境保护、市政建设及文物遗迹保护、学校、医院、社会福利等。一旦认定征用是为公共利益服务,法定征用机构可以行使海岛土地征用权,建设项目经可行性论证,举行听证会听取公众及被征用单位意见,并经政府批准后,征用海岛土地就具有了强制性,要求个人服从公共利益,必要时征用机构可以请求法院强制执行。

由于征用具有强制性,应对海岛土地权利者给予公平合理的赔偿。加拿大对海岛征用的补偿采取市场原则,由评估机构指定的专业评估师评估海岛土地的市场价格。如果对被征用财产补偿价格不能通过非正式谈判解决,则在取得海岛土地前的一定时期内,征用机构必须为被征者提供"法律出价"(statutory offer)服务,法律出价是根据征地法,不动产所有者在仍然行使其权利要求得到更多赔偿时有权保留的一种"没有偏见"的补偿出价。同时,法律出价需要征用机构对征用的财产权益进行正式评估,一些法律要求补偿出价建立在被征不动产的公平市场价格基础上,有的还要加上有害影响。

补偿的范围包括以下几个方面:一是被征用部分的补偿。必须依据海岛土地的最高和最佳用途,根据当时的市场价格补偿;二是有害或不良影响补偿。主要针对被征用地块剩余的非征地,因建设或公共工作对剩余部分造成的损害,可能还包括对个人经营损失及其他相关损失的补偿;三是干扰损失补偿。被征海岛的所有者或承租人因为不动产全部或基本征用,因混乱而造成的成本或开支补偿;四是重新安置的困难补偿。若仍达不成协议,双方可以向谈判委员会提出法律请求,要求谈判、请求仲裁。谈判委员会一般由总督指定的2~3名议会成员组成。谈判委员会必须到征用的海岛现场调查取证、进行调解,并做出仲裁,若不同意委员会的仲裁,任何一方都可向法院提出申请,由法院作出最后的判决。

补偿问题解决后,征用机构可以通知被征海岛权利人使用海岛土地的时间,在下达使用海岛通知书至少3个月后可以使用海岛土地,过时可以请法院强制执行,保证海岛土地的顺利使用。

(三)日本

日本宪法中有在需要时可以征用私人财产的规定。根据1951年的日本《土地征用法》,重要的公用事业可以运用土地征用制度,征用者须向建设大臣或地方政府提出申请,申请获准后,就可与土地所有人或其他权利人签订购买协议,并根据征用委员会的让地裁定给付赔偿。1962年,日本制定了《公共用地取得损失赔偿标准纲要》,根据此纲要来确定具体赔偿的对象、方式、金额、给付时间等。

日本的土地补偿是根据相当补偿的标准来确定的,在多数情况下以完全补偿标准确定土地补偿费。其土地补偿费主要由以下几部分组成:

(1)征用损失补偿。按被征用财产正常的市场价格计价赔偿。

(2)通损赔偿。对权利者因征地而可能受到的附带性损失进行补偿,包括对征用土地上的建筑物、设备、树木等固定在土地上的物体的搬迁费用的补偿,以及对搬迁建筑物时发生的其他费用损失和动产搬迁费用的赔偿。另外,对被证用者在收益上所受的损失也给予赔偿,包括歇业赔偿、停业赔偿、营业规模缩小赔偿以及农业赔偿和渔业赔偿等。

(3)少数残存者赔偿。对因征地使得人们脱离生活共同体而造成的损失的赔偿。

(4)离职者的赔偿。对土地权利人的雇佣人员因土地被征用而失业时发生的损失赔偿。

(5)事业损失赔偿。对公共事业完成后造成的噪音、废气、水污染等损失的赔偿。

(四)韩国

韩国的海岛土地征用,是指政府因发展公益事业、实施国家经济政策、保卫国防安全而使用海岛土地。

海岛土地征收补偿的内容包括:第一,地价补偿。海岛土地征用时,其地价补偿标准,统一以公示地价为征收补偿标准。第二,残余地的补偿。这种补偿可以分为两种,即残余地价值降低或其他损失的补偿和因残余地需修筑道路、水沟、墙栅等设施或其他工程时应给予的补偿。第三,迁移费用补偿。为公共需要而收用或使用海岛时,如海岛土地上有附着物,而又不是进行公益事业所必需的,则令其迁移,迁移所需费用由企业人予以补偿。第四,其他损失补偿。因征用或使用海岛土地,致使海岛所有权人或关系人蒙受营业上的损失时,也应予以补偿,如因建筑物的转移,致使租赁方面有所损失时,应予以租金收入减少的补偿。第五,其他因测量、调查而产生的损失,因事业的废止或变更而产生的损失,或残余土地以外土地整治费用的损失,都给予相当的补偿。

项目人为了征得该海岛土地的使用权,应该按总统令,与海岛所有人和关系人进行协商。达不成协议或者不能协商时,项目人应该在项目获准公告发布之日起的一年内,向有管辖权的海岛土地征用委员会提出征用裁决的申请。对达不成协议提出裁决的申请,由海岛土地征用委员会受理,并依据法律规定的程序进行审理和裁决。

七、海岛监督制度

(一) 财政管理与审计监督制度

劳德哈伍岛和诺福克岛享有一定的自治权,在管理上有相对自由独立的空间,自身又有较大规模的财政收入与支出,因此澳大利亚政府采取了一些特殊制度与措施,处理两个海岛的财政管理与监督问题。

1. 劳德哈伍岛的财政管理制度

澳大利亚政府在国库中设立一个名为"劳德哈伍岛账户"的特别账户,劳德哈伍岛根据法律或法规规定收取的租金、许可费及其他税费,委员会在处理有关岛屿的事务过程中获取的收入,以及根据《劳德哈伍岛法》或其他法律规定应支付给劳德哈伍岛的财产,都归入这一账户。所有行政性支出和为执行法律、法规所发生的其他支出,以及法律授权的其他开支,也都从这一账户列支。①

劳德哈伍岛委员会的财政年度截止于每年的 6 月 30 日,②委员会在财政年度结束后的 6 个月内,应编制并向部长提交本财政年度内活动情况的报告,报告中应包括根据本法向非岛民转让或转租的详细情况。部长收到报告后,应尽快递交议会两院。③

2. 诺福克岛的财政管理与审计监督制度

诺福克岛的所有公款组成一个名为"诺福克岛公共账户"的基金,供诺福克岛政府使用。对诺福克岛公款的收入、支出与控制,由立法予以规定。如果立法规定,征税是为了交通、街道照明、供水、供电、排水等公用目的,征收的税款应在诺福克岛公共账户中单独设立一个特别账户,该账户中的资金,除为上述规定的公共目的外,不得支出或花费(使用该资金进行投资者除外)。④

财政部长可以从议会为此目的而指定的专项资金中,以联邦的名义向诺福克岛政府贷款,贷款条件由财政部长书面决定。经司库同意,诺福克岛政府还可以向联邦以外的机构贷款,或者通过贷款以外的途径融资,另外还可以经营债券以及使用外币。对于诺福克岛政府的贷款和融资,由司库以联邦名义签订担保合同,为其提供担保,政府自身也可提供担保。⑤

---

① 《劳德哈伍岛法》第三十四条。
② 同①注,第三十五条。
③ 同①注,第三十四 A 条。
④ 《诺福克岛法》第四十七、四十八条。
⑤ 同④注,第四十九、五十条。

行政长官根据议会的建议，可以任命由个人或事务所担任审计员。审计员每年至少检查并审计一次政府账户。如果检查或审计发现任何异常，审计员如认为有必要，可将此种异常情况提请议长注意。审议员应准备并向行政长官和议长提交关于上述检查和审计的报告，此种报告每年最少提交一次。议长在收到报告后的65天之内，应将报告递呈议会。行政长官在收到报告后，应尽快将报告转交部长。①

　　审计员在审计过程中，对于政府或授权机构收到或支出款项，或者取得、收到、保管或处理财产的情况，有权在合理时间内，全部并免费获得直接或间接相关的记录、资料或文件。审计员如认为有此必要，可要求任何人提供其所掌握的有关信息，违反审计员的这种要求，将承担法律责任。审计员在根据法律行使权力和履行职责过程中，不接受部长、行政长官、议会或议会中任何人员的指示，但审计员的审计标准由议会制定。②

　　（二）对决策管理人员的监督——利益冲突的揭示与回避制度

　　《劳德哈伍岛法》规定，如果委员会的成员与委员会正在讨论或将要讨论的事项有金钱利益或其他利益冲突，并且这种利益冲突可能影响该成员适当履行职责，则这一成员在得知有关事实后，必须尽快向委员会会议揭示这种利益冲突的存在与性质。该成员只要表明是某特定公司或其他实体的成员或雇员，或者是某特定个人的合伙人或雇员，或者与某特定公司、实体或个人有其他利害关系，即可认为是对利益冲突关系的充分揭示。揭示的详细情况应记载于专门的登记簿，这种登记在合理时间内应允许公众付费查阅，费用标准由委员会决定。③

　　成员揭示了与某事项的利益冲突之后，在委员会对该事项进行讨论时，该成员不得列席，而且不得参与委员会关于该事项所做的决定，除非部长或委员会作出相反决定。如果由于执行这一规定，导致参加委员会会议的成员达不到法定人数因而无法对事项作出决定，该事项由部长在咨询适当的岛民后作出决定。

---

①《诺福克岛法》，第五十一条C款、D款。
②同①注，第五十一条E款、F款、G款。
③《劳德哈伍岛法》第八条。

第三章 国外海岛物权法律制度

根据大陆法系国家的法学理论,物权是指直接支配物、享受其利益,并排除他人干涉的权利。物权具有绝对性,在受到他人侵害时,权利人可以主张物上请求权,排除侵害,恢复物权应有的圆满状态。物权包括所有权、用益物权以及担保物权。在海岛物权法律制度中,主要讨论海岛所有权和海岛使用权。物权是大陆法系国家的概念,在英美法系中物权与债权统称为财产权。英美法系国家的海岛租赁权就是一种财产权,但运用大陆法系的物权理论来衡量,这种财产权也具有物权特点,同时大陆法系国家的海岛租赁权虽是债权,但已物权化,因此本章最后也介绍了国外的海岛租赁权制度。

第一节 海岛所有权法律制度

所有权是自物权,也是权能最充分最完整的物权,是其他种类物权的基础。因此,研究海岛物权法律制度,首先从研究所有权法律制度入手。

一、海岛所有权的归属

(一)英美法系:海岛地产权体系

1. 英国

在英国历史上,不动产领域不存在大陆法系意义上的所有权。英国所有的土地,包括海岛上的土地,名义上都属于国王所有,但国王又将土地分封或特许给有功者或下属。享有土地者被称为主持有人(tenant-in-chief),主持有人又将土地让与或许可给其他人占有、使用。直接占有土地的人称为领域持有人(demense tenant)。除国王以外的人,拥有土地被认为是持有或占有(hold)土地,而不是所有(own)土地;土地享有者,均称为持有人(tenant),而不是所有人(owner)。

由于这样一种特殊的历史背景,英国法创造了一个抽象的地产概念(Estate)。它表示对土地的某种权利,地产的创立,取代了实物土地,成为人们财产权的客体。于是,在同一块海岛土地上便同时存在着多个平行的权利主体,每一个土地权利人均有相对应的客体。

英国法的地产权是一个复杂的体系,这一体系是在不断演进中形成的,最基本的框架奠定于1925年英国的《财产法》。地产权分两类:一种是自主持有(free simple absolute in possession, free-hold),另一种是租赁持有(term of years absolute, leasehold)①,或者分别称为自主持有地产权和租赁持有地产权。②

自主持有地产权分为可继承地产权(freehold of inheritance)和终生地产权(life estate);前者又分为非限嗣继承地产权(estate in fee simple)和限嗣继承地产权(estate in fee tail)。限嗣地产权已被废除,现在自主持有地产权只有非限嗣继承地产权和终生地产权。

非限嗣继承的地产权是英美法系中对土地权益范围最大且永久性的地产权,相当于大陆法系的完全物权。它赋予地产权人生前以及死后通过遗嘱所授予的完全占有、用益和处分权。只有当拥有人死亡时既无遗嘱又无亲属继承的情况下,此项地产权才终止。在英国,这种土地归国王所有;在其他普通法国家,归国家所有。

终生地产权的权利人享有土地自由持有的利益,但不可继承,仅限于持有人或其他权利人终生。终生地产权让与的方式为:"给某人终生(to a for life)",该地产存续时间仅以该人的生命为限。终生地产权使终生地产的让与人可以控制在持有人死亡后谁可以取得地产。因此,终生地产权总是有一个相应的期待地产权,当终生地产权终止时,期待地产权就生效。它既可以复归于让与人(终生地产设立人),也可以留给受让人或其他人继续持有。终生地产权人可以转让其地产,或者因强制执行而被转让;也可以出卖、抵押或出租其利益,只要在创设该地产时没有限制性条件。但是所有这些处分均不得超过其本身所享有的期限。一些著述表述得不够严谨,认为英国绝大部分土地为私人"所有",其实质应是指私人享有上述两种地产权。

2. 加拿大和澳大利亚

加拿大、澳大利亚等国家的土地制度深受英国法律影响,在权利体系的构

---

①笔者注,这里的持有实际上相当于大陆法系中的所有。
②高富平:《土地使用权和用益物权》,法律出版社2001年版,第119页。

筑上与英国一脉相承,土地也是名义上由皇室所有,而实际上由各级政府或私人持有,在海岛土地资源上也存在着同样的权利体系。

3. 美国

美国的土地所有权制度,虽根源于英国的封建土地制度,但经改造后,可有效地适用于现代社会。

美国土地所有权以主体的多元性、层次的多样性、内容的丰富性为其显著特征,上述特征集中表现于土地的现实所有权与将来所有权并存。以权利人可否现实实施对土地的占有权为根据而分,土地所有权可分为现实所有权与将来所有权。前者是指所有权人一经取得所有权即可实施土地的现实占有,并通过使用获得收益;后者是指权利人虽享有所有权,但不可实施土地的现实占有,待将来的条件成就或时间到来时方可占有土地并获收益。二者是在性质上可以相容,在逻辑上可以并存的两个对称权利。

现实所有权又分为绝对所有权、附条件的完全所有权、限定继承的完全所有权、终生所有权和共有权。

绝对所有权,是法律所赋予的最大的土地权利,权利人享有对土地的全方位的权利,包括排他占有权、使用权、收益权、以契约或遗嘱对土地的处分权以及对他人行使的为一定行为或不为一定行为的法律上的请求权,并且无任何期限或条件的限制,在权利人生存期间由其本人拥有,权利人死亡,由其继承人继承,或依权利人意志由受遗赠人所有。附条件的完全所有权,是指存续时间不确定,因特定事件发生而终止的土地所有权,具体又包括附停止条件的完全所有权、附终止权的完全所有权以及附转移条件的完全所有权。① 限定继承的完全所有权,是指转让人将土地转让给受让人,但约定受让人死亡时,其土地所有权仅限于其直系晚辈血亲继承,如果于受让人死亡时无直系晚辈血亲生存,土地归转让人及其继承人所有。这种类型的所有权极大地限制了土地所有权的自由转移,大多数州已废除。终生所有权,是指基于法律规定、当事人的行为或当事人之间的协议而产生的仅于特定人的生存期间内有效的完全所有权,特定人一经死亡,该完全所有权自行终止。共有权,是指基于契约或遗嘱而产生的若干主体对同一块土地所共同享有的所有权,包括按份共有和共同共有。②

可见,美国虽属英美法系国家,但在美国法律中存在着与大陆法系类似的

---

① 详见马新彦:《美国财产法上的土地现实所有权研究》,载《中国法学》2001(4)。
② 同①注。

绝对所有权,但美国的所有权类型远比大陆法系国家丰富,各种受限所有权更接近于其他英美法系国家的地产权。上述土地所有权的规定同样适用于海岛土地资源。

(二)大陆法系国家的海岛自物权:所有权

大陆法系各国的立法和学说继受了罗马法中所有权的概念①,从全面支配的角度理解所有权,强调所有权的绝对性、排他性和永续性。如《法国民法典》第五百四十四条规定:"所有权是对物有绝对无限地使用、收益及处分的权利";《德国民法典》第九百零三条规定:"物之所有人,只要不违背法律和损害第三人利益,可以根据自己的意愿处分该物并排除他人的干涉";《意大利民法典》(1942年)第八百三十二条规定:"在法律规定的范围内并且在遵守法律规定的前提下,所有人对所有物享有完全的、排他的使用和处分的权利。"《日本民法》第二百零六条规定:"所有人在法令限制内对其所有物有自由使用、收益与处分的权利。"所以,大陆法系国家的所有权就是指所有人在法令限定的范围内,对物为完全支配并排除他人干涉的权利。这与英美法系国家自物权体系有很大区别。

大陆法系国家的土地所有权是指以土地为客体的所有权。广义的土地,指由土壤、气候、地貌、水文和生物等构成的自然综合体;狭义的土地,包括陆地、内陆水域、滩涂、岛屿等一切土地。② 因此土地所有权的理论学说与立法实践均可适用于海岛,海岛所有权也就是以海岛土地为客体的所有权。

关于所有权的内容,即所有权的权能,各国立法表述不一。注释法学家研究罗马法的规定后,将所有权概括为两个方面:在积极方面,所有人享有对其物为各种行为的权利,如使用、收益、处分等;在消极方面,所有人享有禁止他人对其物为任何行为的权利。③ 所有权的上述两方面权能,为大陆法系各国法律所认可,但在表述上并不完全相同:有的仅揭示所有权的积极权能,对其消极权能不做直接规定,如法国和日本;有的则两方面兼顾,如德国和瑞士。对所有权的积极权能,有的采取列举的方式,如法国、日本、意大利;有的采取概括的方式,如德国、瑞士。在采取列举方式的立法中,有的规定为"收益"和"处分"(如法国),有的规定为"使用、收益和处分"(如日本),有的规定为"使用

---

① 在罗马法中,所有权被定义为"对物的最一般的实际主宰或潜在主宰"或"对所有物的完全支配权"。参见[意]彼德罗·彭梵得著:《罗马法教科书》,中国政法大学出版社1997年版,第194页。周枏著:《罗马法原论》上册,商务印书馆1994年版,第299页。

② 梁慧星:《中国物权法研究》,法律出版社1998年版,第312页。

③ [意]彼德罗·彭梵得著:《罗马法教科书》,中国政法大学出版社1997年版,第194页。

和处分"(如意大利)。可见,对所有权的积极权能,各国立法在规定上并不完全一致。

大陆法系各国的立法以及理论学说认为,土地所有权,包括海岛所有权,同时兼具私益性与公益性。土地所有权的私益性,是指就个人而言,土地是生存须臾不可或缺的财产;所谓公益性,是指土地所有权系为社会全体人民的利益而存在。而且,这种私益性与公益性并不因土地归属——土地公有或土地私有的不同而有差异。即土地所有权的私益性与公益性存在于一切类型的土地所有权制度中。

二、海岛所有权的转让

(一)公有海岛土地所有权的转让

公有海岛土地所有权的流转呈现出以下几种不同的形式:

1. 政府转让公有海岛土地所有权

因转让对象不同,这又包括以下两种情况:

(1)政府与政府间的海岛土地所有权买卖,这种现象在英联邦国家及原英联邦国家很普遍。如加拿大,各级政府都拥有或控制着的海岛土地,作为各级政府的财产。在这些国家,不同级政府之间,甚至同一级政府的不同部门之间,一旦需要使用对方海岛土地时,不能通过行政无偿划拨,而要通过市场,按照等价交换原则实现。交换的价格亦依赖于市场的供求状况,受市场价格的调节。如果是纯粹为了公共目的用岛,如建设道路、桥梁、公园、学校等,政府可以优先供应,并在价格上予以优惠。

(2)政府将公有海岛土地所有权转让给私人或私营企业。在一些国家,政府掌握着较多的海岛土地资源,除满足自身使用和为公共目的而使用之外,还有剩余。政府根据经济发展的需要,为了更好地发挥这些土地的效益,往往以市场价格将公有海岛土地卖给私人或私营企业。一方面,政府从中得到卖岛的收入;另一方面,这些私人或企业一旦获取海岛土地,他们将会以高度的积极性通过不动产市场机制将海岛投入更高强度的使用,从而不仅个人受益,而且促进该岛屿所在区域整个经济的发展。

2. 政府获取私有海岛土地所有权

在一些英美法系国家,政府一方面出卖公有海岛土地给私人,另一方面往往又通过其他方式获取私人海岛土地,从而使政府始终保留有一定比例的公有土地,以满足公益事业发展的需要。政府获取私人海岛土地包括以下3种情况:

(1)购买或交换。如美国联邦政府为了国家和社会公益事业兴建道路及其他设施,需要占用私人海岛土地时,可通过购买或交换的方式获得。

(2)征用。在许多国家,政府为了纯粹的公共目的而需要土地,如进行基础设施和公共事业的建设等,可通过一定的法律形式和法律程序对所需的私有海岛土地进行征用。如美国、澳大利亚、新加坡等国家都制定了相应的土地使用(征用)法。法律规定,凡是公共目的所需要的土地,原土地所有者和使用者应该转让给政府。如果原土地所有者或使用者不遵守这一规定,则政府可以行使土地征用权,将其征为国有,但是其价格必须得到补偿。

(3)土地开发中部分海岛土地的无偿获取。一些国家在法律中规定,开发商进行土地开发或建设时,如建工厂、商店或住宅,必须按规划将一部分土地用于公共设施建设,如用于修建道路、上下水、电信管线、绿地等。土地开发者按规划要求建好后,必须将一定比例的公共设施用地无偿交给政府,由政府所有并进行管理。如在加拿大的安大略省,土地开发商开发土地的5%需留作公共用地,开发完成后,必须无偿归政府所有。如果开发商开发的是海岛,则部分公共设施海岛土地就由政府无偿获得。

(二)私人海岛土地的转让

1. 英国

英国对于土地交易,包括海岛土地交易,原则上采取自由主义原则,只要双方当事人达成协议,即可成交,政府没有过多干预和限制,但是如果要取得对抗第三人的效力,需要进行登记,同时应根据规定交纳相应的捐税。

2. 美国

美国法律保护海岛土地所有权不受侵犯,允许海岛土地买卖。对于合法的海岛交易,政府一般不干涉,价值规律、竞争规律充分发挥作用,地产经纪人、地产金融异常活跃。但美国政府对海岛土地交易也有一定限制,包括交易要进行登记、控制土地投机等。另外,美国的一些相关法律都对海岛土地功能和利用做出了原则性规定,业主在交易中不得违反。

3. 加拿大

加拿大的海岛土地原则上也可在市场自由交易,除要进行登记外,主要在两种情况下对特殊海岛土地的使用和管理需加以注意:一是为保护印地安原住民的权益及土地的使用而由政府保存下来的保留地;另一种情况是对保留的皇室海岛土地会有一定的限制,比如对矿产资源的开发利用以及土地上的树木的管理,甚至某些海岛的某一部分会被保留下来用做未来公路建设。

4. 日本

日本对土地交易采取了比较严格的管理制度,其中最重要的是土地交易审批制度。它是政府控制土地交易活动的主要手段之一,其目的是直接控制某些地区的地价水平以及土地的使用目的。

在日本,地价上涨过快和土地投机性交易主要发生在城市周围被确定为城市发展用地和重点发展的地区。为了解决这个问题,日本的都、道、府、县各地方政府都有权在自己的行政区范围内确定"限制区域"。限制区域确定后,如果在这个区域内的土地交易面积超过一定的标准,就必须得到地方政府的批准。限制区域一经确定,其时效一般为5年,5年后,或者重新确定该地区仍然为"限制区域",或者自动取消。确定"限制区域"时,各级地方政府首先要向内阁总理大臣汇报,并且通知有关市、町、村等下级行政机构,然后将详细文件和材料送交土地利用审查会征求意见,以确定该地区是否成为"限制区域"。如果土地利用审查会没有提出异议,那么该"限制区域"就获得了法律上的承认,否则,就不能确定该地区为"限制区域"。

当土地交易双方向地方政府提出土地交易的申请后,地方政府便开始对其进行审查,以决定是否许可进行此项交易。提出申请必须是在土地交易双方正式签订交易合同以前。政府对土地交易的审查,主要从土地交易价格和土地使用目的两个方面进行。对交易价格的审查,主要以交易土地附近的地价水平及政府确定的限制价格为依据进行审查;对使用目的的审查,主要根据城市规划要求进行审查。凡符合下列项目的便可认为使用目的合理,从而获得审查批准:(1)适当的土地征用事业;(2)用于购买者自己居住的土地;(3)在确定限制区域以前已经进行的项目;(4)在市、町、村一级地方政府批准的公共福利事业项目;(5)对地区发展有利的、有助于提高土地利用率的事业。

不能获得批准的土地使用目的是:(1)不符合土地利用基本规划的;(2)不利于公共设施建设的;(3)对周围环境会产生不利影响的。

如果土地交易申请未经批准,双方草签的土地交易合同将被认为无效,不受法律保护。如果交易双方要改变原定的土地交易价格或使用目的时,当事人双方必须重新提出申请。

当都、道、府、县地方政府收到土地交易双方提出的土地交易申请后,应在6周内做出明确答复,并通知申请者。如在规定的时间内政府部门未做出答复,从第6周后的第一天起即可认为申请已获得通过,许可自动生效。如果政府做出"不许可"的决定,土地交易双方还可以向土地利用审查会提出请求,要求重新对土地价格、土地使用目的以及地方政府的决定进行审查,土地利用审查会应在2个月内对请求做出裁决。如果土地交易双方对土地利用审查会的裁决仍有异议,还可以直接向内阁总理大臣提出再审查的请求。内阁总理大臣的决定是最终裁决,必须执行。

5.德国

德国海岛土地交易运行机制的基本特点是自由性与规范性。所谓自由性,是指买卖双方,可以按照各自的意愿进行海岛买卖;所谓规范性,是指对交易中的程序、估价方法等,法律上都给予了明确规定,不按此规定进行交易,就得不到法律保护,从而促使整个交易过程规范化。

德国海岛土地交易双方在经过洽谈阶段、拟定交易合同之后,需要由公证人对交易合同及交易双方进行法律审查,给予公证。在公证的同时,卖方有义务自己或委托公证人去登记局申请在登记册中注记,说明此地产正在出卖的情况。这主要是为了防止在合同履行前,卖主擅自增加权利负担或再进行出卖,登记局要将注记情况回函给公证人。另外,公证人要将交易合同拷贝送当地政府,供政府审查,主要审查是否影响规划及公共利益,以确定是否选择行使优先购买权,并将行使或不行使的决定函告公证人。最后,公证人将交易合同副本送财政局,买卖双方按合同规定,交纳交易税及公证费等。

公证阶段之后,双方要进行登记。首先签订转让证书,这主要是为交易的地产变更登记所准备的以证明双方意愿的法定性文件,签订转让证书时,要本着双方同意的原则签字。在此之后,买卖双方可以委托公证人,代拟变更登记申请书,并由公证人将变更登记申请书以及交易合同、转让证书、财政部门出示的税费交纳证明、地籍部门提供的地产状况的基础资料等法定性文件送交登记局,申请变更登记。登记局法律工作者对公证情况,包括格式、程序、内容等进行审查,看其是否符合法律规定。如无问题,即由法律工作者签字批准。批准后,由工作人员按规则变更登记册内容,并将变更登记结果打印分送财政局、估价委员会办公室、地产交易双方、公证人等。

在德国,虽然理论上海岛土地所有者的权利是无限的,对所拥有的海岛可以自由出售转让,但实际上绝对自由是不存在的,为了社会公共利益和保护他人的合法权益,在承认土地所有者合法权益的同时,又需要对其权利加以限制。对于海岛土地交易的限制,主要体现在以下几方面:

(1)农业用地方面。严禁农用耕地的产权转让以及经营方向的变更。用作农业的海岛土地,只有交易双方对海岛的用途相同,买方又具有一定的经营能力,双方才可商定交易价格,签订交易合同,并要报政府批准,同时在变更登记和更改地籍后方可生效,农用海岛不能随便买卖。

(2)海岛土地整治期间,整治区内的地产主在进行海岛土地交易时,需要申请海岛土地整治主管部门审查批准,只有经审查,确认该地产交易不会影响海岛土地整治规划方案的实施,方可允许交易,买卖双方必须到登记局申请注记。

(3)建设用地方面。海岛土地交易后的用途必须服从规划的需要,如不能满足这一点,政府可行使优先购买权,如产业主要价远高于当时的市场价或不愿卖给政府,政府就可依法按市场价格强行予以征购。这个市场价由估价委员会定出。这样做的目的是保证建设规划的实施和公共利益的需要。当海岛地产分割出售时,也需规划部门审查,看是否影响规划的实施,经确认没有影响,才可以由地方政府批准发给地产分割许可证,允许分割转让。

上述法律制度应用于海岛,就为德国的岛屿买卖提供了法律依据与保障。据德国媒体的报道,德国有不下 30 家专门买卖岛屿的中介公司,而兼职从事买卖岛屿的更是数不胜数,其中最著名的是德国维拉迪私人岛屿公司,至 2003 年底,公司已经买卖了 1 200 多座私人岛屿,占世界私人岛屿买卖的 50％左右,这些岛屿的价格大都在 1.9 万美元到 1 200 万美元之间。根据公司负责人的介绍,岛屿的来源主要为私人所有,也有部分为国家所有。所有参与买卖的岛屿都有"所有及使用证明",岛屿的价格完全按照市场模式操作,公司与买卖双方按市场规律定价。买岛者付清价款后,由公司协助在岛屿所在地办理登记手续。[1]

6. 韩国

韩国的海岛土地买卖制度,主要有以下内容:

(1)海岛土地买卖许可申报制度。建设交通部长官每年要指定全国允许买卖的地块、用途等,用地者根据情况向当地政府长官提出用地申请。凡未经允许进行买卖的,除了罚款以外,还要判处 2 年以下刑罚。

(2)检证契约书制度。在买卖海岛土地时,需持海岛契约书到当地政府检证。

(3)农用海岛土地买卖证明制度。农用海岛土地买卖需经农地管理委员会确认,并由当地政府行政长官出具允许买卖的证明。

韩国法律规定,允许外国人在韩国购买土地,以促进和推动韩国的经济建设与发展。根据 1998 年韩国的《外国人土地法》的有关条款,不管是否在国内居住,外国人可以同本国人相同条件,毫无限制地购买土地。但购买军事设施保护区、生态保护区内的土地,以及军事目的上所必需的部分岛屿地区的土地

---

[1] 辛国:《一个卖了 1 200 座岛的德国人》,载《中国海洋报》2003-12-19(A4)。

需事先得到许可。

第二节　海岛使用权法律制度

一、海岛使用权及其法律性质

本节所讨论的海岛使用权,是指除所有权人之外的权利主体对海岛使用收益的权利。海岛使用权,究其本质,是土地使用权的一种。因此,研究海岛使用权的法律性质,应首先研究土地使用权的法律性质。

（一）大陆法系国家

因海岛使用权着眼于海岛的使用价值,是对他人所有的海岛占有、使用并收益的权利,在性质上应属于物权体系中的用益物权。大陆法系中的用益物权又包括多种类型的权利,海岛使用权属于何种类型的用益物权,还需要根据海岛利用的不同情况加以分析。

1. 用益权

用益权滥觞于罗马法中的人役权。所谓人役权,是指所有权人为特定人的利益而设定的,赋予该特定人为了自己的利益而使用和收益特定物的权利。用益权是人役权中的一种,一般定义为:在不毁坏物的实体的情况下(包括不改变物的经济用途),使用他人之物并收获其孳息的权利。享有用益权的人称为用益权人,派生出用益权的所有权叫做虚所有权。凭借这种权利体系的构筑,原所有权人可以将财产的权利一分为二:某一个人享有所有权,而另一个人享有用益权,因而使两个人分享同一财产的利益。

罗马法的用益权是为了解决特定人的生活或养老问题而设定的,并非所有权人基于自己的利益将该物交给他人使用,获取收益。因此,用益权总是有期限的权利,并且最长以用益权人生命为限。用益权除非为了所有者的利益而弃权,否则不能转让给个人。但是,用益权人可以将物之用益给予他人或出租、出卖给他人,因为出租和出卖是行使用益权的一种方式,用益权人仍然保留着用益权。

《法国民法典》第五百七十八条规定"用益权为如同自己所有,享用所有权属于他人之物的权利,但用益权人负有保存该物本体的义务。"在法国,用益权主要适用于为老年人养老、保留用益权的赠与、以及生存配偶的用益权等情形。

《德国民法典》第一千零三十条规定,设定用益权是指"物上得以此种方式设定负担,使因设定负担而受利益的人享有收取物的收益的权利。"德国民法中的用益权也主要是为了养老、包括供养和抚养与自己有某种身份关系的人及自己养老。

大陆法系中的用益权客体范围很广,包括动产和不动产,土地是其中比较常见也很重要的一种客体。如果某海岛归私人所有,根据所有权人的设定,某些特殊的人为养老或生活的目的可以在特定期限内对海岛使用并收益,则这种海岛使用权属于大陆法系中的用益权。

2. 永佃权

永佃权是一种长期或永久性地以农业耕作或畜牧为目的使用他人土地并向土地所有人交纳固定地租或年金的一种他物权。永佃权是在封建社会的土地利用制度下产生的,这种权利使土地所有权长期或永久性地附带着负担,不利于土地的自由流转,因此资产阶级革命后,为使土地可自由交易,法国、德国等国家的民法典中都取消了永佃权制度。目前,永佃权在多数大陆法系国家都已消失,只有少数国家在法律中正式承认这种法律制度,以日本和意大利为代表。

《日本民法典》没有规定用益权,却规定了永佃权。根据其规定,永佃权是支付佃租而在他人土地上耕作或畜牧的权利。该法典对永佃权的存续期间做了限制,一般为 20 年以上,50 年以下。

《意大利民法典》规定的永佃权,没有限制永佃权的最长期限,第九百五十八条规定:"可以永久地或者附期限地设立永佃权。在附期限设立永佃权的情况下,所附期限不得少于 20 年。"

永佃权是在所有权人与土地占用人之间的一种安排,而且占用土地是以耕作或畜牧为目的的。如果在承认永佃权的国家,海岛的自然条件又适于从事农业生产,海岛使用权人在与所有人约定的期限内,支付地租或年金,占用海岛从事耕作、畜牧等农业生产,这种海岛使用权的法律性质就是永佃权。

3. 地上权

地上权最早确立于古罗马,被现代大陆法系国家所继承。《法国民法典》最初没有确立地上权制度,后来出于现实需要,通过判例承认和恢复了地上权。[①] 最早确立地上权制度的民法典是 1896 年的《德国民法典》,在德国之后,其他大陆法系国家也开始逐渐确立地上权制度,目前在民法典或其他法律

[①] 尹田:《法国物权法》,法律出版社 1998 年版,第 369~371 页。

上确认地上权的国家还有日本、意大利、葡萄牙、西班牙等国。1984年在马德里召开的"第六届注册性权利国际会议"认可了地上权,由此为各国确立此项制度提供了依据。

地上权,是指为建造房屋、隧道、沟渠等工作物及培植竹木、树木,使用他人土地之权。[①] 罗马法及当今主流观点认为,地上权是他物权中的用益物权。但是,地上权与其他用益物权又有区别,其特殊性表现在,对他人土地的占有、使用的结果导致对建筑物享有完全所有权。因此,地上权可以相对地区分出两种权利:一种是地上权人对土地的权利;一种是地上权人对所建的建筑物(种植的植物等)的权利,这两种权利的性质不同。地上权人对他人土地的权利只能是一种他物权或用益物权;但对其投资兴建的建筑物在地上权存续期间拥有完整的所有权。

如果海岛使用权人与海岛所有权人之间达成协议,利用他人所有的海岛兴建建筑物或种植植物,则这种海岛使用权的法律性质就是用益物权中的地上权。

总之,对海岛的使用权,在不同情况下具有不同的法律性质。如果是为特定人的生活目的而对海岛上的土地为使用收益,这种权利是用益权;如果在他人所有海岛上耕作、畜牧,这种海岛使用权属于一种永佃权[②];如果海岛使用权人是为了在海岛上兴建建筑物、工作物或种植植物而使用海岛,这种权利的法律性质是地上权。

(二)英美法系国家

在英美法系中只有财产权的概念而没有物权的概念,对海岛的使用权属于财产权的一种。在财产权的框架体系内,又有不同的权利类型。

在英美法系中,与大陆法系的用益权相类似的权利是终身地产权,这种制度通过遗嘱或契据(deed),有条件或有期限地设定某些财产由特定人享有,而在一定期限届满或条件成立后由另外一个人享有。

资产阶级革命致使多数大陆法系国家中的永佃权被废除,在英美法系则不存在这样的问题。英美法系中没有严格的物权、债权划分,在英国,类似于永佃权的租地权一直被保存下来,成为英美法系中的"承租持有"(leasehold)。由于在多数英美法系国家的不动产法中,不存在绝对的或完整的所有权,对土地可处分的权利被称为地产权。在这种地产权制度设计中,通过契据便可创

---

①史尚宽:《物权法论》,中国政法大学出版社2000年版,第158页。
②笔者认为,前提是该国的法律承认永佃权。

设普通法地产权(legal estate 又称作法定地产权),尽管土地所有人和租赁人之间的基础关系仍然是租赁关系,但租地权(leasehold estate)的地位相当于大陆法系的物权。

所以综合上述分析,在英美法系国家,海岛使用权的法律性质是一种地产权。

二、海岛使用权的流转

海岛使用权的流转,指的是这种权利可以通过转让、出租、抵押等形式进入市场交易。无论在英美法系国家还是大陆法系国家,海岛使用权都只是一种对权利现象的描述,即权利人有权对海岛进行使用和/或收益。至于这种权利的法律性质,依据权利产生的方式和目的而不同,对于海岛使用权流转的限制,也因权利性质的不同而有区别,具体而言,可分为以下几种情况:

(一)用益权性质的海岛使用权的流转

用益权是为了特定人的利益而设定,最长期限为用益权人一生,因此用益权人对用益物的法律上的处分权受到限制或禁止。自罗马法开始,就不允许用益权成为一种永久性的权利,现代大陆法系国家也基本上确立了用益权不可转让和继承,但可由他人行使的原则。《德国民法典》明确规定:"用益权不得转让,但用益权得由他人行使。"同理,用益权也不得设定抵押,因为一旦抵押权人通过强制手段实现抵押权,其结果将导致用益权的转让。对此,《德国民法典》第一千零五十九B条有明确规定:"用益权不得抵押,也不得用作担保或再设定用益权。"也有学者在著作中提到,用益权人可设定用益权、抵押权,只是其存续期间限于原用益权期间以内。但是各国民法典均没有对这一问题的明确授权。[①]

(二)永佃权性质的海岛使用权的流转

在承认永佃权的国家中,也承认永佃权的可流转性。如《意大利民法典》规定,永佃权人可以独立处分自己的权利:"永佃权人可以以生前行为或临终行为对自己享有的权利进行处分",且"无需向土地的所有权人支付任何费用"。不过所有权人可以在不超过20年的时间内实现限制永佃权人转让永佃权。由于永佃权十分类似于租赁,因此《日本民法典》第二百七十三条规定:"关于永佃权人的义务,除本章规定及设定行为所定之外,准用关于租赁的规定。"

[①] 高富平著:《土地使用权和用益物权》,法律出版社2001年版,第30页。

（三）地上权性质的海岛使用权的流转

地上权的一个主要特征就在于它是一种可转让、可继承的财产权。地上权尽管也是使用他人之物的一种安排，但是它已成为一种地上权人可以独立处分的财产，具有民法上财产权的基本特征——可交易性，是一种完整的权利。因此，地上权性质的海岛使用权可以通过转让、出租、抵押等方式处分。

（四）地产权性质的海岛使用权的流转

在英美法系中，海岛使用权作为地产权的一种，权利人享有较大的处分权，可以自由转让、转租、抵押。

三、海岛使用权人的权利与义务

上述几种海岛使用权中，永佃权在现代社会已逐渐消失，用益权是为了特定人的利益所做的特殊安排，在实践中并不占主要地位。具有较重要的实践意义和价值的是地上权性质和地产权性质的海岛使用权，因此下面具体讨论这两种海岛使用权人的权利和义务。

（一）海岛使用权人的权利

1. 使用收益权

海岛使用权以对海岛的使用为目的，因此使用权人的首要权利是对海岛的使用收益。其使用权的范围，当事人有约定的，从其约定。如果海岛使用权人超过约定范围使用，并且违反设定目的时，如当事人之间就此已设定特约者，海岛所有权人可以依约办理，如可以请求海岛使用权人除去违反约定的建筑物。在没有特约时，认为海岛使用权人的行为构成对海岛所有权的侵害，所有权人有权请求除去侵害，并请求损害赔偿。

2. 处分权

海岛使用权是一种财产权，对这种权利使用权人可以依法处分。而且使用权人需要投入资金营造工作物或栽植竹木，改造海岛，允许其将海岛使用权让与或抵押，也是权利人收回资本的一种手段。为确保海岛使用权的流通，以增进其价值，大陆法系国家多认为地上权性质的海岛使用权可以自行处分，法律有特殊规定或当事人有特殊约定的除外。具体而言，处分方式包括以下3种：

(1) 让与。海岛使用权人可将其权利让与第三人，但法律另有规定、合同另有约定或另有习惯者不在此限。

(2) 抵押。允许让与海岛使用权，自然也允许以海岛使用权抵押，海岛使用权人得以其权利设定抵押权，以供担保债务的履行，对海岛使用权让与的限制同样也适用于海岛使用权的抵押。

（3）出租。海岛使用权人能否自己不使用海岛，而将海岛出租给他人使用而收取租金，对此问题理论界曾有争议，认为地上权的本质重在对土地的使用，由地上权人使用或提供给他人使用，均系使用；地上权人将其地上物连同土地出租给他人以收取租金，亦在收益范围之内。在大陆法系国家的民法典中没有关于禁止地上权出租的明文规定，足以证明地上权出租并不为法律所禁止。

3. 取回权

海岛使用权这种特殊的地上权消灭时，使用权人有权取回其工作物及竹木，但应回复海岛原状，这在学说上称为取回权或投资收回权。学者认为，这种取回权是法律为保护使用权人，避免其因使用期届满而失去投资所建的建筑物、工作物或竹木，而赋予使用权人的一种权利。

但是，也有国家有不同规定。例如，《意大利民法典》第九百五十三条规定："如果地上权是附确定期限设立的，则在期限届满时，地上权消灭，土地的所有权人成为地上建筑物的所有权人。"可见，这种情况下没有赋予使用权人取回权，地上建筑物的所有权直接归属于土地所有权人，即采取土地吸附建筑物原则。

（二）海岛使用权人的义务

1. 支付地租

根据大陆法系国家对地上权的规定，地上权的设定可以有偿，也可以无偿，如果海岛使用权人设定权利时有支付地租的约定，使用权人首要的义务是按约定支付地租。

地租的标的，通常为金钱，但约定金钱以外的财产亦无不可。支付方式可由当事人约定，一次支付或分期支付均可。

对于物权变动的方式，以法国为代表的国家采取意思主义，当事人意思表示一致，即可发生物权变动的效果，登记只具有对抗第三人的效力；而以德国为代表的国家，采取形式主义原则，当事人达成协议后，只有经过登记，才发生物权变动的效果。其共同之处是，登记之后，方可对第三人主张权利。对于地上权地租的约定也是如此。地租的约定，只有登记才发生对抗第三人的效力，可以对第三人主张。

在海岛使用权让与时，地租如已登记，则将来地租的支付义务，随同使用权转移给受让人；反之，如地租未登记，地租支付义务不随同转移，仅在所有人与原使用权人之间有效，未支付的地租债务仅能向原使用权人请求，而不能向新使用权人主张。

在海岛所有权让与时,地租如已登记,地租收取权随同海岛所有权之让与而由新海岛所有权人取得,否则,旧有地租债权仍仅存在于原海岛所有人与使用权人之间。

2.使用权消灭后恢复原状

使用权消灭后,使用权人再无权利继续使用海岛,应当返还海岛,即恢复海岛原状。与此义务相对应的,是上文所述,使用权消灭后使用权人的取回权。

四、海岛使用权的期限

如果根据用益权享有海岛使用权,其期限依据所有权人设定,最长不得超过用益权人终身。如果根据永佃权使用海岛,各国对期限规定不一,有的国家对期限有一定限制,如日本规定永佃权的期限在20年以上,50年以下。有的国家允许永佃权可以永远存续,如意大利,但最少不得低于20年。

对于地上权性质的海岛使用权,各国法律对期限的规定也不一致。《意大利民法典》没有明确期限限制,而是由当事人约定,法律只规定地上权可以附确定期限,不附确定期限甚至永久性的地上权并不为法律所明文禁止。从《日本民法典》第二百六十八条可以看出,日本允许设定没有确定存续期限的地上权,地上权终止依赖地上权人的自愿抛弃;如果不抛弃,土地所有权人可请求法院确定存续期间,一般在20～50年范围内依情况定夺。这意味着地上权有永久性存续的可能。从这些民法典的规定可以看出,地上权存续期间主要属于当事人意思自治范畴;即使存在最长期限限制,在当事人或当事人的继承人愿意继续维持土地利益分享关系时,法律规定也无法自动撤销地上权。因此,地上权性质的海岛使用权可以有存续期限,但也可能或可以是一种永久性的权利。

第三节 海岛租赁权法律制度

一、海岛租赁权及其法律性质

(一)大陆法系国家

租赁,是指当事人约定一方以物租于他方使用收益,他方支付租金的契约。德国将租赁分为使用租赁和用益租赁,仅以使用为目的的,称为使用租赁;以使用及收益为目的的,称为用益租赁。日本将二者总称为赁贷借。另外法国民法中除规定了物的租赁之外,还规定有劳务的租赁。

承租人有占有租赁物并使用收益的权利,这种权利是根据租赁合同产生的,本质上是一种债权,只能对出租人主张。不过近年来在各国为保护承租人利益,租赁权呈现出物权化的倾向。所谓租赁权的物权化,是指以居住、营业或农耕为目的,而承租他人不动产时,各国立法为保证并增进社会生活的安定,而采取的巩固承租人地位,加强保护承租人的立法政策。对于土地租赁权,包括海岛土地租赁权赋予物权的效力,可以从以下几点加以说明:

1. 对抗力

在罗马法上有买卖破除租赁的思想,而在普鲁士国法,则租赁优先于买卖。《德国民法典》第五百七十一条第一项规定,土地租赁以受交付而对抗第三人。《法国民法典》第一千七百四十三条规定,对于建筑物及农地的租赁契约,如果是以公证书或以有确定日期之私订书订立的,其买卖不破租赁。《日本民法典》第六百零五条规定,租赁经登记后,有对抗力。日本民法原则上采取买卖破除租赁主义,但依日本的《农地法》,农地以转移交付为要件而有对抗力。

租赁权有对抗力,是指该权利对于租赁物的受让人仍可主张。为说明解释这一法律关系,德国学者间颇有争论。有的学者认为租赁权为物权,但多数学者认为租赁关系并不因租赁物的交付而使租赁权变为物权。租赁关系,是以与租赁物的所有权相结合的一种状态债务关系,与所有权一同转移。还有的学者认为在出租人让与租赁物的所有权时,租赁权依法律规定发生转移,无需特别的理论构成。①

2. 就租赁物的侵害所产生的对第三人的效力

所谓就租赁物的侵害所产生的对第三人的效力,是指第三人侵害租赁物时,承租人是否具有损害赔偿请求权以及妨害排除请求权。如果承租人取得租赁物的占有,基于占有关系,可以向侵害的第三人主张,对于此点,并无异议。但是承租人是否可以基于租赁权的本权而主张权利,则见解有所不同。德国一般认为有损害赔偿请求权,但多以侵害占有为理由②;也有学者认为对于本权所受侵害可以请求损害赔偿,但因租赁权不是物权,不认为承租人有妨

---

① 史尚宽:《债法各论》,荣泰印书馆股份有限公司 1960 年版,第 140 页。
② 在德国,占有诉权虽不含损害赔偿,但如果构成侵权行为则发生损害赔偿请求权。

害排除请求权。根据日本民法的解释,租赁权人可以租赁权之侵害为理由,请求损害赔偿,并无争议;然而是否有妨害排除请求权,则判例学说尚难形成一致意见。主流观点认为,因承租人因取得占有而使其租赁权物权化后,得基于其租赁权请求排除妨害。根据日本判例,因租赁权的登记或租用地的建筑物的登记,租赁权具有排他性(对抗力)时,或依特别法认为有优先效力时,承租人有妨害排除请求权。

3. 租赁权处分的可能性

对于承租人是否有权处分租赁权,如让与、转租等,日本《借地法》第十条规定:"第三人取得为租赁权标的土地上所有之建筑物或其他租赁权人因权原使附属于土地之物时,如出租人对于租赁权之让与或转租,不为承诺时,得对于出租人请求以时价购买建筑物或其他租赁权人因权原使附属于土地之物",以间接增进租赁权的让与性。虽然法律不应鼓励中间转租榨取利益,但在租赁房屋基地或农地的情况下,为了便于承租人收回已投入的资本,应承认其处分的可能性,只是当事人有约定或法律有特殊规定的情况除外。

综上,在大陆法系国家,租赁权是根据租赁合同发生的,本质上是一种债权,但近年来在各国的法律中有物权化的倾向,有一定的对抗力,可采取某些物权保护方法,并在一定条件下可以处分。

(二)英美法系国家

如上文所述,租赁在英美法系国家中称为"承租持有"(leasehold),承租人的租地权是一种地产权(leasehold estate),权利人有权对不动产使用收益,也可以进行处分,其地位相当于大陆法系中的物权。

二、海岛出租的有关规定

(一)私人海岛出租

对于私有海岛,租赁权可以根据出租人与承租人之间达成的租赁合同而取得,租期、租金也都由双方自由确定,只要不违反法律、法规的强制性规定,就可以获得法律的保护。对于根据租赁合同产生的租赁权,在采取登记生效主义的国家,登记之后权利生效;在采取登记对抗主义的国家,登记之后方可对抗第三人。

(二)公有海岛出租

1. 出租是处置公有海岛的有效方式

海岛土地使用权的出租是各国处置公有海岛土地所采用的最常见的方式。以出租的方式将公有海岛土地使用权转让给使用者,政府既可以保持海岛所有者的身份从而控制海岛的利用,又可从中获取长期经济收益。

在新加坡,法律明确规定,国有土地所有权不准出卖,但是海岛土地使用权可以定期出租。政府将一定年期的海岛使用权转让给使用者,使用者在得到政府规定使用年限的海岛土地后,可以自由转让和转租,但年期不变。使用年期届满,政府即收回海岛,岛上建筑物也无偿归政府所有。到期后如要继续使用,可向政府申请。经批准可以再获得一个规定年限的使用期,但必须按当时的市价重新支付地价,等于第二次租岛。

美国也普遍采用出租使用权的办法来处置公有海岛土地。如美国田纳西河流域管理局是政府授权管理该流域公有土地,包括公有海岛土地的一个政府机构,该局通过出租的方式向私人转让公有海岛使用权,用于休养、避暑、划船、钓鱼、游泳以及类似的消遣娱乐活动,还通过出租的方式向公司、企业或私人转让公有海岛土地,用于建造航运码头或修建工厂、车间,建造仓库等。但田纳西河流域管理局法案明确规定,目前或将来国家建造永久大坝、水电站或军火工厂所需占用的公有海岛不得赠送、出租或出售。

在澳大利亚,政府向企业、单位及个人提供海岛土地的一个重要方式也是出租。租约依据规划规定用地性质,如用地者要改变性质须事先申请,经批准后重新订立租约,如擅自改变用途,政府有权收回海岛。

英国的海岛土地名义上都为皇室所有,为了保持其所有者或持有者的地位,并从海岛土地资产中获取长期、经常的收益,皇室和政府并不经常出售手中的海岛土地所有权。一般情况下,他们将海岛土地出租给私人,由私人开发后再进入市场。租期届满时,建筑物无偿归于海岛土地所有者,所有者可将其转租或作其他使用。

印度尼西亚是世界上最大的群岛国,目前,印尼政府鼓励外国投资商租用其上千个人烟稀少的海岛,以发展这些岛屿的社会经济。印尼政府表示,将给海岛租用者减税以及提供其他一些优惠的政策。租用者可以在30年内拥有租用岛屿的使用权,30年后还可以申请延期。印尼政府还将建立与租用岛屿相关的法规,以保护租用者的合法权益。短期内印尼政府将开放100个岛屿让中东企业家来投资。除国际基金、世界银行和印尼经援国(CGI)外,印尼还成立了伊斯兰金融合作俱乐部(IFCCI),目的在于吸引中东包括海湾地区的投资。开发岛屿的合作将采用合同分利的方式,现在已经考察了100个岛屿中的88个,并已经同海洋渔业部进行了协商。

2. 出租方式

公有海岛的出租通常采取协议、招标和公开拍卖的方式,在这种方式下,价值规律、竞争机制充分发挥作用,市场调节是其主要原则。但在某些情况下,公有海岛的出租也采取划拨和申请这种市场之外的方式。

(1)协议。在加拿大,公有海岛的出租通常采用协议的方式。用地者或发展商可直接到有关部门查阅档案,查找政府准备处理的海岛地块目录,一旦物色好合适的海岛,即可向管理部门提出洽购,如果地点、用途、价格合适,则可以成交。

(2)招标。招标,即政府事先公布招标方案,让竞投者在一个规定的期限内以书面形式投标。招标出让的优点在于,政府可详细审查开发计划、开发者的能力等等,从而有可能选择最佳的海岛开发方案;而竞标者为了中标也往往有可能提出对政府更有利的种种条件。在加拿大,政府对一些经济利用价值较高的海岛土地,为发展社会公益事业,在指明用途后公开招标,私人投资者可以自由参加投标竞争。新加坡各地开展国有海岛土地使用权的出租,大都采用招标的方式,不分国际、国内,只要符合招标条件要求的,都准许投标,并且一视同仁,实行平等竞争,因而有力地吸引了国际开发集团。新加坡政府还特别规定,对于私营公司和个人申请承租国有海岛,一律通过投标程序,以确保海岛在公平竞争下获得合理分配。

(3)拍卖。拍卖适用于营业性、竞争性较强的海岛土地。一般而言,它不仅可提高政府的收入,而且可把海岛出让给最有竞争力的买主,使之得到更好的利用。美国华盛顿州很多公有海岛土地的出租都是以公开拍卖的方式进行的,最低的可接受价是评估得到的市场价,以最高投标价拍卖成交。允许用分期付款的方式支付,但大部分的买地者往往一次性付清价款。加拿大为了发展农业生产,将一些适于耕作的海岛土地公开拍卖,但买主必须保证在10年内完成土地平整、提高土地肥力的准备工作,如在2年内完成并根据政府指定的用途利用土地,即可提前购得。在海岛土地整理期间,买主仍需支付租金。

(4)申请。新加坡对于面积较大的、可供单独发展的国有海岛地块,一般通过申请出让的方式,直接出让给国家所属的大型建设用地单位。在加拿大,私人要想占有和使用政府的海岛土地,也可以向政府提出申请,但由于政府的主管部门接到申请要会同规划、环境等部门共同研究才能做出决定,所以这种申请的成功率较低,较难得到批准。

(5)划拨。在新加坡等国家,对于政府机关用岛和公用福利事业用岛,多采用划拨的方式,而且基本上是无偿划拨,但需计算价格备案。

3. 租期的确定

按照海岛土地的用途,对公有海岛的出租分别采取无限期、长期及短期3

种方式。

(1)无限期出租。如在澳大利亚的昆士兰州,公有海岛土地出租给政府机关和政府兴办的事业,是没有明确期限的,但此类出租一定要经过州政府大臣的批准。

(2)长期出租。在市场经济国家,对于一些有价值的海岛土地,承租人都希望签一个长期租赁合同,以保持对产业的最大控制权,并从自己的投资中得到最大的回报。在这种情况下,政府往往全面评估,综合平衡,在既保证政府应得的收益、又使承租方有利可图的原则下,采用长期出租的方式,将这些海岛长期出租给使用者使用。如在美国、新加坡等国家,住宅用地的出租期限通常也是99年,期满后可续办用地手续。英国的租期一般也较长,历史上曾有999年的租期,这些租约现在还有未到期的。19世纪和20世纪初期广泛使用的期限是99年。20世纪60年代以来,机构投资者往往对商业、办公用地要求125年的期限,以方便投资者在60年左右时间进行建筑物重建。20世纪90年代以来,机构投资者认识到新建筑物的主要设备在20~25年便要更换,到时候建筑物需大修或重建,为了有效回收建设资金,他们对商业、办公用地要求更长的租期,现在广泛使用的期限为150年。

(3)短期出租。这是国外公有海岛通常采用的出租方式。短期出租的具体期限因用途而异,如在新加坡,娱乐场所用岛一般为15~30年,工业区一般为30~60年。在美国的华盛顿州,港口用地出租期限一般为30年,小规模商业用地一般为55年。

4. 租金的计算

关于租金的计征方式,通常有以下两种方法:

(1)从量的固定租金制。通常按照出租的海岛土地面积按期收取租金,这一般在商品经济不很发达的国家采用。

(2)从价的比例(或分成)租金制。这是目前发达国家较为常用的方法。

在澳大利亚,凡租用政府所有的海岛土地的业主需每年缴纳租金。在昆士兰州,公有海岛土地出租的租金标准有多种,租金标准的确定以土地估价为依据。1993年一般是地价的1‰~6%,工业、商业、住宅用地在4%~6%。这个比率每年都要根据经济发展状况有所变化。

在美国的一些地区,凡租用政府所有的海岛土地,按照使用土地的经营性质和经营收入确定应缴租金。例如有的城市规定收取的租金比例为:停车场按毛收入的50%;游艇泊位按毛收入的25%;旅馆客房按毛收入的6%;旅馆小酒吧按毛收入的3%。其租金比例每4年调整一次。由于这种比例租金随海岛土地收益的变动而变动,因此政府有关部门需要掌握海岛使用者的经营状况。

在美国的华盛顿州,公有海岛主管部门灵活地运用两种不同的方法来计算海岛土地的市场租金值:第一种是分成式租金。往往是最低租金加上提成,所谓提成,是指从使用这块海岛土地的企业的毛收入或利润中提成。第二种是固定的起始租金加上定期调整。即在固定起始租金后,按照某种公式或标准指数进行调整。通常是按照美国政府公布的"生活费"指数(它反映了一个单位货币购买力的变化)进行调整,每隔5年调整一次。

英国海岛土地租金的计征方式有4种:第一种是出让制,即海岛出租人一次性收取出租期内的租金,这与我国的海岛土地使用权出让类似;第二种是固定租金年租制,即以年为单位计算和收取租金,租金在租赁期内不作调整;第三种是变动租金年租制,即按年计算和收取租金,租金在租赁期内定期调整;第四种是出让年租混合制,即第一、第三种方式的混合,提前收取部分租金,余下部分按年计算和收取,租金在租赁期内定期调整。

过去,英国海岛土地出租以第二种方式为主,海岛出租人将海岛出租后获得的是长期稳定的收益。但随着第二次世界大战后通货膨胀的出现和加剧,现在转为以第三种方式为主,第四种方式为辅。在通货膨胀严重的年代,第二种方式的弊端在于出让金或地租随通货膨胀而贬值,土地资产产生的收益主要为海岛承租人所获取,海岛出租人的权益受损。而第三和第四种方式保证了海岛出租人和承租人都能从海岛土地增值中获益。有资料显示,英国皇室过去以第一和第二种方式出租海岛土地,在20世纪50年代以后的通货膨胀中,每年以这两种方式收取的地租的实际价值越来越小。因此,皇室在20世纪60年代后新的海岛土地租赁均采用第三和第四种方式,并以第三种方式为主。

5. 租赁双方的权利与义务

根据英国的法律规定,海岛土地租赁后,承租人要按租赁合同的规定进行开发,在开发期间出租人对建筑物规划设计有发言权。同时,承租人要按租赁合同的规定缴付租金。若海岛承租人不能按时缴付租金,在一定条件下海岛所有人可收回海岛土地租赁权。

海岛土地承租人可将海岛租赁权转让或抵押。转让时,原承租人的权利和义务同时转移给新的承租人,承租权期限为原契约的剩余期限。在租期届满时,承租人有权再延期50年。延期届满后,如海岛所有人和承租人没有新的协议,建筑物无偿归海岛土地所有者所有。

绝大多数情况下，海岛土地承租人可按租赁合同的规定出租房地产。一般规定海岛土地所有人对房地产的租金收入享有优先权，如果房地产的租金收入下降，地租不减，如房地产承租人拒付租金，海岛土地承租人也需支付地租。若出现空租期，即没有房地产承租人，海岛土地承租人仍需照付地租。

6. 政府对海岛土地出租的调控手段

通过出租这种方式配置公有海岛土地资源，对一个国家的经济活动和社会发展有着重要的作用和影响，因此各国政府都比较重视，并采取相应措施对其进行控制和管理。虽然手段多种多样，但概括起来主要有以下几个方面：制定相关法律，实行海岛土地规划制度，加强海岛土地登记管理，完善海岛土地估价制度，确保海岛土地税收，建立发达完善的海岛土地信息系统。其中，海岛土地规划、登记等制度在第二章已有介绍，这里着重介绍海岛土地估价、税收与信息系统。

(1) 海岛土地估价。海岛土地估价是成功地控制海岛产权流转的一个十分关键的问题，因而在美国、加拿大、澳大利亚、新加坡等发达的市场经济国家，政府将这一权力牢牢掌握在自己手中。他们不仅都设有政府的估价机构，而且建立了非常完善的估价制度，所有海岛土地的估价，包括私有海岛土地，其估价必须由政府估价部门进行或者估价结果必须得到政府部门的确认。政府正是通过种种严格的估价制度，调控着海岛土地的价格，杜绝了过高或过低估价现象的发生，从而确保政府能从海岛土地流转中得到充分的经济利益。

(2) 海岛土地税收。在发达的市场经济国家，税收既是政府获得经济收入的主要渠道，又是调节收益分配和资源配置的强有力手段。涉及海岛土地的税费种类很多，主要有不动产税、所得税、交易税、增值税、印花税等，无论采取何种形式、什么税种，都是对海岛产权转移和海岛土地分配的一种积极干预和管理，能在某些程度上控制地价上涨过快，公平分配海岛土地收益，抑制投机行为等。

(3) 海岛土地信息系统。在美国、英国、澳大利亚等发达国家，都建立了完善的海岛土地信息系统。一方面，政府可通过该系统随时了解海岛每一宗地的现状及交易状况，并根据这些适时的信息掌握和控制着海岛的分配流转；另一方面，信息系统能帮助管理者进行海岛土地利用规划并预测海岛将来的发展方向。①

---

① 以上资料参见汪秀莲：《发达资本主义国家公有土地的流转》，载《中国土地科学》1998(1)，第9～13页。

三、《劳德哈伍岛法》对使用岛上土地的规定

劳德哈伍岛位于澳大利亚，对岛上使用土地的规定与上述英美法系国家的规定基本相同，土地属于皇室所有，岛上居民为了居住或耕作、种植可以租赁，取得一定的租户权利（tenant right）。《劳德哈伍岛法》对岛上土地租赁的具体规定如下：

（一）租赁权的期限

经批准，岛民可获得居住用地租赁权以及农业用地租赁权，但农用地的租赁期限不得超过10年。经委员会建议，部长为了建设住宅需要，或为公共利益，也可收回该农用地租赁权。该租赁权收回后，承租人有权按照总评估师决定的价格要求赔偿，赔偿的范围包括丧失租赁的土地的损失以及对土地采取改良措施的损失。对于丧失承租土地的损失，支付的赔偿金根据剩余的租赁期计算，如果剩余的租赁期不足5年的，按5年计算。

如果租赁期满后，欲将承租的土地作为住宅用地，或因公共利益需要，经委员会建议，部长可拒绝续展租期。如果因上述原因导致租赁权无法续展，承租人丧失的是租赁权可以续展的期待权，对此损失可以按照总评估师决定的价格，要求赔偿。赔偿数额按照本可获得的续展租赁期计算，但不得超过5年。

如果承租人对总评估师决定的赔偿数额不满，在收到评估价格通知后90天内，可向土地与环境法庭（Land and Environment Court）提起上诉。

（二）承租持有人的抛弃

《劳德哈伍岛法》规定的承租持有人可以通过法律规定的途径与方式，递交弃权文书，放弃租赁的全部或部分土地。经委员会建议，部长接受之日起，弃权生效。委员会可以决定并收取与弃权有关的费用，包括必要的调查费用。

（三）年租金的确定

根据《劳德哈伍岛法》的规定，租赁居住用地或农用地，其年租金由委员会决定。租金以3年为一期，满3年后应重新确定租金。另外，年租金应预付。

（四）承租权转让与转租

《劳德哈伍岛法》规定的承租权可以以规定的方式或途径转让或转租，转让的对价不得超过让与人在未经改良增值的土地上所拥有的利益的公平市场价值、在承租权开始时土地改良增值的公平市场价值以及随后经委员会同意而产生的土地改良增值的公平市场价值。简言之，就是土地原价值与经改良后的增加价值之和。上述公平市场价值由总评估师决定。在实行抵押权时，

不得仅转让部分土地的承租权。

除由于行使抵押权而转让承租权之外,对土地租赁权的转让或转租,应以规定的方式及途径提出申请,只有当申请获得部长同意时,转让或转租才生效。如果是向非岛民转让或转租,需经总督同意。

如果委员会提出肯定性建议,部长在参考委员会意见的基础上,同意转让或转租,但部长也可在自由裁量后拒绝批准。委员会有权自行决定对申请提出肯定性或否定性建议,即建议同意申请或拒绝申请,但是不得建议批准对非岛民的转让或转租,除非没有岛民愿意并有权受让或承租该土地。

如果申请人申请向非岛民转让承租的全部土地,委员会可以根据上文所述规定,做出肯定性建议。但如果仅转让承租土地中的一部分,委员会可向申请人送达通知,在通知中列明委员会不予做出肯定性建议的部分,只有申请人在收到通知后3个月内,向委员会递交对这部分土地的弃权文书并进行登记,委员会才会做出肯定性建议。如果申请人在3个月内登记了上述弃权文书,该项申请视为最初就只是对弃权文书生效后的那部分土地进行转让的申请。弃权文书在转让生效之日起生效。

如果《劳德哈伍岛法》规定下的土地承租权被抵押,抵押权人有权占有被抵押的土地,占有期间,享有或承担与原承租人相同的权利或义务。抵押权人不经部长同意,不得取消土地的抵押回赎权,对取消抵押回赎权的批准要求与程序,参照对转让的批准要求与程序执行。如果抵押权人没有取得部长对其取消抵押回赎权的同意,又没有通过转让租赁权的方式行使抵押权,则抵押权人将失去权利,这一情况经部长在公报上公布后,土地将重归皇室所有。

违反上述规定的转让无效。事先未经部长同意就签订出售承租权的协议或合同,在该协议或合同签订之日起3个月内,又未提交给部长审批的,原权利人将丧失其承租权。

土地租赁权可以通过遗嘱继承。遗嘱继承人在部长允许的期间内可租赁持有该土地。在上述期间内,经申请并经委员会建议,继承人可从部长处获得一份证书,以证明该继承人有权持有土地,或有权根据《劳德哈伍岛法》的规定,出售或转让承租权。如果继承人没有在规定期间内获得部长颁发的权利证书,也没有转让承租权,将会丧失对该土地的权利。如果根据直系被继承人的遗嘱,租赁权交由非岛民继承,只要该非岛民继承人在规定的期间内,申请将自己登记为租赁持有人,则该非岛民视为岛民,享有相同的权利。

(五)向土地与环境法院的上诉

对于委员会确定或重新确定的租金,或总评估师确定的公平市场价值,对数额不满的当事人,可以向土地与环境法院提出上诉或提请审查。土地与环境法院对此类上诉或审查有管辖权。上诉或审查请求应在法院规定的时间内提出,并遵守法院的程序规则。

(六)将承租权转让给非岛民后租金的重新确定

如果土地的承租权转让给了非岛民,土地的租金将由委员会在转让之日重新确定。新租金于转让之后应支付年租金之日起实行。如果转让的是根据《劳德哈伍岛法》第二十一条获得的住宅用地永久性承租权,原来确定的租金率在3年内仍有效。随后确定的租金以3年为一期,每一次都在前一期结束之日重定租金,自重定之日起3年内有效。如果承租权又转让给了岛民,则租金由委员会再次重新确定,新租金自转让之后下一次年租金应支付之日起开始执行,直至3年期届满。

无论承租人是岛民还是非岛民,经申请并经委员会建议,部长可以批准延期支付租金,或同意免除应已到期应支付的租金。

(七)租赁权的丧失

以下几种情况将导致承租人失去租赁权:第一,未按《劳德哈伍岛法》的规定支付租金;第二,违反了租赁权附加的条件;第三,承租的土地未按照批准或规定的用途占有或使用;第四,《劳德哈伍岛法》规定的其他丧失租赁权的情况。

如果根据《劳德哈伍岛法》的规定,租赁权将被没收,应由部长在公报上公告。公告之日起满30天后,对租赁权的没收方能生效。

如经委员会报告,部长认为存在充分合理的理由,可以放弃对租赁权的没收。无论该租赁权是否根据《劳德哈伍岛法》的规定附加了某种条件,部长都可以宣布放弃没收,或者在特定期限内满足一定的条件下,不予没收,具体期限和条件由部长自行裁量决定。

经委员会建议,部长有权撤销已宣布的对土地租赁权的没收。在附条件撤销的情况下,暂缓执行没收,如果这种附条件的撤销后来又被取消,视为自始就不存在附条件的撤销。在无条件撤销的情况下,撤销溯及至没收本应公布之日起生效,被无条件撤销的没收,视为自始未公布。对于没收的撤销,应尽快在公报上公布,但撤销的日期,应是部长批准之日。

(八)对"改良物"与"资本价值"的定义

《劳德哈伍岛法》中的"改良物"是指永久固定的实体性物质,为有益占有利用土地所必须,在土地上任何一方所筑栅栏,通常认为属于对土地的改良物。"改良物的资本价值"是指租赁权开始之日的改良物的价值,加上改良物对于该承租人的价值,但不包括土地固有的价值。

(九)对改良物价值的支付

如果附带改良物的皇室土地成为租赁权的客体,后一租户应向前一租户支付这些改良物的资本价值。后一租户应支付的数额由委员会决定,如果前后两租户双方已就支付数额达成协议,则按协议中约定的时间和条款支付,无需再由委员会做出决定。如果双方无法达成协议,后一租户应在委员会决定数额后3个月内支付,在此期间,不收取利息。后来租户也可选择在4年内分期支付,同时支付4%的年利率。

(十)对改良物的租户权利

租期届满后,上一承租人对于租期开始时就存在于土地上的改良物,以及租期开始后经委员会同意在土地上新建的改良物,享有租户权利(tenant-right)①,如果根据《劳德哈伍岛法》规定,租赁权被没收,经委员会建议,部长可以通过在公报上发出公告,授予上一租户对土地上改良物的租户权。如果某人根据《劳德哈伍岛法》的规定对改良物享有租户权,这种租户权将随着租赁权的确定价格而自然增长,现任的租户有权从继任的租户处取得改良物的资本价值,并适用以下规定:

(1)改良物属于对其有租户权之人的财产。

(2)当附带改良物的土地为承租人占有时,改良物的资本价值是土地上的财产负担,直至付清价款。

(3)附带改良物的土地的租赁持有人,有义务支付改良物价值的分期付款金额,该价值在其持有期间会自然增长。

(4)租户权于首次产生之日起满12年失效,之后改良物成为皇室财产,但之前达成的关于支付价款的协议、决定、命令等不因此而受影响。

如果某块土地附带改良物,该改良物上又存在着租户权,土地的承租人应向租户权人支付改良物的价值。如果租赁权被没收,已支付的改良物的价值部分归皇室所有,尚未支付的部分仍属于原租户权人。如果改良物价值还未曾支付,则全部价值都继续归租户权人享有。如果在没收之后,土地上又成立租赁权,则对于租赁权的估价以及重新估价,以租户权人对改良物价值享有的份额为基础予以确定(即已归皇室的改良物价值不予考虑)。

---

① 英国法律中的租户权利,是指租户于租约期满时有权继续租赁、被迫迁出时得要求赔偿的权利。

第四章 国外海岛生态环境保护法律制度

海岛与大陆以海相隔，每个海岛都是一个独立而完整的生态环境地域系统，岛屿、岛滩、岛基和环岛浅海4种小生境，都具有独特的生物群落，从而构成独立的生态系统。这种生态系统既与邻近大陆的生态系统有所不同，也与其他海洋生态系统相区别。由于海岛一般面积较小，地域结构相对简单，生态系统十分脆弱，生物多样性指数较小，稳定性差，易遭到损害，而且生境一旦遭到破坏难以恢复。因此，在海岛的开发利用过程中，必须加强生态环境保护，使海岛获得可持续发展。

第一节 海岛开发利用中面临的生态环境问题

一、海岛一般面临的生态环境问题

所谓海岛的生态环境问题，是指海岛生态系统发生物种、生物量和物质能量流动规模减小，结构简单化，以及环境状态朝着不利于生物生存的方向的变化。如植被面积减少、水土流失、土地荒漠化、物种灭绝等。海岛适于人类生存的空间有限，其生态环境一旦出现问题，对人类极为不利，甚至可能动摇社会经济发展乃至人类生存的生态基础。

海岛，尤其是小岛屿和岩礁，它们被认为极易受到地球温度增高、海平面上升和风化的危害，某些地势低的小岛屿和岩礁所面临的从海洋中消失的威胁与日俱增。日本东京东南方约1 740千米的海面上，有两块称之为"冲之岛"的岩礁，高潮时仅露出水面约1米，为防止其被海水淹没，从1988年起，日本投资300亿日元对其加高加固[①]。大部分的热带岛屿目前还经历着同气候变

[①] 贾宇、李明杰：《不认可人造的"冲之岛"》，载《瞭望东方周刊》2005-05-24。

化相关联的日益频繁的飓风的直接影响。这些自然条件的变异,正对某些海岛的经济社会发展造成主要障碍。

海岛是地球进化史中不同阶段的产物,可反映重要的地理学过程、生态系统过程、生物进化过程及人与自然相互作用的过程。海岛由于海水的包围而有明显的边界,岛内的生物群体在长期进化过程中形成了自己特殊动物区系缀块,往往是受威胁物种的避难所。① 由于隔离性和受大气环流影响大,海岛生态系统在干扰下极易退化且不易恢复。

海岛,在总体上说,幅员小,资源有限,加之在地理上与市场隔绝,处于难以扩大发展规模的不利地位。为了改变这种状况,许多国家力图采用围海方式大量造地造田,并把采挖岸滩砂石作为建筑材料的重要来源。由于一些工程措施违背生态学规律和适度、合理开发原则,常常使得海岛地形、岸滩、植被以及海岛周围海域生态环境遭到破坏,造成沙滩消失、珊瑚礁毁坏、海岸后退、海水入侵、沿岸土地盐碱化等严重后果。

海岛上部分河口、海湾及沿岸浅水区,由于不适当的拦河筑坝、建港修堤,改变了海岛正常的水动力环境和其他水文条件,也会导致海岛生态环境的恶化。

很多海岛上的天然林和海岸红树林破坏严重,过量开采鸟粪、捕鸟,过度捕捞海岛周围海域渔业资源,再加上海域遭受污染,都造成海岛生物多样性锐减,甚至是有些物种永远从海岛消失。

二、若干国家海岛面临的生态环境问题

(一)日本

数百年来,日本一直开展沿海围垦,以增加农业和工业用地,据估计,10米和10米以下的海水面积的10%已经被围垦。这一措施的结果,是人造陆地大规模形成,而相应的自然生境发生变化。

由于工厂用地制度和工厂排污制度不健全,从1965年到整个70年代水污染已经成为一个社会问题,港口海湾赤潮时有发生,养殖损失惨重。

由于在海岸线施工作业,开采砂石,再加上海啸、风暴潮、波浪等自然力的侵袭,日本海岸线总长的5%在受侵蚀,侵蚀严重者每年海岸线后退达数米之多。

(二)斯里兰卡

海滩采沙减少了海滩维持系统中海沙的存储量,增加了海岸侵蚀,破坏了

---

① Whittaker R J. Island biogeography: ecology evolution and conservation. Oxford: Oxford University Press 1998.

潮间带的生态系统。

在海滩上收集珊瑚,减少了海滩补充物质,也增加了海岸侵蚀的强度。

在沿岸陆域采挖珊瑚使富饶的土地变成积水区,有的成了废弃物倾倒与抛弃的地点,因低洼区的形成而降低了海岸的稳定性。

渔业活动炸毁和破坏珊瑚礁,消减了珊瑚礁的规模,在礁体中形成缺口,增加了海滩上的波能,引起了侵蚀。

选址不当的防波堤、护岸、突堤、港口,干扰了泥沙的自然搬运过程,一些地方发生侵蚀,而另一些地方则发生淤积。

其他的问题还有:红树林、小泻湖和椰林因侵蚀和砍伐而损失殆尽;珊瑚开采地区的渔业也因珊瑚开采而陷入崩溃;泻湖、河口日渐淤积及水体污染等引起生境破坏和历史文化古迹、娱乐场所、风景地的丧失,海草滩被破坏。

(三)印度尼西亚

印尼群岛的西部,特别是马六甲海峡、爪哇、巴厘和南苏拉威等地开发强度大,出现了不合理开发的现象,沿海生态迅速退化,主要问题是:

(1)沿海生态退化,红树林面积由 1982 年的 4.25 万平方千米减少到 1993 年的 3.77 万平方千米。

(2)珊瑚礁遭到破坏,处于最佳状态的仅占 5%,一般状态的 22%,严重受损和存在一定程度退化的占 73%。

(3)过度捕捞,渔业资源消耗殆尽。

(4)各种污染日趋严重。

(四)美国夏威夷群岛

近半个世纪以来,由于军事设施以及城市、度假设施的建设,夏威夷群岛沿海生态环境退化,许多湿地、鱼池和瓦胡岛、毛伊岛和其他无人岛遭到了破坏,本地特有的水岛生境已被排干或开发为住宅区、机场、港口、道路等。另外,由于生活污水和工业废水以及风暴水径流的排放,使得市区附近的水质已经恶化。过度捕捞十分严重,造成沿岸渔业衰退。

另外,由于开垦和引入大量的家畜,夏威夷群岛 1/3 的生物消失或面临灭绝,夏威夷州政府花费大量人力、物力和财力,引种了大量的乡土种,但仍有许多种类不能再在此定居。[1]

(五)美属萨摩亚

在美属萨摩亚地区,人口迅速增加造成的环境压力使活珊瑚从 60% 下降

---

[1] Whittaker R J. Island biogeography: ecology evolution and conservation. Oxford: Oxford University Press, 1998.

到了15%(至1999年),海滩侵蚀严重,红树林面积正在缩小,由于生态环境恶化,海龟产卵地遭受严重破坏,热带风暴等自然灾害时有发生。

(六)澳大利亚

澳大利亚海岸带的开发利用方式主要是商业性捕捞、海水养殖、滨海旅游。由此带来的生态环境问题主要有:

(1)海滨风景旅游区的污水和其他点源污染及其对各类生境(特别是湿地)的损害。

(2)潮间带生物过度采捕对滩涂生态环境的损害。

(3)压舱水排放带来的外来物种入侵。

(4)其他非点源污染。

第二节 海岛生态环境保护法律制度

一、海岛生态环境保护的法律渊源与体例

(一)海岛生态环境保护法律制度的法律渊源

国外法律中对海岛环境保护的直接规定并不多见,但是根据上文所述海岛开发中所面临的环境问题的特点,海岛环境保护法律制度具有如下渊源:

(1)多数问题适用环境保护方面的一般法律规定。因为很多环境问题是大陆和海岛所共同面对的,所以如果没有适用范围上的特殊规定,一国的环保法律、法规均可适用于海岛,如我国的《水污染防治法》、《大气污染防治法》、《森林法》等。

(2)在渔业、港口、污水排放等方面适用有关海岸带管理的法律。如《美国加利福尼亚州1976年海岸带法》、《日本海岸法》、《韩国沿岸管理法》等。

(3)由于海岛生态系统的特殊性,有针对其特点的专门海岛立法。如韩国的《关于独岛等岛屿地域生态系保护的特别法》等。

(4)针对某一海岛的某一特殊环境要素,专门颁布的保护政策或法规,突出体现对海岛特有生物的保护。如加拿大佛拉则岛对野狗的保护(A Draft Dingo Management Strategy for Fraser Island);印度尼西亚爪哇岛对红树林海岸的利用保护等。

(二)海岛生态环境保护立法的体例

1. 针对污染源和介质的环境立法体例

从人类活动造成海岛生态环境损害的污染源与介质的角度将其大体分为

几类：水污染、土地污染、工业污染、废物倾倒和生物多样性损坏等。《美国加利福尼亚州1976年海岸带条例》就是从这个角度入手，对几类污染分别做出了规定：

(1)第四部分，"海洋环境"中第30231节提出，应通过尽量减少所排入或流入沿海水、溪流、湿地、河口和湖泊中的废水的不良影响，对此类水域的水质量加以维护；鼓励废水重复使用和回收，养护用以保护河岸居住区的天然植物缓冲区及尽量小的变更天然溪流的自然状态等办法，恢复海洋生物的生产能力和此类水域的水质。

(2)第五部分，"土地资源"第30240～30241节规定了对环境敏感的栖息地区和农业用地的保护。

(3)第六部分第30251节对风景、观赏价值的保护。

(4)第七部分，"工业开发"第30261节油船的使用、油气的开发、炼油及石油化工设施等的使用规定。

这种从污染源和介质的角度对海岛开发的环境问题立法的方式是立足于环境污染产生的原因，有利于控制污染源，在污染产生的开始予以预防、监督和治理。同时也有利于将防治、监督污染的各项工作分给不同的负责部门，并将每一项保护环境的要求具体到每一个可能产生污染的单位，有利于责任的明晰和分担。

2. 针对环境保护的功能分区进行海岛环境保护立法的体例

在海岛的开发利用过程中，不同的规划可能导致不同的环境保护级别区域，影响环境保护立法的体例。从《韩国公有水面及海岸带管理法纲要》来看，政府部门根据海岸带不同的利用功能划分了不同的区域，并在各区域分别进行不同的环保措施立法。该法将海域分为4种：

(1)保护海域：水产资源的保护育成、自然景观、生态系、文化遗产保护等自然资源的持久性保护措施所必需的海域；

(2)开发调整海域：作为开发潜力很大，且有可能多目标开发的海域，为利用活动间的选址调整所必需的海域；

(3)港湾管理海域：港湾、渔港设施的保护和船舶的安全运行等，为港湾、渔港的维持管理所必需的海域；

(4)准保护海域：海水水质、侵蚀、浸水及海岸线等，在海岸环境保护上有显著障碍或有忧虑海域的保护及未指定为功能区的海域。第十条规定了各海域的利用计划及适用法律。第十六条规定了在各功能区划中开发行为的限制，包括废物的倾倒，废水的排出，港湾设施和矿物的开采等基于环境保护而禁止的行为。

采取这种环境立法体例的前提是海岛开发利用规划是根据海岛不同的利用功能进行划分的,在采取环境保护的不同级别和类别上对开发行为进行限制和引导。这既有利于突出环境保护的重点区域,又有利于在不同的区域中抓住环境保护的重点问题。这种体例要求对海岛的开发有一个全局性、综合性、持久性的规划,对海岛的综合管理部门和各职能部门之间的合作提出了较高要求。

二、海岛生态环境管理体系与机构设置

环境管理是一种行政行为,涉及环境管理执行的部门、权限和程序,作为环境执法的依据,各国的环境法律制度通常对环境管理的体系、机构设置与权限划分做出规定,例如澳大利亚、加拿大、韩国等。根据不同的权限划分,海岛环境管理体系可分为以下两种。

(一)建立独立的海岛综合管理机构负责环保工作

在这种类别中具有代表性的是澳大利亚大堡礁和菲利普港湾的管理机构。1975年,澳大利亚宣布大堡礁为海洋公园,包括整个大堡礁生态系,授权独立的"大堡礁海洋公园管理局"管理整个大堡礁区。大堡礁海洋公园是根据联邦议会法案成立的,覆盖大堡礁及其沿岸水域。议会法案规定了海洋公园管理局的管理责任,公园管理局由一名常务主席、一名昆士兰州代表和一名具有科学背景的指定人员组成。① 管理局要接受检查。议会法案规定,正式的区划系统的决策要求有广泛的公众参与,为管理局的行政决策提供独立的反应机制。管理局的管理框架为:①作为动、植物庇护所和科研示范区,建立保护生境的典型区;②保护受到人类活动威胁的关键生境和物种;③开展具有重大环境影响性的利用活动的环境影响评价,制定利用程度高,而且敏感的场地的详尽管理计划和受威胁物种的保护策略。可见,海洋公园的管理框架中大多数都是环保方面的工作。

菲利普港湾是澳大利亚东南的一大海湾。菲利普管理局成立于1966年。该管理局负责向陆延伸200米,自低潮线向海延伸600米地带的管理。该局对这一地区多样化定向利用可以协调菲利普港地区的开发,保持海滩及自然特征,防止沿海环境退化,改善"能使当地居民充分享受该地区"的设施,以此援助维多利亚州政府。管理局由一名任命的主席和来自4个部门(公有土地

①澳大利亚:《1975年大堡礁海洋公园法》(1990年修订)第十条。

部、土壤保持局、港务局和城镇规划局)的代表组成,咨询委员会由海湾理事会、其他政府部门和公众代表组成。管理局章程规定:不设立任何机构,未经管理局一致同意不开展工作;管理局的建议需得到保护部门的批准。

这一建立独立管理局的模式适合于较大岛屿的管理工作,并且要求有较全面的授权和各方面的人员组成,不然管理工作将很难开展。但是管理局仍然要依托于行政区划的地方政府的协助,权力和经费的不足往往制约其管理。

(二)建立中央和地方两级综合管理机构

这种管理体系以厄瓜多尔和美国加州海岸带管理为例。

厄瓜多尔是南美洲西海岸横跨赤道的一个小国。海岸带有丰富的渔业资源和富饶的红树林湿地。从1986年美国国际开发署资助项目开始,厄瓜多尔制定了海岸带综合管理计划。该项目的计划重点放在从社区一级和中央政府两个方面增强当地能力,强化资源管理的主动措施。所以该项目采取了双轨策略,在中央政府和社区一级同时建立管理体制和管理机构。中央政府一级成立了由总统办公室和具有半自主功能的执行董事局成员为主的补给委员会。社区一级设置5个特殊区管理地带,成立以管理厄瓜多尔潮间带的7名军港上校为首的巡视员队伍。巡视员队伍与肩负执行责任的中央政府部门的地方代表相结合。自1988年以来,每一个海岸带的综合管理计划都解决5个一般性问题:海洋水产养殖,临近水域渔业土地利用、岸线利用、环境卫生和红树林管理。

美国加州则是建立海岸带委员会及地区委员会两级综合管理机构。州海岸带委员会由15个成员组成:资源局局长,商业及运输局局长,州土地委员会主席,从全州各地选派的6名公众代表,6名地区委员会代表,各地区委员会在其成员中遴选产生。同时组建6个地区委员会,分别是北海岸地区委员会、北中海岸地区委员会、中海岸地区委员会、南中海岸地区委员会、南海岸地区委员会、圣地亚哥海岸地区委员会[①],州与各地区委员会负责该海岸带的综合管理,包括环境污染的管理。

这种建立独立环保机构的管理设置模式,既可以通过地方管理机构实现对个别岛屿的针对性管理,又可以通过中央管理机构给予海岛一般性政策的总体性指导,有利于海岛开发的全局性把握。单就环境保护方面来说,中央一级机构的建立无疑会给地方海岛环境的治理提供更可靠的财政支持和先进技术的支持,并起到监督地区委员会工作的作用。

---

① 引自:《美国加利福尼亚州1976年海岸带条例》第30301节。

三、海岛生态环境保护的财政制度

环境污染和生态系统破坏的预防、减少和治理工作需要大量资金投入。开发项目对环境影响的评估,环境的监测和污染的治理都需要有持久地投入及较先进的技术与设备。没有充足的资金支持,管理活动往往不能有效开展,使环境的管理、监测与控制成为空谈。澳大利亚菲利普港管理局就是由于经费有限,现有机构不愿分担管理责任而于1980年便停止工作,将管理权移交给规划环境部、保护部和墨尔本港务局。因此财政支持是进行环境管理或综合治理的重要的经济因素,它的来源充足与否直接决定着机构的实际运作能力。各国在海岛生态环境保护方面的财政制度安排包括以下几种情况。

(一)政府拨款

1. 独立的综合管理机构的政府财政拨款

澳大利亚大堡礁海洋公园的业务经费主要由联邦政府负责,国会每年为公园管理局拨款,财政部长按照国会确定的数量和时间将经费拨给公园管理局。① 但是公园的日常管理经费(例如实施费用、监视费用和扩大活动费用等)则是由联邦政府和州政府公平分摊。

2. 中央和地方两级综合管理机构的政府财政拨款

《美国加利福尼亚州1976年海岸带条例》第30340节提到,州议会认为,由于贯彻本条例所规定而花费的费用应从州或联邦基金,或此两种基金中支付;《英国海岸保护法》(1949年)第二十条规定,海区所在的郡政会(地方政府)应向海区区政会支付执行本法而带来的花费;《美国康涅狄格州海岸带管理条例》(1979年)第三十四条"拨款"规定:按照80%由联邦拨出,20%由州拨出的规定,拨款25万美元,用于按海岸带管理条例规定执行州和地方上共同的海岸管理计划。

(二)原因者负担和受益人付费

各国除对海岛生态环境保护实行财政拨款外,均按"原因者负担"原则,开辟投入渠道。如《韩国沿岸管理法》中第二十条第一款规定:施行沿岸整治事业所需要的经费,由沿岸整治事业的施行者负担。第二十一条规定:由于非沿岸整治事业的工程及行为,需要进行沿岸整治事业时,海洋水产部部长、市道知事及市长、郡守区厅长按照总统令的决定,可以使肇事的工程施行者及行为者负担该沿岸整治事业所需要的全部或部分经费。污染者负担实际上是对海

---

① 澳大利亚:《1975年大堡礁海洋公园法》(1990年修订)第五十二条。

岛开发中受益人要求的义务，在1949年的《英国海岸保护法》中，规定了海岸的保护费用由受益人承担。这项规定有利于督促可能造成污染的开发者谨慎行事，注意控制避免污染的产生和扩大，用直接的经济利益关系驱动海岛污染的防治工作，并分担部分环境治理费用。

由上可知，无论哪种环境机构体系设置，经费问题一般都由中央或州、郡级政府和海岸带、海岛所在地地方政府财政予以分担，区别在于分担的比例以及分担的财政项目不同。各海岛自身利用时所得收益也可承担一部分，加之污染者负担和受益人付费，共同构成海岛环境保护的财政来源。

四、海岛生态环境保护的几项基本制度

（一）环境影响评价制度

环境影响评价制度是许多国家都采取的一种环境保护措施，据统计，到1996年全世界已有85个国家或地区制定了有关环境影响评价的立法，而且其中绝大多数国家都将公众参与作为环境影响评价程序的重要组成部分，以不同方式对公众参与的法律程序作出规定。在海岛上进行工程项目建设，必须首先进行环境影响评价，提交环境影响评价报告书，项目才可能通过审批。通过这种制度，可以防止盲目开展工程建设，破坏海岛的生态环境。

《美国海洋自然保护区规划条例》（1988年）第992.30条规定，将一个地点选择为现行候选地点后，将开始正式的自然保护区的选定、评价过程，准备环境影响报告书草案意图的报告应当在联邦登记和该地区当地关心的报纸上发表。第992.30条规定，环境影响报告书草案应当根据选定方案文件和管理计划制定，其中包括任何拟议的管理条例。环境影响报告书草案还应当包括在该节(h)段中讨论的资源评价报告。生态鉴定或称环境影响报告，应当成为海岛项目开发时所必须予以考虑的条件。

与环境影响评价制度相类似，俄罗斯建立了生态鉴定和监测系统。根据《俄罗斯联邦生态鉴定法》的定义，生态鉴定，是指由一定的机关或组织，对计划进行的经济活动和其他与利用自然资源和保护环境有关的活动，按一定的标准进行审查和评价，以判定其是否符合俄罗斯联邦规定的生态要求，是否可允许其实施的一种特定的监督检查程序或监督检查活动。该活动基本任务有二：一是通过对拟议进行的经济活动和其他活动的有关材料的审查和评价，查明或判定该拟议进行的活动是否符合俄联邦生态立法所规定的生态要求；二是在查明拟议进行的活动是否符合生态要求的前提下，做出是否可以准许该活动予以实施的结论。因此从时间角度来看，生态鉴定的工作开始于开发项目的立项之前,并存续于项目实施运行的整个过程中,具有判定和监督的作用,是一个动态的发展的体系。由上可知,生态鉴定系统是海岛开发的环境保护中必不可少的部分,它是开发项目得以批准的必需条件,是落实海岛环境保护工作的最具体而直接的体现,是海岛开发过程中环境影响的监督检测主体,是海岛环境污染的预警机构,不容省略和忽视。

（二）海岸工程许可制度

海岛的开发利用是一项重要的经济开发计划,对海岛环境的保护关键在于政府在倡导和管理海岛开发过程中,对经济发展和环境保护这一矛盾的协调。这就需要环境管理计划（EMP）。它的目的不是减缓经济发展,而是促进经济发展。其基本思想在于,保证开发与环境保护沿着经济进步的开放式途经共存。这与环境评价密不可分,对开发项目的批准要针对每个海岛可利用资源的特点,对单个海岛或海岛群作统一部署。最直接的体现就是海岛开发的许可证制度。例如,适用于岛屿的1999年《韩国沿岸管理法》中规定了海洋水产部部长在沿岸利用的18个方面的承认许可权限。第十八条规定了农地转用的许可、施行道路工程的许可、开发私道的许可、混凝土用石料的开采许可等等。许可证制度有利于政府在统筹管理经济开发的过程中,实行全局的环境保护策略,克服盲目的非控制性开发和开发经营者的短视及投机心理,维护社会的整体利益。

1956年日本颁布的《海岸法》,为了防止海岸受海啸、风暴潮、波浪的侵袭,以及地基变化带来的灾害,保护国土,对海岸工程措施作了严格规定,如第七条第一款规定:非海岸管理者准备在海岸保护区内设置海岸保护设施以外的设施、作业物,或占用海岸保护区时,必须按主管省令规定,经海岸管理者许可。第八条第一款规定,准备在海岸保护区内从事属于下列各项之一活动者,必须按照主管省令规定,经海岸管理者许可,但是,政令规定范围内的行为不受此限:①开采土石（含砂）;②新开辟水面或新设其他地区的其他设施,改造水面或其他地区的其他设施;③挖掘土地、堆土、铺土及政令规定限制的其他行为。第十四条第一款规定,修筑海岸保护设施需要考虑地形、地质、地基变化,侵蚀状态及其他海岸状态。

（三）海岛减灾防灾制度

自然因素和人类活动引起的海岛的生态灾难是影响海岛经济社会可持续发展的重要因素,世界各国都十分重视用法律手段防止和减少海岛的环境灾害。

澳大利亚于1972年颁布《海岸保护法》,成立海岸保护委员会,目的是防止海岸侵蚀,恢复被侵蚀的海岸原貌;颁布了《水土保持法》,促进土壤保护,防止污水或侵蚀造成的破坏。1994年,澳大利亚政府采取了以下措施:4年拨款310万澳元制定澳大利亚重要湿地管理计划;维多利亚州威尔逊角军事基地选址要按1974年《环境卫生法》进行评估;禁止在昆士兰州浅水湾进行砂矿勘探和开采;进行海岸区域气候变化潜在影响脆弱性评价。

斯里兰卡针对海岸侵蚀问题,于1982年颁布了一项集中管理的海岸管理计划,后来又出台了《海岸2000:关于斯里兰卡海岸区域资源管理战略的建议》,扩大了海岸带综合管理计划的目标范围,将工作扩大到了防止海岸自然生境损失和退化,加强了防治海岛和海岸自然灾害的力度。

美属萨摩亚为实施海岛保护与可持续发展的策略,扭转沿海资源衰退趋势,出台了海岸带管理计划。其中包括沿海灾害评价与减灾计划。

(四)环境污染防治制度

海岛既存在着同大陆一样的水污染、大气污染、土地污染等,也存在着海洋环境污染。各种环境污染是造成海岛生态环境恶化的重要原因。各海洋国家尤其是岛国和群岛国家的环境保护法、海洋环境保护法都适用于海岛的环境污染防治。以日本为例,它的海洋污染防治走过了一条"先污染后治理"的曲折道路,形成了比较完整的海洋污染防治的法律制度。综合日本的有关法律,对于沿岸海域污染,日本采取了以下防治对策:

1. 系统查明海岸污染与水质污染的原因,确立防止水质污染的对策。分析沿岸海洋的自净功能,建立工业废弃物、城市废弃物、废水处理场。

2. 从长远的观点出发对污染影响加以验证。水质污染大量表现为食物链的重金属浓缩、积蓄等,要通过食物链的浓缩积蓄现象、污染物质相互反应、污染物质分解带来的二次污染进行影响验证。

3. 采取综合广泛的防治对策,防污染于未然。为了防止大规模污染,日本改变了局部性、部分性的防治对策,建立了广范围、综合性的防治体系。

4. 实行系统性的最佳对策。处理发生源(废水处理、循环再使用等);探讨排放投弃方法(海中排放、海洋投弃、地下压入等);改善扩散条件(疏浚、泛滥水导入,人造陆地改良等);防治污染物质流入(遮水壁、油围栏等);探讨污染源的转移分散、工程变更以及生产规模。

5. 加强事前预防对策。另外,日本还设置了专门的废弃物处理场所。以往日本将废弃物直接向沿海投弃或一部分为人造陆地所用,造成了对沿海的污染。对此,日本在沿岸海域设定了特定的废弃物处理场所,除废土砂以外,凡属废弃物均在这类指定的场所处理。

日本在1950年颁布的《港湾法》规定,在湾内和离港10千米以内的水面,禁止投放石渣、废油、垃圾、煤渣以及其他类似废弃物,以保证对港湾的开发利用,保证航路的顺畅安全。

1976年日本颁布了《濑户内海环境临时措施令》。为了防止濑户内海环境进一步恶化,特制定了该特别措施,规定了濑户内海环境保护的基本计划及规制废水排放的措施。

为了有效实施环境污染防治制度,各国都对环境污染法律责任作了严格规定。国外对环境污染的责任,除追究行政责任外,主要是对受损害者的民事赔偿责任,对于情节严重的损害行为追究刑事责任,刑期一般在10年以下。值得注意的是,即使承担了刑事责任,民事损害赔偿责任仍不能免除。

第三节 海岛自然保护区法律制度

一、海岛自然保护区建设的条件

人类自20世纪30年代以来,逐渐认识了生物多样性、生态系统和生态环境,并认识到只要人类充分认识和掌握生态调节机理,积极创造生物种群自身修复能力的合适条件,那么已经失调和破坏的生态平衡可以恢复。基于上述认识,很多国家为加强保护海洋自然环境和资源,尤其是为了拯救珍稀和濒危的海洋生态物种,保护典型海洋自然生态环境,合理协调海洋资源保护与利用的矛盾,选择了包括主要保护对象在内的具有代表性的海洋环境,如海岸带、浅海、滩涂、海洋岛礁等,划定区域,对区域内的环境和珍稀濒危物种及其生态系统、特种景观、遗迹加以特殊保护和管理,采取切实可行的保护措施,建成相当数量的海洋保护区。

目前国外海洋类型的海洋自然保护区有多种不同名称,如海洋公园,国家公园,海洋保护区,禁猎区,海滨、海岸、沿海、河口或沼泽保护区,海洋自然保护区,生物保护区,生物站或野生生物保护区,保留地等。不论其名称如何,这些海洋保护区主要分布在河口,珊瑚礁,岛屿,开阔海域,海草床,沿岸地带,历史上有重要意义的船只失事区等。[①]

各国海洋自然保护区的建设,主要根据自己国家海洋自然环境和资源的状况,以及对自然保护的认识和需求进行的。如今人们把自然保护区称为活

[①] 邱辉煌:《国外海洋自然保护区管窥》,载《海洋开发与管理》1996(1)。

的自然保护馆、自然资源仓库或自然生态系统和生物种源的集中分布区。越来越多的沿海国通过建立海洋自然保护区,使很多濒危物种和资源得到保护。而世界上频繁进行的一些海洋自然环境和资源保护活动①,对推动和加速各国海洋自然保护区的建设起着很大的作用。

海岛自然保护区是海洋自然保护区的主要类型之一和重要组成部分。综观国外建立海岛自然保护区所依据的条件,大致可以分为以下几种情形:①珍稀、濒危野生动、植物种主要或天然分布于该区域;②有代表性的自然生态系统区域以及经过保护可能恢复初始状态的同类自然生态系统区域;③具有自然遗迹并具有科研价值的自然地理地区;④其他具有特殊保护价值的海岛等。

二、几个比较典型的海岛自然保护区

(一)澳大利亚大堡礁自然保护区

大堡礁是世界上最大的珊瑚礁群,它由 2 900 多个独立礁盘和 900 多个岛屿组成,珊瑚礁南北绵延达 2 300 多千米,东西宽窄不一,最宽处可达 150 多千米,最狭处仅 2 千米,总面积约 28 万平方千米,比英国本土的面积还大。大堡礁与澳大利亚大陆海岸隔着一条 20～350 千米的水道,其深度为 35～70 米不等,最深处 100 多米,是一条重要航道。在这片海域里生存着 400 多种珊瑚,1 500 多种鱼类,数万种软体动物、甲壳动物和其他生物,仅鲸就有 22 种,是一个典型的生物多样性海域。这里位于南半球低纬度地区,终年受南赤道暖流的影响,表层水温平均在 20 摄氏度以下,夏季高达 28 摄氏度,阳光充足,东南信风不断扰动海水,提供较多的养分,极有利于珊瑚的发育繁殖,因其珊瑚著名,附近海区定为"珊瑚海"。

1974 年澳大利亚政府将大堡礁定为国家公园加以保护;1980 年联合国教科文组织将其列为世界遗产。目前每年到此旅游观光者高达 200 万人,成为一个著名的海洋乐园,可是大量观光客随意采摘珊瑚,已使珊瑚礁受到严重损害,同时陆地农田污染水的流入,一些有害化学残留物玷污了环礁水域,加上浅海航道上的漏油沉船事故频发,造成大面积海域的污染,使珊瑚礁如同热带雨林一样,以惊人的速度消失,影响到大堡礁国家公园的安危。

(二)澳大利亚劳德哈伍岛海洋公园②

澳大利亚建立该公园的主要目的是保护海底生态系统和该区内海洋生态

---

①如"人与生物圈规划",它是一个世界范围的国际合作规划,其中包括了合作开展研究岛屿、海滨等区域的自然保护和海洋保护区建设。

②Lord Howe Island Marine Park,作者摘译。

多样性、原生物和生物进化的研究价值。此项保护计划将确保劳德哈伍岛长期高质量的海洋环境,这一点对当地旅游业和社会传统及生活方式来说,影响至关重要。公园的周边地带被确定为用来保护 1 800~2 000 米深水域的海底生态系统。目前,劳德哈伍岛有 108 种鱼类和大型无脊椎动物,其中 31% 是科学界未知的。在劳德哈伍岛海域内,已被确认的生物约有 305 种海藻,至少有 83 种珊瑚,超过 65 种的软体动物和 400 多种鱼类。因此,建立海洋公园的重要性显而易见。在保护的同时,当地政府还注重加强公园的管理,其管理规划主要分为 5 部分。第一部分综述了公园的保护价值,包括生物多样性和文化遗产的保护价值。第二部分讨论了采取哪些必要措施来保护生物多样性。第三部分着重于管理框架和法律规制。第四部分阐述了管理的相关细节问题,包括需要规制的具体行为和目的。这部分的撰写以实践性为基础,令使用者明确了解到在公园内哪些行为是允许的,哪些行为是禁止的。最后,在第五部分中,对该计划的实施进行了概括。

(三)澳大利亚麦加利群岛自然保护区[①]

澳大利亚麦加利群岛自然保护区不仅仅是一个亚南极区动、植物保护区,还遗有早期欧洲人在塔斯梅尼亚占据时留下的历史风俗。在麦加利群岛的科研活动早在 18 世纪 20 年代就开始了,随着 1911 年澳大利亚南极探险和 1948 年澳大利亚国家南极区科考探险队的深入活动,人们对麦加利群岛的研究和取证正在深入进行。麦加利群岛于 1933 年建立了野生动物保护区,1972 年建立了国家级保护区,1978 年建立了自然保护区,但是它作为生态系统保护区被世界承认是在 1977 年。保护区内动、植物种类丰富,因此政府制定了《麦加利群岛自然保护区管理规划》,以求对其加以保护。这部保护规划的目的是,最大限度地提供对保护区内自然和历史风光的保护,修补以往的损害,鼓励在保护区内进行关于自然和历史形态、特点等方面的科研活动和数据调查,使之不再产生负面影响。它包括三部分,第一部分大体介绍了保护区、动植物、历史风光和现代设施的特点。同时也就资源的重要性及在规划的准备阶段所涉及的保护因素进行了讨论。第二部分规定了管理的目标。第三部分具体介绍了管理方案,并同第二部分一起,组成了《国家公园和野生动物法》第四章的"管理规划"。

(四)荷属博内尔岛海洋公园

博内尔岛位于委内瑞拉以北的南加勒比海中,是一个长度不超过 40 千米

---

① Lord Howe Island Marine Park,作者摘译。

的月牙形小岛。这里有晶莹剔透的热带水体和总共 26 平方千米壮观的珊瑚礁,未受破坏的海草床和红树林。当涉及自然保护时,博内尔岛总是具有前瞻性的,自 1969 年以来,已经有大约 20% 的陆地总面积作为国家公园而受到保护。从 1979 年以来,博内尔岛周围从高水位到 60 米等深线的水体已被划定为海洋公园,从而受到法律的保护。① 博内尔岛海洋公园的目标是保护它所管辖的海洋环境,同时最大限度的提高娱乐与商业用途的安全水平。公园内的活动是受限制的,以期确保珊瑚礁、海草和红树林生态系统的不间断可持续性。海洋公园内的破坏性实践如抛锚、珊瑚采集和叉鱼,迄今为止已被禁止数十年。② 由于珊瑚礁、海草和红树林资源的相对脆弱性,加之政府在启动保护自然资源项目的经费用完后,缺乏任何连续经费的提供,因此该岛管理者决定"以游养园",用发展旅游业所获得的收入来维持该海洋公园。博内尔岛海洋公园是世界上最早实现完全自负盈亏的海洋保护区之一,而且还成功地消除了破坏性实践。通过"以游养园"解决了诸多自然保护区共同面临的困境,这一点也值得我们借鉴。

三、海岛自然保护区的主要法律规定

澳大利亚、挪威、美国、加拿大等国,都对海岛自然保护区进行了立法,如澳大利亚《1975 年大堡礁海洋公园法》(1990 年修订)、《昆士兰州 1982 年海洋公园法》、《昆士兰州 1990 年海洋公园条例》、《托雷斯海峡岛屿居民国家公园保护法》(Natural Reserve System and Management)、③加拿大的《新斯科舍半岛自然保护区法》、④《爱德华王子岛自然保护区法》⑤等。还有一些国家制定了海岛自然保护区的准规范性文件,如美国得克萨斯州的《山姆洛克岛的管理计划》(Shamrock Island Management)、⑥佛罗里达州《威顿岛的保护方案》(Weedon Island Preserve),⑦梅里特岛《国家野生动物保护区综合保护规

---

①Kalli De Meyer:《旅游业怎样才能有助于保护环境:博内尔岛海洋公园案例研究》,载《产业与环境》1998(4)。
②同注①。
③诸葛仁、Terry De Lacy:《澳大利亚自然保护区系统与管理》,载《世界环境》2001 年第 2 期。
④邢自生、张万才:《加拿大东部的自然保护区》,载《林业科技通讯》1997 年第 2 期。
⑤同注④。
⑥http://www.tpwd.state.tx.us/texaswater/txgems/shamrock/shamrock.phtml
⑦http://www.weedonislandcenter.org/

划》,澳大利亚的《罗特内斯特岛管理计划》(The Rottnest Island Management Plan)、①加拿大的《艾尔克岛国家公园管理计划》(Elk Island National Park Management Plan)②等。现将几个代表性海岛自然保护区的管理规定介绍如下:

(一)大堡礁海洋公园

澳大利亚《1975年大堡礁海洋公园法》(1990年修订)规定,大堡礁海洋公园的区划计划制定后,个人不得随意进入特定的区划区域,未经允许,或未取得相关的许可证,不得在未区划的区域内建造、安装或现场固定建筑物、浮桥、走道、锚泊设施等构造物或捕获海洋动物的装置,也不得从事开垦工程、滩涂保护工程、道路修筑工程或其他任何工程。违反上述规定者,对自然人罚款1万澳元,法人团体罚款5万澳元。③ 另外,个人不得在海洋公园中排放废物,但是拥有排放废物许可证的人例外,如果该许可证附有若干条件,使用这种许可证的人不得违反。如有违法排放的情形,对自然人处以不超过5万澳元的罚款,对团体法人处以不超过25万澳元的罚款。

(二)斯瓦尔巴群岛

挪威的斯瓦尔巴群岛规定,岛上的一切活动都要遵守严格的环保法律,占群岛面积56%的自然保护区内禁止一切工业活动,旅游者的行动也受限制,一些地区不能涉足,如游客违反环保法律,将被处以最高5万挪威克朗的罚款。④

(三)劳德哈伍岛

劳德哈伍岛海洋公园规定,只有本岛居民才可以进行商业性捕鱼;商业性捕鱼只能以轮转线钓鱼法和撒网式捕鱼法进行;商业性捕鱼活动必须由其海洋公园管理局的局长同意,或者该活动遵循《海洋公园管理规划》第十七章的相关规定才能进行;所有的采矿活动都禁止在公园内进行;一些商业性旅游团活动,如自携式氧气潜水,观看海豚或杀人鲸表演和景点观光都必须在《海洋公园管理规划》的规制下,由局长同意方能进行;科学研究活动也必须经局长批准方可开展。

---

① http://www.rottnest.wa.gov.au/rotto/About%20the%20Rottnest%20Island%20Authority/Rottnest%20Island%20Management%20Plan/
② http://www.pc.gc.ca/pn-np/ab/elkisland/plan/index_e.asp
③ 《1975年大堡礁海洋公园法》(1990年修订)第38F条。
④ 崔文林,杨应斌:《无人岛资源的开发利用与保护现状》,载《海岛保护与利用管理学术研讨会论文集》2003-11。

（四）麦加利群岛

麦加利群岛自然保护区规定,进入保护区必须经过管理委员会的批准;若进入特定区域有其他相关规定,应遵从其规定;特定项目参观的人数及逗留时间应在保证其达到参观目的的前提下尽量最小化;为使保护区内的动植物、自然和历史风光受到最大限度的保护,将保护区分为 A、B、C 3 个区;除了能被循环利用的废油和废燃料,在保护区内的这类废弃物应尽早处理掉;禁止将家禽制品投弃于保护区周围海域;除了管理委员会书面允许以外,禁止在 A 区内使用任何陆上交通工具;旅游者应在选定的区域内观看动物,以此保护保护区内的野生动物、环境和历史、科研价值。①

---

① Lord Howe Island Marine Park,作者摘译。

第五章　国外海岛法律制度比较研究对我国的借鉴

前四章介绍了国外海岛的有关法律制度,在不同的国家之间,法律制度既有相同之处,也存在一些区别,这些异同点与其经济、社会以及历史等方面的因素息息相关。笔者拟在比较研究各国海岛法律制度的基础上,借鉴其合理规定,结合我国海岛法律制度的现状,为健全我国海岛法律制度提出相应的建议。

第一节　我国海岛的立法现状

我国目前的海岛法律制度属于分散式立法模式,关于海岛法律制度的相关规定,散见于各种法律、法规、规章及其他规范性文件中,这种立法模式以及我国现行的海岛法律制度,存在一定问题,需要加以改进。

一、我国海岛的法律渊源

(一)宪法

我国《宪法》第九条规定:矿藏、水流、森林、山岭、草原、荒地、滩涂等自然资源,都属于国家所有,即全民所有;由法律规定属于集体所有的森林和山岭、草原、荒地、滩涂除外。国家保障自然资源的合理利用,保护珍贵的动物和植物。禁止任何组织或者个人用任何手段侵占或者破坏自然资源。

海岛属于自然资源的一种,也应适用《宪法》第九条的规定。

(二)法律

1. 关于海岛主权的规定

1992年我国《领海及毗连区法》规定:中华人民共和国领海为邻接中华人民共和国陆地领土和内水的一带海域。中华人民共和国的陆地领土包括中华人民共和国大陆及其沿海岛屿、台湾及其包括钓鱼岛诸岛在内的附属各岛、澎湖列岛、东沙群岛、西沙群岛、中沙群岛、南沙群岛以及其他一切属于中华人民共和国的岛屿。

2. 关于海岛环境保护的规定

1999年我国《海洋环境保护法》第二十条规定：国务院和沿海地方各级人民政府应当采取有效措施，保护红树林、珊瑚礁、滨海湿地、海岛、海湾、入海河口、重要渔业水域等具有典型性、代表性的海洋生态系统，珍稀、濒危海洋生物的天然集中分布区，具有重要经济价值的海洋生物生存区域及有重大科学文化价值的海洋自然历史遗迹和自然景观。对具有重要经济、社会价值的已遭到破坏的海洋生态，应当进行整治和恢复。第二十二条规定：凡具有下列条件之一的，应当建立海洋自然保护区：……（三）具有特殊保护价值的海域、海岸、岛屿、滨海湿地、入海河口和海湾等；……"第二十六条规定：开发海岛及周围海域的资源，应当采取严格的生态保护措施，不得造成海岛地形、岸滩、植被以及海岛周围海域生态环境的破坏。

3. 关于领海基点海岛测量的规定

2002年我国《测绘法》第三十五条规定：任何单位和个人不得损毁或者擅自移动永久性测绘标志和正在使用中的临时性测量标志，不得侵占永久性测量标志用地，不得在永久性测量标志安全控制范围内从事危害测量标志安全和使用效能的活动。本法所称永久性测量标志，是指各等级的三角点、基线点、导线点、军用控制点、重力点、天文点、水准点和卫星定位点的木质觇标、钢质觇标和标石标志，以及用于地形测图、工程测量和形变测量的固定标志和海底大地点设施。

4. 适用于海岛的相关法律规定

对海岛土地的利用，适用我国《土地管理法》等法律；对岛上矿产资源的开发利用，适用我国《矿产资源法》等相关法律；对岛上生物资源的采捕，适用我国《野生动物法》、我国《狩猎法》等法律；对海岛周围海域的渔业资源及水生生物资源的开发，适用我国《渔业法》、我国《水生生物法》等法律；对海岛上淡水资源的利用与保护，适用我国《水法》；对海岛周围海域的使用，适用我国《海域使用管理法》；对海岛生态环境的保护，除我国《海洋环境保护法》之外，还适用我国《环境保护法》、我国《水污染防治法》、我国《水土保持法》等法律的规定。

（二）行政法规

1. 关于领海基线的声明

1996年5月15日《中华人民共和国政府关于中华人民共和国领海基线

的声明》，宣布了我国大陆领海从山东高角到峻壁角各相邻基点之间的领海基线，以及西沙群岛从东岛到南岛各相邻基点之间的领海基线。

2. 关于基点海岛测量

1997 年我国《测量标志保护条例》第四条规定：本条例所称测量标志，是指：(一)建设在地上、地下或者建筑物上的各种等级的三角点、基线点、导线点、军用控制点、重力点、天文点、水准点的木质觇标、钢质觇标和标石标志，全球卫星定位控制点，以及用于地形测图、工程测量和形变测量的固定标志和海底大地点设施等永久性测量标志；……。

(三) 部门规章

目前专门针对海岛的部门规章仅有 2003 年国家海洋局、民政部、总参谋部联合颁布的《无居民海岛保护与利用管理规定》。该文件规定了无居民海岛的区划与规划制度、申请审批制度、保护和整治制度、名称管理制度以及相应的法律责任。

为了贯彻落实《无居民海岛保护与利用管理规定》，加强对无居民海岛利用的管理，规范无居民海岛利用申请审批工作，国家海洋局于 2003 年 11 月又下发了《无居民海岛利用申请审批暂行办法》，并印发了《无居民海岛利用申请书(格式)》、《无居民海岛利用批准书登记表(格式)》，从而使无居民海岛的开发利用制度进一步细化，更具可操作性。

(四) 地方政府规章

目前我国海岛法律制度中，可以称之为地方政府规章的，只有《厦门市无居民海岛保护与利用管理办法》。该办法所称无居民海岛，是指厦门市海域内不作为常住户口居住地的岛屿和岩礁。具体的岛屿和岩礁名录由市海洋行政主管部门予以公布。厦门市无居民海岛的规划、保护、利用和管理活动必须遵守该办法，但国家对军事用途及特定用途的无居民海岛另有规定的从其规定。

另外，一些海岛县、市颁布了本县或本市的海岛开发利用规定，如《长海县无居民海岛开发保护管理暂行规定》、《长岛县无居民海岛开发保护管理暂行规定》、《岱山县关于加强无居民海岛开发保护管理的暂行规定》、《嵊泗县岛礁岸线及浅海、滩涂水域开发管理暂行办法》、《潮阳市无居民海岛开发管理暂行规定》、《惠州市无居民海岛及其周围海域开发管理暂行规定》、《台山市无居民海岛开发管理暂行规定》、《汕头市达濠区无居民海岛及周围海域开发管理暂行办法》、万山海洋开发试验区管委会《关于加强无居民海岛开发保护管理暂行规定》、《南澳县无居民海岛开发管理暂行规定》、《饶平县无居民海岛开发管理暂行规定》等，其内容大多涉及无居民海岛的规划、开发利用的申请审批以及对无居民海岛生态环境的保护。但是根据我国《立法法》的有关规定,这些县、市不具有立法权,[①]上述规定不能作为海岛的法律渊源。

另外,我国政府根据1992年联合国《21世纪议程》制定的《中国21世纪议程》,把海岛的可持续开发与保护作为重要的行动方案领域之一。在随后制定的《中国海洋21世纪议程》中,第四章专门阐述了海岛可持续发展问题,涉及4个方案领域:海岛经济开发;海岛资源和环境保护;无人岛屿的管理和保护;海岛基础设施建设和社会发展。在每一方案领域内,又包括3部分:行动依据,说明该方案领域的国际、国内法律根据,要解决的主要问题及解决问题的时空可行性等;目标,主要说明该领域采取各种行动要达到的目标和目的;行动,实现目标需要采取的各种措施和行动。

在国务院2004年批准的《全国海洋经济发展规划纲要》(以下简称《纲要》)中,专门提到要加大扶持力度,促进海岛的建设和发展。要求各级人民政府加大对海岛基础设施的投入,支持海岛交通、电力、水利等项目的建设;逐步提高对贫困海岛的财政转移支付力度;逐步扩大沿海岛屿对外开放领域,多渠道吸引资金参与海岛建设。

《中国21世纪议程》、《中国海洋21世纪议程》和《纲要》虽然不是法律的表现形式,不具有法律效力,但对海岛的可持续发展提供了政策指南,在讨论我国海岛的立法现状时,这一类"软规则"不容忽视。

二、现行海岛法律制度中存在的问题

(一)规定分散,缺乏一部综合性的海岛法律

目前我国还没有关于海岛利用、保护与管理的综合性法律,对海岛各种资源的开发利用以及海岛生态环境的保护,分别适用我国《土地管理法》、《矿产资源法》、《渔业法》、《海域使用管理法》、《海洋环境保护法》等法律及相关的法规、规章等规范性文件。鉴于我国多数海岛,特别是无居民海岛,区域狭小,难以形成具有开发规模的土地、林业等单项资源,只有依托海岛周围海域形成的整体资源才具有最大的社会和经济价值,因此在立法上也应对海岛上的资源、生态环境以及海岛周围海域进行统筹考虑,综合加以规定。这一点也符合国际岛屿立法的发展趋势。1994年联合国会议通过了《小岛屿发展中国家可持续发展行动纲领》,要求对岛屿的气候变化、自然灾害、淡水资源、沿海和海洋

[①]我国的《立法法》第七十三条规定,省、自治区、直辖市和较大的市的人民政府,可以根据法律、行政法规和本省、自治区、直辖市的地方性法规,制定规章。

资源、能源和旅游业等可持续发展的综合基础制定行动纲要,要求把海洋管理与岛上陆地的管理有机的结合起来,作为一个完整的系统进行管理。

因此,我国应有一部全面规范海岛开发利用与管理保护的法律,从整体上对海岛进行综合调整,使海岛整体资源产生最佳的经济效益、社会效益以及环境效益。

(二)海岛法律制度不完备

目前在已颁布实施的关于海岛的法律规范中,主要规定了无居民海岛的功能区划和规划制度、开发利用无居民海岛的申请审批制度、无居民海岛的保护整治制度以及对无居民海岛的名称管理制度等。这些制度对加强无居民海岛的管理工作起到了积极的作用,但是,仅有上述制度还不足以完成科学开发利用与保护海岛的工作,为了最大限度地合理利用海岛,应当基于海岛资源的理念建立物权管理制度,明确海岛物权人的权利义务与法律地位,这样才能吸引投资者对海岛进行开发。另外,针对实际工作中需要立法解决的权属不清、管理体制不顺、国有海岛资源流失、生态环境破坏等主要问题,应当在比较研究国外有关制度的基础上,结合我国海岛的实际情况,借鉴国外的合理规定,建立海岛权属管理、监督管理、有偿使用等制度。

第二节 海岛立法模式的比较研究与借鉴

一、国外海岛立法模式的成因及利弊分析

(一)国外海岛立法不同法体模式的成因

各国建立的海岛法律制度,之所以采取不同的法体模式,归纳而言,大体出于以下几方面的考虑:

1. 岛屿在国家经济中的重要性

一个国家的法律制度,往往是由本国的经济状况所决定的。如果岛屿在一国的经济发展中占据了重要地位,该国往往会加强立法,制定专门的法律来调整岛屿的开发利用问题。例如,日本是一个岛国,陆地面积37.788万平方千米,包括北海道、本州、四国、九州4个大岛和其他6 800多个小岛屿,人口约1.274 5亿(截至2003年2月),是世界上人口密度最大的国家之一;在本就狭小的陆地资源中,山地和丘陵占了71%,又有160多座火山,其中包括50多座活火山,还是世界上著名的地震区;日本本土的矿产资源贫乏,大部分矿

产依赖进口。这样的地理状况与经济条件,决定了日本的岛屿对于日本的经济发展具有极为重要的地位和作用。因此,日本特别注重对岛屿,包括远离本土、偏远落后的岛屿的开发利用,才会采用单行法的形式,通过专门的法律来调整孤岛的发展问题。相比之下,美国等国家虽然也是海洋大国、海洋强国,但本国的地域广阔、人口的平均密度不大,自然资源丰富,岛屿在本国的经济发展中并没有占据举足轻重的地位,因此在这些国家中并不存在对岛屿的单行法律。

2. 国家发展特定岛屿的必要性

一国是否采取对某个或某些岛屿专门立法的法体模式,或者制定某个岛屿的综合或单项管理计划,主要取决于该国国内是否存在着需要国家通过法律或管理计划专门予以规定的特殊岛屿。此种特殊岛屿,大致可分为以下几类:特别贫穷落后,需要国家大力开发的岛屿,如日本的小笠原群岛以及奄美群岛;岛上具有珍稀动、植物品种,需要国家着重保护的岛屿,如美国得克萨斯州的山姆洛克岛、佛罗里达州的威顿岛、澳大利亚的罗特内斯特岛、加拿大的艾尔克岛等;岛屿或群岛的面积较大,资源较丰富,又有常驻居民,岛屿本身即为一个相对独立而完整的行政区域,对这样的岛屿,有自身的一套综合管理法规,如澳大利亚的劳德哈伍岛,加拿大的诺福克岛和爱德华王子岛[①],美国的罗得岛州等。当国内存在着这样的岛屿,国家需要对其进行重点发展、保护与管理时,仅靠单行法的实施就难以完全达到目的,此时就需要采用专门立法或实施专向或综合管理规划。

3. 相关配套法律法规的完善性

如上文所述,多数国家没有关于岛屿的单行法或专门法,而是采用了分散式的法体模式,关于岛屿的规定散见于相关的法律、法规之中,如海岸带管理法、环境保护法、海洋环境保护法等等。探究其原因,一方面,固然是因为岛屿在国民经济中不占举足轻重的地位,无需颁布单行法;而对于没有特殊需要的岛屿,也不必制定专门法或管理计划。另一方面,也是因为这些国家的环境保护法律制度、海岸带法律制度、土地及其他自然资源保护与管理法律制度比较健全和完善,这些法律中的规定,都可适用于海岛,调整与海岛有关的法律关系。

(二)各法体模式的利弊分析

在上述几种法体模式中,针对特定岛屿的专门立法以及岛屿管理规划这两种模式,因是针对特定岛屿的具体问题制定管理规定,制度最为具体,针对

[①] http://www.gov.pe.ca/

性也最强,便于操作,而且灵活性较高,可以根据实际需要随时做出调整,例如《劳德哈伍岛法》最初于1953年通过,于1954年4月23日生效,在随后的50年的时间里,根据情况的变化,历经了近20次修改,最近的一次修正完成于2004年3月24日。如欲对特定的岛屿进行有效的管理,这一模式无疑非常理想,不足之处在于对个别岛屿专门立法或制定管理计划,成本较高,而且容易引起法律适用的不统一,以及造成不同岛屿之间的差别对待。

针对某一类岛屿的单行法模式,长处在于法律的规定对所有的调整对象都一体适用,可以确保法律适用的统一与公正,而且对岛屿颁布单行法,也可针对岛屿自身的特点,做出较为具体的、操作性较强的规定,实现单行法的立法目的。相比之下,就具体性以及针对性而言,较之专门立法要稍嫌逊色,同时,国外现行的关于岛屿的单行法,往往仅对岛屿的某方面问题进行规定,对于未做出规定的事项,仍然要适用其他法律,如土地法、森林法、环境保护法的规定。

分散式规定的立法模式,将国家对海岸带、大陆架、土地、森林、矿产、渔业、环境保护等方面的法律直接适用于海岛,可节省立法及执法成本,保证法律适用上的统一性,避免了单行法与基本法、特别法与普通法之间的矛盾以及随之而来的解释与协调问题。但是,岛屿是处于海洋包围中的陆地,与大陆领土与海洋水体相比,具有独特的地理、经济、生态等方面的特征,对岛屿的法律调整,照抄、照搬适用于大陆或海洋的法律,在某些情况下,可能会因忽略岛屿自身的特点而显得过于机械,难以有效、合理地调整岛屿法律关系,甚至与立法初衷背道而驰。

(三)国外海岛立法不同目标模式的成因及利弊分析

国外海岛立法,采用开发模式抑或保护模式,是根据岛屿的具体情况、国家经济发展的需要等方面因素,综合考虑后决定的。对于资源匮乏、经济落后的岛屿,多采用开发模式,优先发展经济;对于岛上存有珍稀物种或历史遗迹,具有特殊生态价值或历史文化价值的岛屿,则往往采用保护模式。

开发模式可充分利用海岛本身的资源,促进经济的发展,提高人民,尤其是岛上居民的生活水平,但是在开发利用过程中,难以避免地要对周围环境造成一定影响,如果开发措施不当,疏于管理和防范,还可能对岛上的环境和生态系统造成毁灭性的破坏和难以逆转的影响。保护模式正相反,可以充分保护岛上的资源与环境不受人类无序开发的不当影响,对于维护生态系统的平衡和生物多样性具有重要意义,但是有时此种对环境的保护是以牺牲经济发展为代价的。开发与保护这两种模式之间的张力和对抗,也正体现了目前困扰整个世界的发展与保护问题,由此联合国才对小岛屿发展中国家提出了可持续发展的战略。

二、对完善我国海岛法律制度立法模式的借鉴

由以上分析可见,几种模式各有利弊,一国最终采用哪种立法模式,是由本国的客观需要所决定的。我国也不例外,在借鉴其他国家立法模式的基础上,最终还是要立足于本国的客观国情与实际需要,选择适合自身特点的法体模式以及目标模式。

我国虽然陆地面积广阔,资源丰富,但因人口众多,各资源的人均占有量较低,资源仍相对稀缺。而海岛蕴含着渔业、矿产、生物、土地、森林、可再生能源等资源,可以弥补陆地资源的不足,推动国民经济的发展;更重要的是,海岛对于维护国家主权、保护国家权益等方面具有重要的战略意义。由此可见,海岛在确保我国国家安全、促进我国经济发展中占据着比较重要的地位,我国应重视对海岛的保护与开发工作,运用法律手段对海岛进行综合管理,而如果采用分散式立法模式,就难以实现这一目标。从实践中观察,也可以发现,很长时期内我国一直缺少对海岛在国家层面上的专门性立法,其法体模式属于分散式,其结果是海岛的开发缺乏统一规定和管理,资源与环境遭到破坏,有些海岛还存在着开发不足的现象。可见,无论从理论上分析,还是从实践中考察,分散式立法模式对我国而言均非上策,并不是最佳选择。

我国的岛屿众多,各具特色,需要重点保护与开发的岛屿的数量也颇为可观,如果采取专门性立法模式,对某个或某些岛屿单独制定法律,从我国的立法现状分析,可能性比较低。虽然这样的法律针对性强,内容具体便于操作,但立法的成本过高,不符合我国的实际情况。

相比之下,采用单行法模式,制定一部关于海岛的单行法来对海岛进行管理,既具有较强的针对性,又符合目前我国的客观实际,是一种较为理想的选择。日本、韩国等国家制定的岛屿单行法,主要致力于对落后岛屿的开发促进,目标非常明确,内容比较单一,固然符合其本国的发展要求,对我国却未必适用。我国要对海岛,特别是无居民海岛进行综合开发治理,需要从多个方面对海岛做出法律规定,既大力开发,又注重保护,同时强调综合管理,惟有如此,才能解决现实中存在的对海岛开发无序、无度、无偿的问题。因此,类似于日本国的《孤岛振兴法》、韩国的《岛屿开发促进法》这一类的立法,就无法满足我国的需要。综观各国立法,尚未发现一部关于海岛的较全面的综合性法律,建议我国从实际出发,参考借鉴其他国家的合理规定,结合我国具体国情,制定世界第一部海岛综合管理法律,以促进对国家主权与安全的保护,对海岛经济的发展以及对海岛生态环境的保护。

至于我国海岛法律制度立法模式中的目标模式,原则上应采取可持续发展战略,对开发与保护同时兼顾,不可偏废,但对于具体岛屿,有些应致力于开发,有些宜着眼于保护,在制定具体措施时仍应有所侧重。至于哪些岛屿用于开发,哪些岛屿留作保护,需综合考虑自然环境、自然资源、社会经济、海洋安全和海洋权益、生态环境、社会文化等因素,依据一定的判断标准,对海岛进行分类,针对不同类型的海岛,采取不同的目标模式。

另外,我国可以借鉴美国、澳大利亚、加拿大等一些国家的做法,针对某个有特殊发展价值的岛屿,由沿海地方人民政府根据当地的实际需要,制定专门的海岛管理计划,只要不超越权限,不违反上位法的强制性规定,报有关部门批准后即可付诸实施。这种模式,可针对某个海岛的具体情况,制定特殊的计划与措施,有针对性地解决问题,以促进有特殊价值海岛的合理开发、利用与保护。

第三节 海岛管理制度的比较研究与借鉴

结合第二章的相关规定,主要对各国以下制度进行比较研究,并在此基础上对健全我国海岛法律制度提供借鉴。

一、规划制度

世界很多国家都采取了规划制度对海岛土地进行管理,即制定各级海岛土地使用规划,以规范对海岛土地的利用。

(一)对国外海岛规划制度的比较研究

由于各国社会制度、海岛土地产权制度、海岛土地管理体制、海岛基本国情等因素存在差异,所以海岛利用规划的内容、要求很不一致,第二章中已经介绍了一些代表性国家的海岛土地规划制度。虽然存在种种差异,但通过对比研究可以发现,在海岛规划制度方面,各国也存在一些共同之处,归纳而言,主要体现在以下几方面:

1. 规划体系

在规划体系上,多数国家大致维持三级制,即全国性规划、区域性规划和地方性规划。在这三级规划中,最重要的且与公众关系最直接的是第三级规划,即地方性规划,在规划层次上相当于我国的县市级规划,对公众具有直接约束力。而其上位规划,包括全国性的综合开发规划及地域性的区域规划,多属规范性、纲要性规划,对一般公众并无直接约束力。

2. 规划的程序化、科学化、法律化与民主化

各国都采取一定的措施,在规划编制中重视部门协调、专家审议,保证规划制定得科学合理,海岛土地资源能获得充分利用,同时又注重环境保护,保留一定的林地与绿化带。国外海岛规划制度很重要的一个方面就是充分发挥民主性,保证公众参与。德国在规划制定过程中,要经过两次市民讨论,市民有两次机会对本州、本市的规划发表意见。英国制定出规划草案后,也要广泛向社会征求意见。加拿大在确定行政地区的规划政策时,要通过公众参与的方式检验区域级规划指定的各项任务指标是否现实可行。美国在制定规划过程中,主要通过公告、召开听证会等形式,让专家学者、社区公众提意见。通过公众参与,充分听取公众的意见,可以保证制定出的海岛土地规划能反映社会大众的利益要求,并且是现实可行的。

3. 规划的权威性

国外的海岛土地规划,制定的过程中要求比较严格,而一旦制定出规划,往往都具有很高的权威性,开发利用海岛,都要符合规划的用途,不得擅自变更,规划的修改要经过法定程序。国外实行与之相配套的开发许可制度,对于不符合规划的海岛土地利用申请,不予批准,也保证了制定出的规划,可以得到切实执行。

各国规划制度虽然具有上述相同之处,但经过比较发现,也具有以下两点差异:

(1) 规划期限。各国与海岛土地利用有关的规划,具有不同的期限,大致可分为以下3类:第一,10年以下的短期规划。如意大利地方政府拟订的多年执行规划的规划期限就是3~5年。第二,10年以上的中长期规划。德国、法国的地方海岛土地利用规划,英国海岛土地规划,规划期限都是10~15年。第三,期限不定或不存在。法国的特别开发规划,德国的地区详细规划,规划期限不定;而法国的私人开发规划不存在规划期限。

(2) 上位规划的效力。多数国家采用分级制的规划体系,但对于上位规划对下位规划的效力,各国规定得不尽相同,大致可分为以下3类:第一,综合调控,间接管理。这种类型的国家以日本为代表。日本土地利用基本规划对海岛土地利用起着综合调控和间接管理作用,划分的用途地域以不同利用类型的土地为对象,各个地域再依个别法进行土地利用限制。但日本以个别法制

定的规划,如城市规划、森林规划先于土地利用基本规划,这些规划所划定的地域在空间范围上重复,相对来讲增加了规划协调的困难。因而,日本土地利用基本规划的一项主要内容,就是制定重复地域土地利用调整规划。第二,落实指标,政策指导。例如,加拿大安大略省的规划,分为省级规划、区域规划、地区规划。省级规划的主要目的是,对区域规划提出政策指导,区域规划的主要目的是,对地区规划提出政策指导和指定一些面积的利用方式。在地区级规划中,必须将政策落实为一个海岛土地利用规划方案,并作为整个规划过程必须完成的结果。可以把规划区域的任务指标落实到行政区域,再把行政区域的任务指标落实到各行政地区。第三,自下而上,公众参与。美国没有统一的全国土地利用总体规划,各州通过立法规定各自的总体规划。美国的土地利用方针或规划,包括海岛利用规划,都是自下而上、在公众参与下完成的。美国的海岛利用规划编制,也是从基层社区做起的,在制定规划过程中,公众广泛参与,一般要经过半数以上公众同意方可依法由本级议会或行政机构批准。

(二)对健全我国海岛规划制度的借鉴

通过比较研究,总结出国外海岛规划制度中的一些先进经验,合理制度,可以为健全我国海岛规划制度所参考借鉴。

1. 我国应采用规划制度对海岛进行管理

国外海岛管理制度中的规划的概念,包括了我国现行管理制度中的区划与规划的含义。其制度的实质,在于按照海岛的区位、自然资源和自然环境等自然属性,并考虑到海岛开发利用现状和经济社会发展的需要,划定海岛的主导功能、兼顾功能和限制功能。在此基础上,根据经济社会发展的需要,提出阶段性的保护目标与利用方向。海岛功能规划是海岛开发、保护和管理的科学依据,也是国家对海岛实施宏观调控和综合管理的重要手段。

根据我国的具体情况,我国的规划体系宜采取由上至下的加拿大模式,而放弃由下至上的美国模式或综合调控、间接管理的日本模式。即国家编制全国海岛总体规划,下一级政府依据上一级海岛总体规划,编制地方海岛规划。上位规划对下位规划具有指导作用,下一级海岛规划,不得违反上一级规划的内容。

2. 制定的规划要科学合理

可以借鉴国外的经验,在海岛规划制定过程中,要在部门之间协调,征求专家学者的意见,同时要特别注重公众参与,听取社会公众,尤其是规划颁布后对其直接发生约束力的这部分公众的意见,规定较严格的程序性规则,保证规划是经过反复讨论,广泛听取意见的基础上制定的。这样可以保证规划内容的科学性与可行性,为规划的实施奠定良好的基础。

3.规划颁布后要保证遵照执行

规划一旦制定,就具有一定的法律约束力,对海岛的开发利用,应遵守规划对海岛功能的划定,以及规划中确定的发展目标与方向。这一点上,也可参考国外做法,通过开发许可制度来保证规划的实施,即不符合规划的申请,不予审批。只有实行严格的许可制,才能保证规划真正得以贯彻执行。

二、开发许可制度

(一)国外开发许可制度比较分析

综观各国海岛管理制度,对于开发利用海岛土地,几乎都采取了许可制度。其原因无外乎在现代社会,人口密集,土地稀缺,城市化进程加快,对土地的需求超出现有土地资源的供给,为了对有限的土地资源进行最充分合理的利用,只能采取许可制度,由国家控制资源的配置,海岛资源也不例外。

通过比较,各国实行的海岛开发许可制度具有以下共同之处:

(1)各国都规定,要开发利用某项海岛土地,需要按照特定的程序,向主管的行政机构提出申请,由主管机构综合考虑各种因素后,再决定是否许可。只有得到许可,才可以进行开发。

(2)在考虑是否批准开发申请时,各国通常是以规划作为依据,符合规划的才予以批准,以此保证已制定的规划得以贯彻实施。对这一问题,英国的规定比较典型,实行严格的先审查后开发的开发许可制度,确保更有效地利用资源。而韩国的规定也颇具特色,除实行开发许可制度之外,规定对无规划的海岛土地利用采取禁止提供公共服务的方式,使不合理利用海岛的所有者最终难以实现预期收益。

(3)即使符合土地总体规划,政府在授予使用许可时也会收取一定的费用。这种费用,包括提供行政服务的费用,即申请费或手续费,同时也包括开发利用海岛土地应支付的对价,即各国实行海岛土地有偿使用制度。开发者需交纳一定量的使用金,具体数额,由各国主管部门依照各国的法律予以确定。

各国开发许可制度的不同之处,在于申请程序不尽相同,提出申请后,由政府内不同的部门或机构审批,依据的法律或规划不同,交纳的使用费、获得的使用期限也各不相同,对这些问题的规定,是各国根据各自的具体国情决定的,不影响许可制度的实质性内容。

(二)对健全我国海岛开发制度的借鉴

我国海岛中,大多数是无居民海岛,开发的潜力比较大,对这部分资源,应实行严格的开发许可制度,只有开发者提出申请,经主管部门批准,才可以对海岛进行开发利用。主管部门进行审查批准时,首要的依据就是海岛总体规划。只有符合海岛规划,申请才有获得批准的可能。此外,还应在综合考虑经济、社会、环境等诸多因素的基础上,最终决定是否授予申请人无居民海岛的开发使用权。

三、登记制度

(一)国外海岛登记制度比较研究

当今世界各沿海国的海岛登记制度,大致可分为以下3类:

1. 契约登记制度

契约登记制度,又称登记对抗主义,根据这种登记制度,在海岛所在地的官署,备置公簿,簿上记载海岛土地权利的得丧变更,使有利害关系的第三人就该簿推知海岛土地权利状况,如果海岛土地权利的得丧变更,未曾登记于公簿上,则不能对抗善意第三人,至于当事人之间是否生效,全凭意思表示。

契约登记制度有如下特点:①采取形式审查主义,不问权利变动的情况如何,只要当事人提出申请,即准予登记。②登记无公信力,已登记的事项,若实体法上认为不成立而无效时,可以推翻。③登记簿采取人的编成主义。登记簿的编制,是以权利人登记顺序编成的。④登记权利的动态。物权的现在状态固须登记,但对物权的变动情形尤为重视。

采取契约登记制度的国家有法国、意大利、比利时、西班牙、美国多数州及南美的一些国家。

2. 权利登记制度

权利登记制度,又名登记要件主义,这种制度是于海岛所在地官署,备置公簿,簿上记载海岛土地权利的得丧变更,使有利害关系的第三人就公簿推知该海岛土地的权利状况,如果海岛土地权利的得丧变更,不登记于公簿上,即不产生权利得丧变更的效力,不仅不能对抗第三人,在当事人之间也不能发生效力。

权利登记制度有如下特点:①采取实质审查主义。登记官吏对于登记的申请,不仅审查申请所需形式要件,而且对权利变动原因亦详加审核,看其是否属实。②登记有公信力。登记簿上所载事项,对于当事人或第三人,均有绝对的效力。③登记簿采取物的编成主义。即登记簿按地号顺序编成。④登记权利的静态。不偏重海岛土地权利变动情形,而注重权利的静态,特别注重权利现在的状况。

采用权利登记制度的国家有德国、荷兰、埃及等。

3. 托伦斯登记制度

托伦斯登记制度由澳大利亚首创,具有如下特点:①海岛土地权利一经登记后,权利人便享有不可推翻的权利,此项权利由国家或政府予以保证。②在登记所有人缴纳费用中,创设一种保证基金,以赔偿由于任何错误登记而引起所有权人所蒙受的损失。③登记制度开始实行后,所有私人海岛土地的一切权利均须强行登记。④仅登记一种产权,而不将其分为制定法所有权与衡平法所有权的登记。⑤已登记的海岛土地权利,以后如有转移,必须在登记簿上加以记载。⑥登记簿必须填写两份,所有权人取得其副本。此项副本与登记处保存的正本内容必须完全一致。⑦所有附属于已登记海岛的其他权利,另有提出异议方式,以资保证。⑧用地图以辅助登记簿及其他文件说明的不足。⑨海岛土地如设有抵押权及其他权利,则作为土地的负担登记。⑩关于已登记海岛,以后如有处分,或设定负担,或其他种种行为,得依照法定的契约格式,订立契约。

采用托伦斯登记制度的国家有澳大利亚、新西兰、英格兰、爱尔兰、加拿大、菲律宾、马来西亚、美国若干州等。

以上3种登记制度各有特色,都是与各国的民事基本法律为基础,而且也保留了本国的立法传统,体现了本国的民族特色。

(二)对健全我国海岛登记制度的借鉴

首先,我国应建立海岛权利登记制度,在申请者的申请获得批准,取得海岛开发使用权后,应在登记机关的登记簿上予以登记,以确定权利。另外,在海岛使用权或租赁权转移时,也需要进行登记,以便利交易,并可保证交易安全,保护第三人的利益。

第二,在海岛登记的性质上,虽然各国规定有所不同,[①]但根据我国的实际情况,还是要求登记具有强制性为宜,即不采取自愿原则,而是实行强行登记制度,要求对海岛权利的取得、变更与丧失必须申请登记,便于管理,也有利于交易。

第三,对于登记的效力问题,根据海岛管理的需要,参照其他国家的做法,考虑到未来发展趋势,并结合我国登记制度现状,笔者认为,赋予登记以公信力,更为合理。即海岛权利一经登记,即具有法律效力,信赖此登记行事的善意第三人,可以得到法律保护。

---

① 例如,韩国地籍制度遵循义务申请原则,而地产登记制度遵循自愿申请原则。

由于登记具有公信力,登记机关的责任相应有所增加。这就要求在登记时,对登记事项要进行实质性审查,审查申请登记人是否是真正的权利人。而且,与公信力相适应的是错误登记赔偿制度,一旦由于登记机关的过错,登记内容与事实情况不符,登记机关应承担相应的责任。为应对这种赔偿的风险,登记机关可以投保责任险,也可以借鉴托伦斯登记制度的做法,在缴纳的登记费中创设保证基金,用以赔偿因错误登记而引起权利人的损失。

四、征用制度

(一)对国外海岛征用制度的比较研究

综观各国的海岛土地征用制度,征用大体都需要满足以下3个条件:

1. 征用应是为了公共利益。征用的合理性在于其结果符合社会整体利益,所以,征用的公共目的性既使征用权合宪,也是防止征用权滥用的重要措施。对于公共利益的范围,依据各国法律来确定。

2. 征用应按照法定程序进行。由于海岛征用是运用国家力量强制性地剥夺他人对海岛享有的权利,容易对私人的权利造成损害,为保障公众利益,世界很多国家,尤其是一些英美法系国家,对于征用设置了比较严格的程序性规定,通过这种途径,在一定程度上实现程序正义,以避免权力的滥用。

3. 征用应给予补偿。几乎所有国家的法律都规定,征用土地应给予一定的补偿,但在补偿标准上,各国的规定有所差异(几个主要沿海国家的具体规定,第二章已有详述),主要有以下3种原则:(1)完全补偿。完全补偿,是指以被征用人完全回复到与征用前同一的生活状态所需要的代价为补偿标准,这种补偿不仅包括直接损失,如海岛土地及海岛土地改良物本身的损失,还包括因此而造成的间接损失,如期待利益的丧失、残余海岛土地价值的减损、营业停止或缩小的损失、失业或转业的损失等,甚至还包括非经济上的损失,如新的生活环境的不适、精神上的痛苦等。目前发达国家的征用补偿以完全补偿居多。(2)不完全补偿。根据不完全补偿标准,补偿范围仅限于被征用的财产的价值;可以量化的财产上的损失、迁移损失、营业损失以及各种必要的费用等具有客观价值而又能举证的具体损失,也应当给予适当的补偿;难以量化的精神损失、生活权损失等个人主观价值的损失,不给予补偿。(3)相当补偿。相当补偿标准认为,对于海岛土地征用应视情况不同采用完全补偿或不完全补偿的标准。一般情况下,本着宪法对财产权和平等原则的保障,特别的财产征用,应给予完全补偿,但在特殊情况下,可以准许给予不完全补偿。

(二)对健全我国海岛征用制度的借鉴

首先,由于无居民海岛往往属于国家所有,而交给使用权人使用,因公共利益需要时,国家应有权利收回海岛。这种征用,强制剥夺的不是海岛的所有权,而是海岛使用权。

其次,海岛使用权是使用权人依法取得,应受法律保护的权利,只有出于公共利益的需要才可以收回。对公共利益的概念应严格界定,局限在基础设施建设、政府机关用地及为公益事业服务等范围之内。

第三,海岛使用权应由有权机关经法定程序才可以收回,即从程序上应给予使用权人充分的保护,征用的过程应公开。从预征、批准、补偿到进入使用海岛,都应告知原海岛使用权人。这一点可参考加拿大安大略省关于征地公告的有关的规定,在海岛所在地的报纸或其他媒体上,在规定的期间内公告有关收回海岛使用权的情况。

第四,确定适当的赔偿标准。赔偿标准的确定与一国的经济发展水平以及法律文化传统密切相关,考虑到我国目前的经济状况,以及基本法律对补偿标准的规定,在收回海岛使用权时,不宜采用完全补偿标准,因为这种标准虽然最大限度地保护了海岛使用权人的利益,但与我国实际情况不符,而且与我国现有的立法也难以协调。笔者建议,应对原海岛使用权人给予适当合理的补偿。这种适当合理的补偿,类似于不完全补偿标准,即对于可以量化、有证据可资证明的具体损失,如已支付的海岛使用费、迁移损失等,给予赔偿;对于确能证明的营业损失、期待利益等,给予适当补偿;对于精神损失,因难以量化,对具体数额易产生争议与纠纷,而且不符我国现行法律的精神损害赔偿制度,不予赔偿。

另外,对赔偿数额有争议的,可以借鉴加拿大、韩国等国的做法,给予原海岛使用权人寻求救济的权利,使其可以向有关的行政机关申请行政救济,对行政机构的处理结果不满意的,可以向人民法院提起诉讼,也可以直接向有管辖权的人民法院起诉。

第四节 海岛物权制度的比较研究与借鉴

一、海岛使用权法律性质的比较研究

(一)国外不同性质的海岛使用权的比较

综合第三章第二节、第三节的内容,对海岛使用收益的权利的法律性质,可能是用益权,可能是永佃权,可能是地上权,也可能是租赁权。这几种不同性质的权利共同之处在于,都是对他人所有的海岛享有的具有一定独立性的财产权,但4种权利之间也有一些差异。相比较而言,永佃权、地上权与租赁权之间的相同之处更多些,与用益权相比有较大差异,这种不同的根本原因在于其功能和目的不同。

1. 用益权与地上权、永佃权、租赁权的比较

用益权是为了特定用益权人的利益,满足其生存需要而设定的,通常是无偿的;而永佃权、地上权与租赁权制度的安排不仅有利于永佃权人、地上权人与租赁权人,往往所有权人也能够获得利益,甚至是实现原海岛所有人利益的一种方式,即存在互利性,权利的设定也通常是有偿的。

在法律关系方面,永佃权、地上权与租赁权构筑了原所有权人与海岛利用人之间的权利义务关系,这3种权利应受所有权人利益的约束,通常要向所有权人交纳租费,形成了所有权人和使用权人共同分享海岛利益的权利安排。用益权是先将财产无偿交由用益权人使用,在一定期限届满或用益权人死亡后,由预先设定的另一人继受用益权或取得该物的所有权,它构筑的是两主体之间先后享用同一客体物的关系。

从期限上看,用益权一般有确定的期限或最长期限,且以用益权人生命为限;租赁权是有期限的,期限届满可以续租;永佃权、地上权可以有期限,但也可以长期或永久性地延续下去。

二者另一个重要的不同之处在于,很多国家的法律规定,永佃权、地上权与租赁权等权利可以转让,可以继承,而用益权不能转让、不能继承。

从所有权人的角度来看,在用益权体制下,所有权人的权利被虚化,除了收回用益物之外,没有其他实质性权利;而在永佃权、地上权与租赁权的体制下,所有权人虽然不能实际控制客体物,从这一角度衡量,也有些"虚化",但所有权人享有收益权,在这个意义上所有权又具有实体性,对收益的支配也是所有权的一种表现形式。

再从海岛的实际利用人的角度观察,虽然所有权人在永佃权、地上权与租赁权体制下享有所有权,但是这种所有权只是一种获取收益的权利,在既定用途范围内,所有权人没有干预或约束的权利;而在用益权体制下,用益权人则以按物的自然性质合理利用为基本要求,以合理维护物的存续为限制条件,在这个意义上,永佃权、地上权与租赁权的权利人的权利又大于用益权人的权利。

2. 永佃权、地上权与租赁权的比较

地上权与永佃权有着密切的联系,是平行的制度,分别用于解决利用他人海岛进行种植和利用他人海岛兴建建筑的问题。这两种权利的性质、特征基

本一致,都是对他人所有的海岛长期使用的权利,都可以转让、继承,因此都是一种独立的物权,区别仅在于用途不同。

在以合同取得地上权和永佃权的情形下,都要与海岛所有人签订某种合同,以取得海岛的使用权利;同时,承租海岛实际也是以合同方式获得对海岛一定时期的使用权。但在大陆法系,租赁获得的使用权属于债权(虽然有物权化倾向),而同样通过合同取得的地上权、永佃权则为物权,这里有必要比较一下通过合同设定的3种权利。

在承认地上权的国家,均承认通过合同可设定地上权。如在法国,一般可通过许可他人建筑并放弃从土地的添附中受益的合同形式,或者租赁合同授予承租人以建筑的权利等合同而设立。在德国,合同设立地上权必须以合意加登记的方式进行,即当事人必须就其设立地上权的意思达成合意,并在不动产登记簿中予以登记才能完成地上权的设立。同样,契约也是永佃权设立的重要方式,通过契约仅转移海岛用益的权利,而不转移所有权。

地上权、永佃权与租赁权都可以通过合同产生,有学者认为三者之间有区别,地上权和永佃权均区别于租赁权。① 但也有学者认为这种区别不具有实质性。因为他们本质上都是基于合同产生的权利,只是法律制度设计不同,才导致他们之间存在者性质上的差异。②

如果不考虑海岛这一特定的客体,仅从一般土地使用权的层面分析,这3种权利的共同点在于,权利人都可以通过现实地占有和使用土地,而达到利用他人土地的目的,而且使用通常都是有偿的,都对因使用土地而产生的添附或产物享有权利;只是地上权通过建筑物吸附土地使用权原则,永佃权通过永久性,使土地利用权具有了独立性,成为可转让和可继承的财产权。另外,地上权和租赁权都是对他人土地有期限的使用,但租赁权人不能将其所添附的建筑物转移给他人;永佃权是一种永久性使用他人土地的权利,无存续期间的问题。③

三者之间也有其他一些区别。例如,大陆法系上的租赁不经登记,不具有对抗第三人的效力,为债权;而地上权和永佃权的性质为物权。由此产生租赁权不可转让和继承(租赁权人只受买卖不破租赁的保护),而永佃权和地上权可以转让和继承的法律后果。即在大陆法系国家,同样的土地租赁,如果用来

---

①史尚宽:《物权法论》,荣泰印书馆股份有限公司1957年初版,第169~170页,第187~192页。
②高富平:《土地使用权和用益物权》,法律出版社2001年版,第56页。
③《意大利民法典》明确规定,永佃权可以是有期限的;《日本民法典》则规定了最长期限。如果肯定永佃权也存在期限,那么二者的区别就只有期限长短不同。

建筑并满足法定形式要件,就成立地上权;如果用来耕作或畜牧并满足法定形式要件,则成立永佃权,如果不满足法定形式要件,则不管用于什么用途都只成立租赁权。① 英美法上的租赁权有物权性质,可以转让、抵押与继承。

由于在现代社会更加注重对土地利用人利益的保护,一方面使地上权接近所有权,另一方面使租赁权的地位有所提高。日本的《借地法》将以所有房屋为目的的地上权与租赁权都包括在借地权名下,以增强其效力,使之不至于受土地所有权转移的影响,延长其存续期限,以巩固其利用地位;使地租、租金,不固定于最初的约定,可以随客观情况的变迁而增减,以调剂利用权人的负担。由于这种立法政策与趋势,使得永佃权、地上权与租赁权之间的区别也越来越微弱或不具有实质性。

(二)我国海岛使用权的法律性质

1. 海岛使用人权利产生的制度基础

海岛主要是作为一种土地资源对外出让使用权,另外在海岛上还蕴藏着其他资源,由于我国实行社会主义公有制,这些资源属于国家所有或集体所有,②无论在哪一种公有制下,海岛所有权都不能作为可流转的财产权直接进入市场进行交易,这是我国海岛所有权和私有制国家中的海岛所有权的最大不同。国家或集体通常并不直接使用海岛,而是将海岛交由自然人、法人或其他民事主体占有、使用、收益,并收取一定的对价,以此作为实现海岛所有权的一种方式。

在我国现行的法律制度下,权利人可能出于以下几种情况,对海岛享有使用权。

(1)出于军事、公务、防灾减灾、环境保护等非经营性目的需要使用海岛的,由国家将海岛划拨给使用人,而不收取使用金。

(2)出于经营性目的使用海岛的,由国家在收取海岛使用金后将海岛出让给使用人,使用人支付出让金后根据批准的用途使用,并需对使用权进行登记,其权利受法律保护。

(3)国家所有的海岛,还可以以出租的方式交给自然人、法人或其他民事主体使用。承租人在签订租赁合同,交付租金后,在合同约定的期限内,有权按照合同约定的方式使用海岛。

(4)对于海岛上集体所有的土地资源,可以通过和集体签订承包合同,取

---

①高富平:《土地使用权和用益物权》,法律出版社 2001 年版,第 56 页。
②我国的《无居民海岛保护与利用管理规定》第三条规定,无居民海岛属于国家所有。对于有居民海岛,部分属于国家所有,也有一部分属于集体所有。

得承包经营权。

在第一种无偿划拨的情况下,权利人享有的是一种用益物权,类似于其他大陆法系国家中的无偿且无期限的地上权。只是在我国的这种法律体制下,对海岛的使用权很大程度上受制于海岛所有人的意志。

在第四种承包海岛的情况下,权利人获得的是一种承包经营权。其权利性质与双方当事人的权利义务,参照农村土地承包经营权的规定确定。

大部分情况下,海岛尤其是无居民海岛,应通过出让和出租这两种方式交由使用人有偿使用,这种海岛有偿使用制度的设立,有助于合理有效地利用海岛资源,同时也符合我国现有的法律规定,并与我国公有制财产改革的整体思路以及将来的发展趋势相一致。

随着市场经济改革的推进,包括公有土地在内的公有制财产,归属和利用在不断物权化。改革开放中农村土地利用方式,由集体集中利用,到以农户为单位的承包经营,城市土地从无偿划拨到有偿出让取得土地使用权的转变,都是旨在寻找一种分散土地利用并使利用权利成为民法上的财产权的具体步骤,其最终目的使两种制度意义上的所有权转换成为一种民法上的财产权利或物权权利。① 土地的物权化采取的方式是保留两种公有制的所有权形式,创制可流转的土地使用权,使土地使用权替代所有权而成为实践中最重要的土地物权。

在我国的公有制下,海岛既然是由国家或集体所有,海岛所有权不可能进入交易市场进行交易,而要改变现在这种海岛无偿、无序开发使用的状况,并使海岛进入市场进行交易,就必须寻找其他的海岛权利,取代海岛所有权进入流通领域,这种权利就是海岛使用权。② 通过出让或出租均可取得海岛使用权,但通过这两种方式获得的权利性质不同,下文将分别讨论各自的法律性质。

2. 通过出让方式取得的海岛使用权的法律性质:与大陆法系用益物权的比较研究。

(1) 与用益权的比较。用益权作为用益物权中人役权的一种,是为特定人的利益而设置的不可转让或处分的权利。而通过出让取得的海岛使用权既不是为了特定人的利益设定的权利,也不是不可转让和处分的权利,其权能范围远远超过用益权。因此大陆法物权制度设计下的用益权制度不能适用于我国

---

① 高富平:《土地使用权和用益物权》,法律出版社2001年版,第103页。
② 通过出让或出租均可取得使用海岛的权利,但通过这两种方式获得的权利性质不同。为了便于区分,本文将通过出让获得的权利称为海岛使用权,而将通过出租获得的权利称为海岛租赁权,分别讨论其法律性质以及权利人的法律地位。

海岛使用权。

(2) 与永佃权的比较。永佃权是在他人所有的土地上从事耕作、畜牧的权利,如果使用人通过出让方式,获得海岛使用权后,对海岛的利用方式是从事农业生产,这种权利与永佃权颇为类似,但二者仍有区别。首先,永佃权是在封建土地制度下产生的土地利用制度,现在在其他国家已逐渐消失,而我国的海岛使用权是社会主义国家公有制下海岛所有权实现的一种方式,二者产生的经济与社会背景截然不同;其次,永佃权可以是永久存续的权利,而海岛使用权是对公有的海岛在一定期限内使用收益的权利,具有期限性;第三,永佃权对土地的利用方式是特定的,仅限于从事耕作、畜牧等农业生产方式,而海岛使用权的利用范围不受此限制,事实上由于客观自然条件所限,在海岛上,尤其是在无居民海岛上从事农业生产是不多见的,使用权人多从事其他经营,前提是符合海岛利用规划,并经主管部门批准;第四,永佃权是根据土地所有权人和永佃权人之间达成的协议设定的,是一种纯粹私法上的权利,而海岛使用权需要使用人提出申请并经主管部门的批准,才可以获得,这种权利的产生具有一定公法的色彩,受到的行政干预也比较多。

(3) 与地上权的比较。地上权旨在利用他人土地兴建建筑物、工作物或种植竹木,其目的是在原所有人和土地利用人之间构筑一种长期或永久性的共同分享土地利益的法律关系。在这种关系中,所有权人之所以租佃或出让土地使用权,也是为了谋取利益并实现所有权,是一种土地资本化利用方式;从地上权角度观察,地上权人通常以支付一定对价为条件,获得一定期限或永久性的土地使用权,以实现对土地的占有支配;从社会的角度分析,这种权利的功能在于解决土地集中与分散利用的矛盾,使自身不拥有土地而利用他人土地的人能够取得对世性的物权。这种制度与我国海岛的国家或集体公有、分散利用的功能和目的相一致,决定了两种权利具有很多相似性。

但我国通过出让获得的海岛使用权与传统民法中的地上权并不完全相同,仍有一定区别。地上权的获得虽然通常需支付对价,也有一定期限,但也可以取得无偿、永久性的地上权;通过出让获得海岛使用权有一定期限,而且我国应实行海岛有偿使用制度,使用权人只有支付出让金方可获得使用海岛的权利。① 此外,和永佃权类似,地上权也主要是根据所有人和土地利用人之间的合意产生,是一种私权,不需获得行政机关的许可②,这与海岛使用权需

---

① 上文所述特殊情况下,划拨海岛的除外。
② 笔者认为,取得地上权之后,开发利用土地的方式需符合土地规划,有的国家实行开发许可制,还要求取得规划部门的同意,但这已是开发利用土地的具体方式的问题,不应与地上权的设定相混淆。

经主管部门批准方能产生有所不同。

综上,通过出让的方式,支付一定出让金后获得的海岛使用权,与传统民法上的用益权、永佃权以及地上权都不完全相同,是在我国特定的所有权体制下产生的一种权利。这种权利的本质是对国家或集体所有的海岛土地资源的使用与收益,而且这种权利应该具有独立性与对世性,所以这种海岛使用权的法律性质是一种用益物权,只是这种用益物权在产生的时候带有一定的公法色彩。根据"物权法定"原则,物权的种类以及每一种物权的内容,都是由国家根据本国的实际情况加以规定的,与其他法律制度相比,物权法更加突出地体现着一个国家的经济政治基本制度以及法律文化传统。我国的物权类型以及物权内容应根据我国的实际需要确定,不应拘泥于传统的大陆法系国家的物权类型,通过出让获得的海岛使用权就是一种具有中国特色的用益物权类型。

3. 通过租赁获得的海岛使用权的法律性质及特征:与英美法系租赁地产权的比较。

海岛租赁,是指国家将国有的海岛出租给使用者使用,由使用者与主管部门签订一定年限的海岛租赁合同,并支付租金的行为,由此可以取得海岛使用权(为便于区分以及行文方便,以下简称海岛租赁权)。海岛出租也是国家实现海岛所有权的一种方式,是出让方式的补充,对于海岛开发利用的方式、租期、以及租金的计算方式由双方在租赁合同中约定。

在英国法中也有海岛土地租赁权,但与我国这种海岛租赁权的性质有所不同。上文已多次提到,英国海岛土地在法律上都属于皇室所有,但英王不可能占有使用所有的土地,海岛土地被通过某种方式层层分散到个人手中,于是在同一块土地上同时存在多个平行的权利主体,为使每一个土地权利人均有相对应的客体,英国法律创造了抽象的地产权概念,通过这一概念的创制,取代了实物性质的土地,而代之以抽象的土地利益。英国法体制下对海岛土地的租赁形成租赁地产权,是地产权的一种,在性质上属于对财产的一种支配权,而且这种权利可以处分,即可以转让、转租、抵押。

而在我国法律制度下,海岛租赁权是依据租赁合同产生的,根据我国《合同法》对于租赁合同的规定,承租人将租赁物转租的,需经出租人同意;未经出租人同意承租人擅自转租的,出租人可以解除合同。由于租赁合同的相对性,承租人欲将租赁权转让,也需要获得出租人的同意。此外,租赁权根据合同产生,本质上是一种债权,作为一种对人权或相对权,债权不具有对世性,无法对抗第三人,这无疑不利于保护海岛租赁权人的利益。因此我国也应采取物权化的方式,赋予海岛租赁权一定的物权效力,规定只要经过登记,海岛租赁权就可以对抗第三人,即经登记的海岛租赁权具有一定的物权效力。

二、借鉴国外合理规定构筑我国海岛物权制度

(一)国外海岛土地用益物权制度设计的优点

从上文对国外公有海岛土地的出让与租赁制度、大陆法系国家在土地上设定诸多用益物权制度以及英美法系国家实行的地产权制度的论述中,可以总结出国外现行的海岛土地用益物权制度,特别是公有海岛土地的流转制度,具有以下优点:[①]

1. 保护海岛所有者权益

海岛土地用益物权的存在使海岛所有者可以选择自行开发海岛,或将海岛租赁或出让给有经营专长的开发者使用,租金确定、租金评议和租赁管理制度保护了海岛所有者的权益,使得所有人不必亲自从事海岛开发经营,就可获得源源不断的收益;采用各种灵活的租金计算方式,不但可以克服通货膨胀带来的海岛收益贬值问题,还使海岛所有者可以分享经济发展带来的海岛土地增值。因此,国外目前的海岛土地用益物权制度提高了海岛所有权的价值和海岛所有者的地位。

2. 形成完整的物权

海岛土地设定用益物权后海岛权利的变化是,海岛所有人拥有租金收益权,海岛使用权人或承租人则持有较长年限的海岛土地使用权和建筑物的所有权。海岛土地的用益物权和英美法系国家的海岛土地的租赁权在法律上均是完整的物权或财产权,可以自由转让,因而成为投资市场上投资者投资的对象。

3. 较高的市场效率

国外的海岛土地使用人可转让、转租或抵押其权利,海岛所有人也可转让或抵押其所有人权利。这样所有人能在必要的时候处置资产,海岛土地资产能自由流动,海岛租赁在一定情况下还可提高市场效率。

英美法系国家的海岛土地租赁没有固定的期限,一些大陆法系国家的地上权也没有期限限制,可以是永久性的权利,这样双方可根据各自需要来调整海岛使用期限,在技术、经济、社会条件变化时,保持和提高海岛使用人的海岛使用权和建筑物所有权的价值。使用期限的灵活调整,解决了建筑物耐用年限与海岛使用权年限不一而产生的问题,使海岛使用权人有积极性去维护建

[①]这里的用益物权,既包括大陆法系国家的地上权、永佃权等传统用益物权,也包括英美法系国家的土地租赁地产权,泛指利用他人土地所形成的一种物权,笔者注。

筑物,延长建筑物的经济耐用年限,合理利用资源。

4.增加政府财政收入

海岛租赁也增进了政府作为海岛所有者的权益。海岛租赁不但可为政府带来长期稳定的收入,采用变动租金年租制的租赁方式还可使政府分享到经济发展带来的海岛土地增值。政府收入的增加提高了政府能力,使其可以更好地为社会服务。

5.取得较好的社会效益

国外的地方政府、其他公立机构、皇室甚至一些私人海岛土地持有机构,持有海岛土地的目的并不仅仅是收益最大化。海岛土地租赁或设定用益物权可使他们在取得经济效益的同时,可兼顾环境、社会效益,减少海岛开发利用产生的外部性问题。这些政府部门或机构利用其海岛所有者的身份,在海岛开发时要求海岛使用人满足一定的社会目标,如和谐、优良的建筑设计与布局,公共设施的提供等。如果出租的海岛用于工业生产,还可以严格控制厂房设计和生产过程,以减少污染和侵扰。

(二)对健全我国海岛物权制度的借鉴

1.建立完善的海岛物权制度

科学合理的海岛开发利用制度,应建立在完善的海岛物权制度的基础上。首先,应明确海岛所有权的归属,保护所有者利益。其次,应明确通过出让获得的海岛使用权的物权地位,经登记后具有对世性,是一种独立的物权;通过出租获得的海岛使用权经登记后,也具有一定的对抗性,使用权人的合法利益应受法律保护。具体而言,海岛使用权人的权利涉及以下几个法律问题:

(1)使用权期限。海岛使用权是支付对价后使用海岛的权利,该权利建立在国家或集体所有的海岛土地资源之上,为避免给所有权人造成永久性负担,海岛使用权应有一定期限。这一期限不可太短,太短则使用人难以收回投资,不利于吸引投资,同时容易导致投资人过于强调短期利益,不考虑海岛的可持续发展,甚至容易造成过度开发、破坏环境的后果。同时期限又不宜太长,太长则在使用权存续期间内,社会经济状况可能发生较大的变化,在新的市场条件下的供求关系中,当初订立的海岛使用金可能难以平衡双方利益,造成对一方显失公平的结果。可以在法律中规定一个最长期限,具体使用期限由海岛所有人与使用人协议确定。使用期届满后,是否允许续期的问题,对使用权人的利益影响甚大。使用期届满后,使用人想继续利用海岛申请续期的,只要不违反海岛规划,应予许可,而且这种续期不应有次数限制。即使期满后,国家收回海岛重新招标或拍卖,如果原使用人参与竞标或竞买,考虑其对海岛情况较为熟悉,在同等条件下,可享有优先权。

(2)使用权期满后的建筑物归属。海岛使用权人取得海岛使用权后,要对海岛进行开发利用,往往需要在岛上修建建筑物或其他工作物。以现代先进的技术建造的建筑物,耐用期一般较长,可能会出现海岛使用期届满,使用人没有申请续期,或申请续期没有得到批准,无法继续使用海岛,而岛上所建建筑物或工作物仍有价值的情况。对于土地使用权期满后地上建物的归属问题,依据大陆法系国家的地上权理论,建筑物属地上权人,即海岛土地利用人所有;按照英美法系国家的租赁地产权的规定,租期结束后,地上建筑物全部由海岛土地所有人无偿获得。在他人海岛上的建筑物,使用期结束后如归使用权人,行使建筑物所有权甚为不便,且造成海岛所有人的负担;如果在使用期满后建筑物无偿归海岛所有人,对使用人易造成不公,而且容易导致在修建建筑物时就粗制滥造,片面追求低成本;而如果采取类似于我国《规范国有土地租赁若干意见》第七条的规定,①在使用期届满后,要拆除建筑物,恢复土地原状,如果建筑物尚有价值,无疑会造成社会资源的浪费。在这个问题上,可以参考借鉴我国台湾地区的规定以及《劳德哈伍岛法》的规定,首先承认使用权人的取回权,海岛使用权消灭时,使用权人可以取回其工作物及竹木,但应恢复海岛原状。海岛使用人的建筑物所有权因海岛使用权存续期间届满而消灭,但海岛所有人应按该建筑物的时价做出相应补偿,合同另有约定的,从其约定。海岛所有人在海岛存续期间届满前,可以要求使用人,在建筑物可得使用的期限内,延长海岛使用权的期间,如果使用人拒绝延长,不得请求补偿。这种规定也符合我国正在制定中的《物权法》的立法精神,在全国人大常委会法制工作委员会办公室起草的《中华人民共和国物权法(征求意见稿)》中也有类似规定。②

(3)使用权的处分。通过出让获得的海岛使用权既然是一种独立的物权,从理论上分析,权利人应对该权利享有处分权,即可以转让、出租、抵押、继承。

---

① 我国的《国有土地租赁若干意见》第七条第2款规定:承租土地使用权期满,承租人可申请续期,除根据社会公共利益需要收回该幅土地的,应予以批准。未申请续期或者虽申请续期但未获批准的,承租土地使用权由国家依法无偿收回,并可要求承租人拆除地上建筑物、构筑物,恢复土地原状。

② 我国的《物权法》(征求意见稿)第一百三十条规定:"土地承包经营人因承包经营的需要,可以在该土地上修建必要的附属设施。附属设施的所有权属于土地承包经营权人。土地承包经营的期限届满,对土地上的附属设施,发包人可以以合理价格购买,土地承包经营权人也可以取回。"第一百六十六条规定:"建设用地使用权的期限届满,建设用地使用权人不申请续期的,对该土地上的建筑物、构筑物、基础设施以及其他附着物,除法律另有规定或者合同另有约定的以外,土地的所有人可以以合理价格购买;建筑物、构筑物、基础设施以及其他附着物的所有权人也可以取回。"

大陆法系国家的地上权,英美法系国家的租赁地产权,都允许权利人自由处分其权利。但是,正如上文所述,我国的海岛使用权与国外的地上权与租赁地产权都不完全相同,不是纯粹私法意义上的权利,带有较强的公法色彩。对海岛的使用既然应采取开发许可制,海岛使用权的产生就是行政许可的结果。对海岛进行开发需要一定的投资能力,主管部门通常在综合考虑申请者的资信状况、经营能力、对海岛的使用计划、采取的环保措施方案等情况的基础上,决定是否授予海岛使用权。正因对海岛使用权人的资质有特定要求,使用权人经许可获得海岛使用权后也不可自由处分,应在获得原批准机构的允许后,方可对海岛使用权进行转让、出租、抵押,以免出现海岛使用权人自己不投资开发,获得使用权后转手投机赢利,最终海岛由不具备相应资质能力的主体经营、浪费资源、破坏环境的现象发生。另外,通过出租方式获得的海岛使用权,承租人欲转租、转让或抵押,应取得出租人的同意。

2. 设立海岛有偿使用制度

海岛既然是公有资源的重要组成部分,为了保护国家或集体作为资源所有者的利益,同时也为了更合理有效地利用有限资源,我国也应借鉴英国、美国、加拿大、澳大利亚等发达国家的做法,实行海岛有偿使用制度,通过出让或出租的方式,将海岛交由开发者使用,国家通过收取海岛使用金这种途径来实现所有者利益。

出让或出租海岛可采取多种方式,在发达国家,政府在不同情况下,分别采用协议、招标、公开拍卖、单独申请、行政划拨等方式出租公有海岛土地(详见第三章第三节)。根据我国的实际情况,除因军事或公益目的需要用岛采取单独申请、行政划拨的方式之外,为经营性目的使用海岛的,宜采用招标、拍卖等方式,透明度高,公示性强,可以比较公平地配置资源,维护国家利益。

对海岛资源实行有偿使用制度,不仅与发达国家做法一致,与我国现行法律规定的精神也相吻合。我国1999年《中华人民共和国土地管理法实施条例》中规定了国有土地有偿使用的方式,包括国有土地使用权出让和国有土地租赁[①],在国土资源部1999年颁布的《规范国有土地租赁若干意见》中,明确规定了国有土地租赁,可以采用招标、拍卖或者双方协议的方式,有条件的,必须采取招标、拍卖方式。[②]

3. 实行海岛估价制度

[①] 引自:《中华人民共和国土地管理法实施条例》第二十九条。
[②] 国土资源部:《规范国有土地租赁若干意见》第二条。

实行海岛有偿使用制度,就需要对海岛使用人收取使用金或租金,作为使用海岛的对价。租金支付的方式,大致可分为从量征收与从价征收两种:前者是按照海岛的面积征收使用金;后者是按照海岛的使用价值或使用海岛所获得的经营收入的一定比例征收使用金,发达国家多采取这种方法计算土地租金。海岛的面积虽大小有别,但影响海岛价值的更重要的因素还是海岛的地理位置、岛上环境与资源等情况,根据海岛的使用价值收取使用金更公平合理。

采取这种方式征收使用金的前提是对海岛的使用价值存在一个较为客观合理的估算,因此我国应建立海岛估价制度。在美国、加拿大、澳大利亚、新加坡等发达的市场经济国家,政府都是通过海岛土地估价来控制海岛土地产权流转。他们不仅设有政府的估价机构,而且建立了非常完善的估价制度,政府通过种种严格的估价制度,调控着海岛土地的价格,杜绝了过高或过低估价现象的发生,从而确保政府能获得充分的经济利益。

我国应借鉴上述国家的做法,在海岛使用权出让或出租之前,首先由有评估资格的估价部门,根据特定的评估因子,如海岛所处的地理位置、周边环境、岛上基础设施、自然资源等情况,估算出海岛的价值,招标、拍卖以及海岛租金的确定等,都以此为依据。这一制度可以保护使用权人的利益,保证其支付的使用海岛的对价较为公平合理,同时也可以保证充分实现国家或集体的所有权人利益。

第五节 海岛生态环境保护法律制度的比较研究与借鉴

一、各国面临的海岛环境问题的归类

第四章第一节中列举的是各国在海岛和海岸带开发利用过程中各自所面临的环境问题,这些问题看来纷繁复杂,但如果从引起问题的原因出发,进行分析归纳,就不难看出这些环境问题可以被分成以下几大类:

1. 水产养殖

水产养殖是很多国家都进行的一种海岛和海岸带的开发利用活动,在鱼、虾等品种的水产养殖规模得不到合理控制的情况下,产生了沿海水域污染、生物多样性减少、占用红树林和其他关键生境的后果。

2. 滨海农业

因滨海农业引起的环境问题主要发生在欠发达国家。首先，随着农业的产业化，化学物质使用量增加，超量化学物质从陆地排入沿海水体，造成沿海水域的富营养化。农药残留排入沿海水体（即使量很小）会扼杀海洋生物或使海洋生物衰弱下去。其次，沿海湿地、低洼地被任意改造为农业用地，使这些关键生境丧失。另外，这些生境也受到水域污染的损害。第三，为获取农业用地而在沿海砍伐森林，使水土保持的屏障丧失，一遇大规模降水则易产生洪灾，毁坏庄稼，且携带大量泥土、肥料、有机物和化学物质排入沿海水域。

3. 沿海重工业

沿海重工业给沿海国家带来的环境压力是多种多样的。首先，在岛屿或海岸带上建厂及配套设施（海堤、码头、停车场等）往往要占用沿海湿地及红树林等重要生境。其次，沿海重工业所制造出的各种各样的富含有毒物质和重金属的污水排放到沿海水域中，严重地危害了沿海生态系统，进而给养殖业和海滨旅游娱乐行业造成了损失。

4. 采挖砂石和珊瑚

滨海采砂一直是许多国家的一项重要工业，在海滩任何地方和近岸水下地带采砂的许多国家都发生了海岸线的侵蚀和后退。采挖珊瑚现象在印度和东南亚、南亚的某些岛国（如印度尼西亚和斯里兰卡）十分广泛，这使岸线裸露，遭受侵蚀和风暴潮的危害，造成海滨和湿地的严重损失。沿海居民和海洋资源损失惨重，更为严重的是珊瑚礁生境的消失使生物多样性锐减，渔业衰退，旅游业蒙受损失。

5. 滨海旅游业

旅游业几乎是所有沿海国家都着力开发的无烟产业，是许多国家重要的收入来源。但旅游业的发展也造成了很多环境问题，海滩上不协调的搭建物、建筑物，沙滩上的垃圾，任意排放的污水等都是旅游业给环境带来的危害。

6. 海岸工程

在未对可能造成的环境影响进行充分评估的情况下乱建海岸工程，侵占了红树林、湿地、水产养殖区等，开挖不当还会造成海岸侵蚀，另外，还会阻断海流、潮水的自然流动，引起淤积。

二、各国采取的应对措施的归类

各国面对环境问题所采取的各种措施，经总结归纳，大致可分为以下几类：

(一) 颁布相关法律

(1) 颁布专门的海岸带立法,在其中对海岸带开发利用中所面临的环境问题加以规定,例如《日本海岸法》、《美国 1972 年海岸带管理法》、《日本海岸法实施令》、新西兰的《海岸保留地法》,澳大利亚的《海岸保护法》等。

(2) 针对某类问题或某一区域的环境问题立法,如日本《港湾法》、《濑户内海环境临时措施令》等。

(3) 环境保护法规中的相关规定可适用于海岛和海岸带的环境保护。

(二) 制定管理规划

1994 年澳大利亚政府制定了"澳大利亚重要湿地管理规划";斯里兰卡政府于 1982 年颁布了一项集中管理的海岸管理计划,治理因大规模珊瑚礁采挖而引起的海岸侵蚀问题。

(三) 建立有效制度

一些国家建立了许可证制度、废弃物处理制度、对可能引起环境问题的大型工程在施工前进行环境评估的制度、生态鉴定和监测等具体而行之有效的制度。

(四) 设立保护区

很多国家对一些有特别重要价值或需要给予特别保护的生境设立保护区,实行重点保护。如澳大利亚建立了大堡礁海洋公园,印度尼西亚 2000 年底建立了 30 万平方千米海域的海洋保护区。由于海岛自然保护区制度在海岛环境保护制度中占有重要地位,后面将专门对国内外海岛自然保护区制度进行比较分析。

(五) 加强环境调查

为了解资源环境的现状,对已经产生的环境问题进行评估,各国普遍加强海岛和海岸带环境的调查,以求掌握可靠资料,追根溯源,从根本上解决问题。

三、国内外海岛自然保护区比较分析

总体而言,我国自然保护区工作起步较晚。1872 年美国建立了世界上第一个自然保护区——黄石国家公园(Yellowstone National Park),而我国直到 1956 年才在广东肇庆市建立了我国第一个自然保护区——鼎湖山自然保护区,比美国晚了 80 多年。此后,我国又经历了"文化大革命"这一历史浩劫,自然保护区的建设受到殃及也在所难免,其发展道路可谓命运多舛、曲折艰难。而对于相对细化的海岛自然保护区,其发展道路就更加艰辛、缓慢。

(1) 我国海洋保护区是近几年才发展起来的,所以大部分存在生态恢复问题,如南部海域的红树林和珊瑚礁,均已受到某种程度的砍伐和采挖,如果仅仅保护起来,令其恢复繁衍,将需要很长时间。因此,在保护区内建立科研监测站,对海岛的自然资源和环境进行深入研究,调取有价值的数据,整理出一套科学的生态管理模式,对恢复和保护自然资源和环境将大有裨益。海洋自然保护区是开展海洋生物学、环境科学及海洋学其他方面研究的重要基地。其科研活动和成果是保护区对资源与环境进行保护和管理的基础,而提供开展自然保护科研活动的场所是保护区建区内容之一。国外一些海洋自然保护区的管理机构都愿意与高校和科研机构合作,开展珍稀濒危物种的研究和资源的开发利用,以及人类活动对海洋资源、环境和生态系统的影响,环境影响评价等,目的在于更多地了解海洋环境和资源状况,向有关部门通报信息,提高公众了解自然、保护自然的自觉性,进而提高保护区的保护管理水平。我国也已经认识到,海洋动物的高度洄游性决定了要对某些珍稀、濒危海洋动物进行世界范围内的保护和科研合作。进行科研合作,既可以节约经费,又可以交流经验,从而提高我国海洋自然保护区的管理水平。近几年来,我国与日本、泰国、美国等国家进行了交流,并打算进一步加强合作。我国还在广西北仑河口红树林自然保护区中进行了红树林的人工种植试验,取得了可喜成果,在珊瑚礁移植方面也正在进行研究,准备与澳大利亚合作,同时也正积极采取措施,力求与世界上有兴趣的地区和国家进行合作与科研交流。[①] 不过,我国目前在海岛自然保护区的管理和法律规制上与国外很多国家相比还存在较大差距。日本颁布了《日本孤岛振兴法》和《日本孤岛振兴法实行令》,韩国也颁布了《岛屿开发促进法》和《关于独岛等岛屿地域生态系保护的特别法》。[②] 而我国只在《海洋环境保护法》以及《自然保护区条例》第二章自然保护区的建设中提及"具有特殊保护价值的海域、海岸、岛屿、湿地、内陆水域、森林、草原和荒漠应当建立自然保护区"。因此,需要制定海岛自然保护区的专项法规,对其宗旨、概念、原则、范畴、政策、分级、类型、保护、管理、奖惩等做出规定,使保护海岛自然保护区的工作有法可依。

(2)与国外一些国家在加强公众关于海岛自然保护意识方面做出的努力相比,我国做得还远远不够。海岛自然保护区建成后,在管理措施上有一个重要方向就是向公众宣传建设保护区的意义,增强公众保护海岛的意识,加强海岛自然保护知识的普及并在学校设置海岛自然保护教育课程,促使公众自觉

---

① 李国庆:《中国海洋自然保护区的管理》,载《海洋开发与管理》1994(1)。
② http://www.enn21.com/zw/zw_falvtixi.htm

参与海岛自然保护。如今,美国、加拿大、澳大利亚、前苏联和日本等国在这方面做得比较突出,而我国公民的保护区保护意识十分薄弱。他山之石,可以攻玉,我们可以积极借鉴它国先进经验,加快我国海岛自然保护区建设的步伐。

(3)与国际先进水平相比,管理人员科学基础知识比较薄弱,素质还有待进一步提高。1993年我国"人与生物圈国家委员会"对全国自然保护区职工进行问卷调查的结果显示,只有小学和初中文化程度的人占58.3%,受过大专以上教育的仅占9.2%。而国外保护区管理已基本实现电脑化操作,管理人员素质普遍较高。因此,我国应加强国际交流合作,学习先进管理经验,培养人才,提高业务水平。

(4)我国作为发展中国家,用于保护区建设的资金相对短缺。如何保证保护区工作正常运转,成为我国乃至各国共同面临的问题。

四、对健全我国海岛生态环境保护制度的借鉴

(一)我国海岛开发利用中面临的主要生态环境问题

我国在利用海岛的过程中,产生了很多生态环境问题,主要体现在以下几方面:

1. 旅游开发不当,影响海岛生态

我国很多海岛景色秀丽,气候宜人,拥有特色自然景观、历史文化遗迹或珍稀物种,其中一些已被开发为旅游度假区,每年吸引大量游客,也成为海岛经济的支柱性产业之一。但是由于管理不善、保护不当,资源没有得到合理、适度的开发利用,造成一些生态环境问题。例如,在石臼坨岛由于人类活动的干扰,对鸟类的栖息和繁殖造成一定影响;浙江省的渔山列岛原以渔业和旅游为主,现在由于岛上没有垃圾处理的场所与措施,岛上垃圾污染十分严重。

2. 盲目开山采矿,海岛资源受损

盲目开山采矿挖沙,造成海岛资源受损的现象在我国沿海各省多有发生,如南澳岛炸山填海,占用养殖滩涂,破坏了渔业生产;南鹏岛开采钨矿,由于采矿方式不当,海岛地表支离破碎,遭到严重破坏;山东的黄沙湾沙滩,由于长期以来大量挖沙,滩面蚀低;而大连蛇岛附近的卵石,被当作资源开采,对蛇岛的生态环境造成很大危害。

3. 过度挖掘珊瑚礁,岛礁遭严重破坏

珊瑚礁主要分布于我国低纬度热带浅海,尤以海南的南海诸岛最多,多年来由于过度开发,珊瑚礁已遭到严重破坏,在有些地区已濒临绝迹。如三亚西瑁洲岛的岛上居民长期对岛上珊瑚礁进行掠夺式挖掘,造成珊瑚礁资源的严重破坏,海岛屏障丧失,海岸侵蚀加剧。

4. 轻率修建连岛堤坝,改变海岛周围生境

近几十年来,随着海洋经济的发展,为改善交通,一些海岛修建了海堤式的实体连岛坝工程。连岛坝一旦修建,在很大程度上会改变海岛的自然形状,使海岛不再四面环海,还会给海岛附近的海洋水动力环境造成很大影响,改变海岛周围水交换,破坏海岛及周围海域生态环境。再如,庄河修建连岛坝,大堤截断了水体交换,严重改变了海岛周围的水动力环境,导致养殖的贝类绝收。

5. 海岛周围水域污染,赤潮频繁发生

由于海岛周围海域水文理化条件优越,海水养殖产业比较发达,为了经济利益,近年来养殖业迅速发展,养殖残余饵料和养殖排污往往会导致海岛周围海域富营养化,赤潮增多。同时养殖区自身污染也很严重,且存在养殖区老化问题,病害和赤潮频发,制约了海水养殖业的可持续发展。

另外,我国海岛还存在植被破坏,水土流失严重,裸岩面积增加等现象。由于人们为了短期利益偷猎、酷捕,海岛许多特有的珍稀生物资源,已濒临绝迹;台风、海啸及海平面上升等海洋灾害也成为脆弱的海岛生态系统所面临的威胁。

(二)我国应采取的对策措施

针对上述海岛开发利用过程中出现的生态环境问题,参考其他国家的合理规定,建议我国采取以下应对措施来健全海岛生态环境保护法律制度:

1. 严格执行环境影响评价制度

在海岛上进行工程项目的建设时,要严格遵守现行法律、法规,认真做好环境影响评价工作,使环境影响评价制度在海岛生态环境保护中发挥应有的作用,而不仅仅流于形式。要做到这一点,一方面要在海岛项目审批时严格把关,加强管理和监督;另一方面,建议借鉴国外环境影响评价工作的经验,建立环境影响评价中的公众参与制度,具体而言,是指建设单位及审批环境影响评价报告书(表)机关以外的其他相关机关、地方政府、社会团体、学者专家、人大代表、政协委员、当地居民等,通过法定的方式,参与环境影响评价的制作、审查与监督等活动。通过公众参与,可以有效避免环境影响评价流于形式,使环境影响评价制度发挥出应有的作用。

2. 加强海岛生态环境的评价与监督制度

实行环境影响评价制度仅是对海岛生态环境保护所采取的首要措施,通过环境影响评价之后,在海岛开发项目的建设、运行过程中,监管部门还要对海岛实施定期巡查,配合海洋环境监测制度,对海岛利用中对环境造成的实际

影响以及采取的环境保护措施进行阶段性评价,及时发现和查处破坏海岛生态环境的行为,力求在环境质量恶化或环境质量出现下降的趋势之前就采取相应措施,防患于未然。对已遭到破坏的重要海岛及其周围海域的生态环境,应当制定整治方案并实施整治和恢复等。

对于违反海岛生态环境保护的法律、法规,不遵守海岛开发利用的区划、规划,破坏海岛资源环境的行为,应严格追究行为人相应的法律责任,包括民事赔偿责任与行政责任,情节恶劣后果严重的,还要追究刑事责任。在追究法律责任时,可借鉴加拿大1999年《环境保护法》中的规定,要求违法行为人支付合理费用,用以补偿监管部门因该违法行为而采取的补救或预防行为的部分或全部费用,以及开展与违法行为相关的研究或监测活动的费用,并将修复环境损害所发生的费用作为量刑标准之一。

3. 积极采取措施恢复海岛生态系统

有些海岛由于不合理的开发利用,生态环境已经遭到破坏,对这些海岛要积极采取措施,恢复其生态系统。海岛恢复的短期利益,包括重建生产、生活、生态系统,保护稀有物种,避免稀有物种的消失。恢复的长期利益,包括重建海岛的生物群落,再现海岛生态系统的营养循环、恢复海岛的进化过程。

要恢复海岛的生态系统,首先需要了解海岛退化前的物理、生物、气候、古植物、文化、经济背景;然后将海岛进行功能分类,确定恢复的目标;理解海岛恢复的过程;开发适于海岛恢复的技术(如在海边营造防护林,林后营造防护林网,林网内种植作物的防护林网技术,迎风口造林技术,消灭灾害性草食动物技术等);制定海岛恢复计划并实施;改造生境并引入适宜的乡土种;海岛恢复后要进行妥善管理。此外,在海岛恢复过程中还可以开展淡水再利用、风能发电等活动,以配合海岛恢复活动。①

4. 完善海岛自然保护区制度

加强海岛自然保护区的建设,是合理开发资源、保护生物多样性和防止生态环境恶化的有效途径之一。根据建立海洋环境保护区的条件,可以考虑对符合以下条件类型的海岛建立自然保护区:①具有典型的海岛自然地理区域、有代表性的自然生态区域,以及遭受破坏但经保护能恢复的海岛自然生态区域。②海岛生物物种高度丰富,或者珍稀、濒危生物物种的天然集中分布区。③具有特殊保护价值的海域、海岸、岛屿、滨海湿地、入海河口和海湾等。④具

---

① 任海、李萍、彭少麟等编著:《海岛与海岸带生态系统恢复与生态系统管理》,科学出版社2004年版,第32页。

有重大科学文化价值的自然遗迹。⑤其他具有特殊保护价值的海岛等。①

我国作为发展中国家,用于保护区建设的资金相对短缺,因此如何保证保护区工作正常运转,就成为我们不得不面对和解决的问题。博内尔海洋公园"以游养园"的举措不失为解决我国保护区资金不足问题的一种方式。我国保护区内物种丰富多样、景色宜人,如三亚珊瑚礁生态保护区,四季可游泳、潜水,有良好的旅游发展前景。开发旅游所得的资金又可投入到对海岛自然资源和环境的保护与利用上,可谓一箭双雕,使经济发展与生态环境保护获得双赢。惟需注意的是,一定要严格限制游客数量,将旅游业控制在海岛可承受的限度之内,不能以牺牲海岛自然保护区的生态环境为代价盲目追求经济效益。

5. 发展海岛生态旅游

生态旅游(ecotourism)一词最初由墨西哥人 H. Ceballos Lascurain 于 1983 年提出。② 第一届东亚国家与保护区会议于 1993 年达成的共识是,生态旅游是环境上敏感的旅游和设施,提供的宣传以及环境教育使游人能够参观、理解、珍视和享受自然和文化区域,同时不对其生态系统或当地社会产生无法接受的影响或损害。探险与旅游学会于 1994 年提出,生态旅游是对环境负责的、对一定地区自然或人文景观进行有利于促进保护和地区经济发展的旅游观光。③ 另外有学者指出,生态旅游是考虑环境承载能力,并将游客数量控制在适当范围内的旅游。④

与传统旅游相比,生态旅游最大的特点就是强调对旅游对象的保护。实施生态旅游,要做好旅游规划以及对游客的管理工作,加强宣传,使大众增强生态环境保护意识。

生态旅游以可持续发展为目标,非常适合海岛旅游业。我国很多海岛具有丰富的旅游资源,包括自然景观以及人文景观、历史遗迹,开展旅游业也是海岛经济发展的一条重要途径。发展生态旅游,既可以在当地增加就业机会,提高相关产业的收入,改善海岛居民的生活条件,又可以最大限度地保护海岛生态环境,促进景观多样性和生物多样性,人们在旅游过程中还可以接受环境保护的教育,从而使经济、社会、环境三大效益获得协调发展。

---

①刘兰:《加强海岛生态环境保护,促进海岛经济发展》,载《海岛保护与利用管理学术研讨会论文集》,2003-11。

②任海、李萍、彭少麟等编著:《海岛与海岸带生态系统恢复与生态系统管理》,科学出版社 2004 年版,第 47 页。

③同注②。

④任海:《生态旅游及其可持续发展》,载《资源生态环境网络研究动态》,1999(1)。

第六章 香港、澳门和台湾地区海岛法律制度研究与借鉴

香港、澳门、台湾处于我国统一主权之下,是我国领土神圣不可分割的一部分,同时在"一国两制"原则下,这3个地区又具有一定的特殊性,由于历史原因,各自具有不同的法律文化、法律传统与法律制度,形成了独立的法域。

香港、澳门、台湾的地理位置决定了海岛在其经济与社会发展中具有重要意义。香港岛在香港特区中占据着特殊的地位;凼仔岛和路环岛是澳门行政区的重要组成部分,也是未来最具发展潜力的地区;台湾本身就是一个海岛省,周围又分布着大量岛屿。因此,香港、澳门、台湾的相关法律制度与政策措施,在制定时就充分考虑到了海岛的特点,海岛法律制度比较完善。

香港、澳门、台湾处于我国东南沿海地区,与大陆经济、社会、文化等方面的联系比较密切,而且环境状况,特别是一些环境因素的污染状况还会相互影响,因此认真研究香港、澳门、台湾的海岛管理、利用制度,以及海岛生态环境保护制度,不仅可以为健全国家海岛法律制度提供参考借鉴,对于加强内地与香港、澳门、台湾之间的联系与交流,也具有重要意义。

第一节 香港海岛法律制度研究

一、香港海岛概况

香港特别行政区的海岛,包括香港岛及香港政区所辖的周围岛屿。因其分布具有地域群聚性,暂称香港岛群。香港岛群共有大、小岛屿230多个,其中陆地面积500平方米以上的岛屿183个,岛屿陆地面积311.5平方千米。大屿山岛陆地面积最大,达153平方千米,香港岛为第二大岛,面积75平方千米,也是香港最重要的海岛。

香港岛群中,有部分是无人居住岛屿,对于这部分无居民海岛的开发利用与保护,香港政府已初步形成了自己的指导思想与原则。在广东省政府作出从2004年起将省内无人居住岛屿的使用权售予私人买家,藉以增加财政收入的决定之后,香港立法会会议上有议员曾就出售岛屿使用权的问题向香港规划地政局局长询问:香港当局是否曾研究香港有多少个岛屿的使用权可供出售,有关岛屿的总面积、出售使用权有何限制及出售的影响,以及从出售可得的预计收入,以供考虑应否出售岛屿使用权时参考。

对此问题规划地政局局长做出了书面答复,称香港特区政府尚未向广东省政府了解将无人居住岛屿售予个人的计划。香港境内土地及天然资源的管理、使用及发展,由香港特区政府负责。就这一问题而言,政府若认为空置的政府土地适合发展,便会根据一贯的规划及批地政策把土地批出。政府当局在不同的次区域发展策略检讨中,也包括了研究本港无人居住岛屿的发展潜力。检讨结果显示,这些岛屿的发展潜力极受本身环境条件的限制,如缺乏可作发展的土地,交通不便,欠缺基础设施及有关服务如水、电等。由于这些岛屿大多具有生态及景观价值,宜作景观保护。一般而言,这些岛屿的商业发展或出售空间颇为有限。①

可见,香港对海岛的法律制度,主要体现在两方面,一是对海岛土地的规划与批地;二是对海岛生态景观的保护。下面主要从这两方面讨论香港海岛法律制度。

二、香港海岛土地管理制度

(一)海岛土地管理机构

香港的海岛土地规划由房屋与规划地政局负责,海岛土地事务的主管机构是香港地政总署。地政总署于1982年4月成立,首长为地政总署署长,监督一切土地事务。该署设有3个专责事务处,分别是地政处、法律咨询及田土转易处、测绘处。地政处由两名副署长负责,其中一位副署长主管专业事务,负责土地估价,征用土地,产业管理等;另一位副署长主管一般事务,负责制定及管理批地计划并督导各分区地政处。法律咨询及田土转易处负责向地政总署署长及民政事务总署署长提供法律意见,草拟所有批地及征用土地文件以及分摊地税及追缴地税等事务。测绘处主要负责地形测量,测定地界,提供土地测量服务等。此外,部门行政处在行政上提供所需的辅助服务。②

---

① http://www.info.gov.hk/gia/general/200402/11/0211201.htm
② http://sc.info.gov.hk/gb/www.info.gov.hk/landsd/about/orgchart/corgchart.htm

（二）土地使用制度

香港的土地面积只有1 071平方千米，其中能够作为人们生产和生活用的土地不到30%。但是，这块"弹丸之地"，不但容纳了近600万居民，而且是主要的国际贸易中心、金融中心、航运中心和旅游胜地，由此可见香港是当今世界土地供应最紧张的城市之一。然而，由于制定和实施了比较完善的土地使用制度，香港还是较好地解决了土地的供应问题。香港土地的使用制度主要包括以下内容：

1. 土地的所有权和使用权相分离

香港土地在回归前后有不同的归属。1997年香港回归之前，香港土地可分为两大权属区：一是港岛和九龙界线街以南的土地，清政府割让给英国，英王享有所有权，香港政府拥有永久业权，只有一处例外，即位于港岛花园道的圣约翰大教堂的一片土地，其所有权永久地出让给了大教堂；二是北九龙及新界土地，由清政府"租借"给了英国，以上两类土地统称"官地"，由港英政府代理管理。[①]

香港回归后，《中英联合声明》和《香港特别行政区基本法》都对香港未来的土地法制作了专门规定。《中英联合声明》3个附件之一就是"关于土地契约"。该附件不仅对香港土地契约有关问题作了原则规定，而且还设立了"中英土地委员会"，以保证有关规定的具体落实。《香港特别行政区基本法》也设有"土地契约"一节，专门规定了土地问题。《香港特别行政区基本法》第七条规定，香港特别行政区境内的土地和自然资源属于国家所有，由香港特别行政区政府负责管理和使用，其收入也全归香港政府支配。这就从法律上确定了回归后香港土地的国有属性。

国家虽拥有土地的所有权，但它的开发和使用是由发展商和使用者完成的。香港实行土地所有权与使用权相分离原则，即政府保留所有权，在一定条件下出租使用权，让人们去开发、利用，并允许该权利合法转让、抵押、继承或赠送。这种将土地使用权有条件、有期限地出租给使用者的制度，称为批租。

2. 土地使用有偿、有期、有条件

（1）土地使用有偿

土地使用有偿，是指土地的使用者必须对所使用的土地支付地价，这是香港使用土地的第一个基本原则，而卖地收益一直是香港政府最大的财政来源之一，占财政收入的10%左右，在1980～1981年财政年度竟高达37%。

---

①邹高禄：《香港土地租赁制度》，载《国土经济》1998(2)，第40页。

公开拍卖是香港有偿使用土地的主要方式。被拍卖的土地一般是牟利性质的工商业用地和供私人发展商开发的住宅楼宇用地,每年定期拍卖若干次。拍卖前,政府根据"区域发展大纲图"和"详细蓝图"预先指定该地的使用年限、使用性质和约束条款,并将土地的地理位置、面积、用途、地积比等资料公开,然后在政府宪报、本地报纸每年刊登两次预告,列明6个月内预计拍卖的土地,由各发展商竞投。土地公开拍卖,价高者得,一方面政府可从中获得最大收益,增加财政收入,另一方面可以充分体现土地实际价值和最理想的价格。同时因为拍卖完全公开,避免买卖双方徇私舞弊,为发展商创造了一个获得土地的公平机会。

招标是香港有偿使用土地的另一种重要方式。对于较大片土地、区域性发展计划或作特殊用途的土地、可作多种不同发展用途的土地、出售受时间限制的土地等,香港政府往往采用招标方式寻求发展商。政府将土地条款书交给各发展商,发展商据此拟定各自的投标书,同时提交可行性报告,并附详细的发展计划。政府主管机构以"地尽其利"为原则,详细审阅各投标者的条件,包括出价、详细计划、发展商自身条件等,再组织专家评标,选择最优者中标。

协约批租同样是香港有偿使用土地的一种重要方式,这一方式主要用于批地给那些非牟利性质的团体,用作发展社会公益事业、教育康乐医疗事业、宗教及慈善事业等。采用这种方式批地,政府实行低价政策,收取象征性的地价,甚至完全免费。

此外,政府本身用地,则是采取无偿划拨的方式解决的。

(2)土地使用有期

土地使用有期,是指政府批出的土地都是有期限的,这是香港土地使用的第二个基本原则。

历史上香港政府批出土地的期限长短有很大变化①,香港现行的土地批租期限,是由1984年《中英联合声明》附件三"关于土地契约"所规定的,该附件规定,香港全境土地都可续期或批出至2047年6月30日,即1997年7月1日以后的50年。此外,香港还有少量的特批土地,租期最长的为999年。②

香港政府还规定,在土地批出后,如原承租人将土地转让给另外的承租

---

① 笔者注,1844年以公开拍卖的方式批出土地时,批期为75年,1848年起延长至99年,1898年又将99年的批期改为75年,但分为可续期和不可续期两种;可续期的75年届满后,可再续期75年,不需补交地价,只需重估每年要交的象征性地租;不可续期的75年届满后,仍可以申请续期,但不一定批准,如获批准,则需按市价补交第二个75年期的地价。

② 蔡秀玲:《香港的土地管理制度与启示》,载《福建学刊》1996(4),第45页。

人,则另外的承租人的租期是原承租人剩余的批期;若批期届满而不再续期,则土地由政府收回另作处理;收回土地时,连同地面上的建筑物一并收回,不作任何赔偿。港府对所有批出的土地,若因公共建设的需要(如兴建道路、街市、公用场所等),拥有提前收回的权力,但会给予适当的补偿,不使原承租人受损失。

(3)土地使用有条件

土地使用有条件,是指除上述的有偿有期这两个条件外,还规定有若干具体、严格的条件,这是香港使用土地的第三个基本原则。

香港政府十分重视土地用途的规划,它有一套完善的土地用途规划组织系统,把全港土地分区加以规划,制定出分区发展大纲图,大纲图大致上把土地划分为工业用地、商业用地、住宅用地和特别用地等,并做出相应的用途规定。大纲图制成后要在政府宪报上公布,公布之后就具有了法律效力。此外,政府内部还有更为详尽的发展大纲细则及详细设计蓝图,在大纲图及政府内部细则的基础上,政府还要制定出每一幅土地的发展蓝图。所以,政府对批出的每一幅土地都有明确的使用条件规定,从用途、建筑面积到建筑高度,甚至到从批地之日起必须在多长时间内建成,都有所限制。这些条件列于批租地契内,承租人一旦承租了一幅土地,取得对该幅土地的使用权,同时也就承担了按所规定的条件发展该幅土地的义务。承租人如果违反了用地条件,政府可以把批约注销,将土地充公。

(三)土地交易制度

由于香港土地归政府所有,政府始终保留土地所有权,进入交易市场的就只能是土地使用权。政府历来的做法是,开放土地使用权市场(以下简称土地市场),允许土地使用权自由转让,通过市场来调节土地的供求关系。在香港,政府既是土地市场的开创者,又是土地市场的决策者,在有偿、有期、有条件使用土地的基础上,香港形成了发达完善的土地市场,包括一级市场和二级市场。

一级市场是政府经营批租土地的市场,是香港土地经营的主导。由于政府对全港土地拥有垄断和控制权,在商品经济价值规律的范围内,可根据社会的政治、经济利益,实施垄断的价格政策。如前所述,政府对于社会公益事业等非牟利性质的事业,用地实行垄断低价,以有利于社会的稳定;而对于牟利性质的工商业用地等,实行垄断高价政策,或公开拍卖,或招标竞标,或直接洽谈,政府从"讨价还价、价高者得"的竞争中获得最大收益,增加财政收入。然后,政府将增加的财政收入用于基础设施或其他建设,从而推动整体经济的发展,通过这种方式垄断和控制着一级市场。

二级市场是土地自由交易的基本环节，它决定着整个土地市场经营活动的经济效益。在一级市场上政府虽然已经将地价推得很高，但仍留下了广阔的活动余地。因此，二级市场经营方式更加多样，竞争更加激烈。但它仍然是一个有秩序的市场，不仅价格在政府价格政策的控制之下，而且整个交易活动都通过政府有关部门依法律程序进行，完全由政府予以调控和监督。

（四）土地监督管理制度

政府采取严格的土地监督管理措施，主要进行以下管理工作：

1. 对已批出土地进行监督管理

政府对已批出土地的监督管理工作十分重视，自批出土地开始，直至批租期满收回，监管工作贯彻始终。对已批出的在发展期内的土地，政府主要做如下管理工作：

（1）审核地产商的发展计划是否符合土地批租契约规定的用途，以及其他发展规划，审核地产商的建筑设计是否符合建筑物条例。

（2）及时派人检查土地的发展情况，如果发现地产商有意拖期、延误或不按规定使用土地等情况，立即采取措施，轻者给予罚款，重者无偿收回土地或诉之于法庭。

（3）地产商按时完成发展计划后要向政府申请，由主管机构进行调查，认为合格，则发给"入伙纸"（使用许可证），可以投入使用。在已完成发展计划投入使用后，则不定期派人进行巡视，检查有无违约增建或违约使用的建筑物等，发现问题，及时处理。

2. 对闲置土地实施监督管理

对于未批出的闲置空地，政府通常的监督管理方法是将土地圈围起来，挂上醒目标牌，写上"此乃官地，不得入内"的告示，加以保护；对面积大，不可能圈围起来的土地则由地政处的土地管理人员巡视监管。地政处如发现任何官地被非法占用，则首先会发出通知书，限令占用人立即退出；若没有如期退出，则诉之于法庭，强制处理。

政府为使土地管理落到实处，制定了一套比较健全的土地法规，包括专门的土地法规和更多的与土地有关的其他法规，如《官地条例》、《城市规划条例》、《收回官地条例》、《土地拍卖条例》、《土地审裁处理条例》等等。政府的土地管理制度都是依据法规制定的，政府主要依据法规来进行对土地的监督管理。

（五）土地征用制度

香港政府因公共事业的需要可以收回私人所使用的土地，对于被征用人因此所受损失，按照以下规定给予补偿：

1. 补偿内容

因土地全部归政府所有，征地补偿主要是赔偿被征用土地上的任何建筑物的价值及土地之中或之上所有、保留或享受的任何权益、权利或地役权的价值，其中包括租客的租约权、居住权及其他有关的经济利益，对此政府都要给予赔偿津贴，如搬迁费、新居的基本装修费、损失原居住权的赔偿费、租金津贴、建筑费等。对于农地，则赔偿在该地耕种的一切农作物及家禽、畜舍的一切损失。此外，还赔偿如坟墓、鱼塘、水井、水池、围墙、耕作农具、灌溉系统及有限度的祭祀费用。

2. 补偿标准

征地的补偿标准可分为3类：对于业主，以收回业权当日的市价作为赔偿标准；对于租客，如租客在收回物业当日，仍享有租约权及法律保障的居住权和有关经济上的利益，政府照章予以赔偿；对于农民，以收地当日的市价为标准，赔偿在耕地上的农作物、家禽、畜舍等一切损失。

由于这些补偿标准有时会有不合理的情况，因此政府除了在法律许可的范围给予赔偿外，有时会另加一笔恩恤补偿：

如果原业主居住在该物业内，而该物业的市价低于新楼市价，政府会以恩恤补偿的方法弥补差价。如原业主在短期内无法找到合适的新居，政府还可给予最高可达6个月租值的租金津贴。

如属租客，则会按照租客在香港居住的年限、家庭人数及其他一些标准予以不同安置。另外，政府还会给予部分赔偿津贴，如搬迁费、新居基本装修费、损失原居住权的赔偿等。

如属新界收地而影响到整个或部分村落的居民，政府会在征得村民的同意后另找地方重建新屋，同时政府会给予各方面的津贴，如搬迁、装修费用。如在旧屋清拆、新屋尚未建成时，政府会给予临时租房的津贴。又如在一个合理的时间内未找到合适的重建地点，政府会赔偿一切所需费用，包括建筑费、搬迁费、装修费、有限度的租金补偿及其他费用。

如果原用于经商或工业的物业，政府也有一个恩恤赔偿标准，使该业主可另找继续经营地点。政府会预先拨一笔款项给该业主或用户，等该业主或用户核算出遭受损失的准确数字后，可将所有账目呈交政府有关部门审阅。如预拨款已超过实际损失，政府不再另给赔偿，而多余金额也不再扣除。如预拨款少于实际数，政府会做出额外赔偿。对于工业用户迁徙用地，如政府拥有多层工业楼宇，则会优先租给该等受到影响的人。如工商业用户需用官地，政府也会考虑在一些暂时没有发展计划的政府土地中批出一些短期租约，提供经营使用。

对于新界农民,如他们需另找农地继续经营,可向政府提出申请。政府会审批下发证照,让他们另建住房及其他房屋继续经营。新界农用地赔偿额通常以恩恤标准计算,因香港农用地价值不高,如以当日市价收回土地,会使农民蒙受较大损失,所以恩恤金往往大大高于农用地市价。

3. 补偿方法

政府收回业权后,根据法律规定予以赔偿。

政府在收地之后28日内发出书面通知,将赔偿金发给一切合格受领人。这些受领人如接纳政府赔偿,则签订同意书,并保证日后不会借其他理由向政府提出补偿要求。如有特殊理由的人,政府会发表格供他们提出赔偿金额及赔偿理由,并呈交政府有关部门审批。

如业主或其他受到影响的人不满意政府的赔偿金额与赔偿方法,双方都可到土地审裁处提出诉讼申请,要求公正裁决。

对于居住在受影响物业的租客,政府赔偿金额的标准是根据一些恩恤金额的标准来制定的。即使对方不接纳该笔金额,政府也仍先发出该笔资金让他们做出搬迁安排,但政府会同时提出书面声明,声明接受该笔资金的人仍可保留提出要求超额补偿的权利,甚至向土地审裁处提出申请诉讼的权利。

申请人可以聘请专业人士,如测量师、律师、会计等替他们做赔偿估价,与政府交涉以及向土地审裁处提出诉讼。所有费用除诉讼费外都由政府负责承担,而诉讼费则由土地审裁处来决定承担人。

应付给的赔偿金额依法达成协议或做出裁决后,土地局长可在政府公报上发表通知,要求在规定的期限内到指定的地点领取赔偿金。该款项自张贴公告一个月起,至领取赔偿金期限结束止,附有利息,由土地裁判所参考香港银行协会成员银行的定期存款的最低利率,随时规定利息率。如没有人在规定期限规定地点领取赔偿金,局长应将该款付给财务司。在规定期限结束5年之内,可付给证实有权领取者。5年结束后,未付出的赔偿金应转为政府总收入。

香港征收补偿的方式,不同时期也有所不同。1960年以前,全部以现金支付。1960年后,政府采取"换地证明书"的办法给予征收补偿。该办法为:如果征用地是屋地,则该屋的业权人可获得正常补偿额之外的"特惠补偿",或换取同等面积的、建筑地换地权益书;在征用农地时,每一平方英尺(约等于0.0929平方米)土地先可获得评定补偿额的一半现金收益,余下的一半可选择收取现金或要求取得换地权益书,农地的换地权益书换取建筑地时以5:2

的比例打折扣,农地换屋地时,还要补回征用农地时农地与屋地之间的地价差额。土地权益书可自由转让,可卖给地产商或其他需用地人,价格可自由议定,征地时年份愈久,农地与屋地间的差额就愈少,因此,换地权益书的价格就愈高。可以以换地权益书标投土地,如有竞争,则按权益书的年限以及被征用土地的区域位置来计算。征收土地的赔偿,每半年调整一次。

由于权益书发出多收回少,为了清理积压的权益书,政府想出了权益书币值化的办法,币值按权益书的年限,且按一定公式来计算。[1]

4. 征用中存在的问题及解决办法

在官地收回清拆建筑物时,往往会出现不满政府的赔偿或安置而拒绝搬迁的现象,致使清拆工作不能如期进行。对于此种情况,政府考虑采取如下步骤来解决:

(1)劝说愿意迁离的人尽早迁离,封锁已迁离的物业不准任何人再入住使用。

(2)对拒绝迁离者尽可能以容忍的态度与其谈判,对其不太过分的要求经最高当局同意后,予以增加赔偿金额。

(3)当一切谈判方法都无效时,会要求警方出面调停,或帮助这些人暂离清拆现场去指定地点暂住,使清拆工程能顺利进行。但政府轻易不动用该法,以免运用不当而引起骚乱。

(4)当人们全部迁离出收地范围后,政府应即开展清拆工作,并将收地范围用铁丝网围住,未经允许禁止入内,防止有人在该地搭建任何建筑物。

香港的土地资源在很大程度上是指香港岛群的土地资源,因此上述香港土地使用、监管、征用等法律制度,均可适用于香港海岛土地资源。

三、香港海岛环境保护制度

(一)环境保护管理机构

香港环境保护的主管机构是环境保护署(环保署)。环保署成立于1986年,统一处理以前由多个部门分散处理的环境事务。多年来,环保署的职能不断扩展,目前专责处理的事务包括:建议政策,执行环保法律,监察环境质素,提供各类废物的收集、转运、处理及弃置设施,就城市规划和新政策的环境影响向政府提供意见,以及处理污染投诉与污染事件。

环保署共有6个地区污染管制办事处,分别在香港各区处理执法事宜,与

---

[1]以上关于香港征地的规定,参见《台湾香港土地征用制度比较》,载《中国国土资源报》2001-07-20(3)。

业界建立伙伴关系和与社区沟通联系。至于社区关系组则致力于提高公众的环保意识和鼓励市民参与环保计划。此外,环保署还根据属下监测站的监测结果,每小时公布空气污染指数和每星期公布泳滩水质评级。①

(二)香港海岛面临的环境问题

香港经济获得高速发展的同时,也对环境产生了一些负面影响。除了有空气、噪音、水质污染等,其他一些国际都市也常常面临的困扰之外,香港作为一座大部分土地位于岛屿之上的沿海城市,还存在以下一些特殊的环境问题:

1. 近海海域污染

香港由20世纪50年代200多万人口,增至今天680万人,都市化发展迅速。香港的居住商贸区多集中在海湾地区,沿海修建公路、发展工农业,对近海生态造成很大破坏。

自20世纪60年代开始,新界的家禽畜牧业和工业产生了极为严重的近海污染。海水富营养化带来赤潮,破坏生态平衡;工业排放带来了化学物及重金属污染;其中漂染、电镀、皮革厂大量排放有毒金属镉,污染了后海湾的蠔田。这些近海污染中的有机物质被分解形成恶臭,引致水底缺氧,海洋生物大量死亡,重金属仍残留在海床的淤泥中。维多利亚港因为以前没有污水处理和管制,两岸300多万人和几个工业区带来的污水及工业废水污染了海港,很多有毒重金属和有机物质至今仍遍布全港海域。

80年代起,香港工业北移,政府也颁布实施了一些相关条例,近海污染有缓和趋势,水质逐渐改善。但同时,浅海网箱养鱼的发展,又严重破坏了近海生态。除了饲料污染外,由于网箱所养的鱼类以肉食性为主,大量体型小的低值鱼类在过去20年内几乎被搜夺一空,作为养殖鱼类的饲料,这种行为也破坏了海洋生态的平衡。②

2. 填海造成生态环境问题

由于人口迅猛增长,经济快速发展,预计到2011年香港人口会增至810万③,而且随着生活水平的提高,市民对住房及公共设施的要求也逐渐提高,土地供应面临很大压力。为了解决建设用地问题,政府不断填海以增加陆地面积。据资料统计,香港在开埠以来的100多年内,总填海面积为40平方千米,而近期进行及计划中的填海,约等于过去填海面积的总和。由于填海规模

---

①载自:http://sc.info.gov.hk/gb/www.epd.gov.hk/epd/misc/ehk03/big5/hk/index.html
②陈竟明:《近海的污染和资源保育》,载自 http://www.dphk.org/2003/research/research.asp?iCommentId=2049&szColumnId=researchenvt
③载自:《港英政府之全港发展策略检讨报告》(1996年)。

过大,速度过快,对生态环境带来一定的负面影响。

填海首要的问题是需要大量填海的材料,自1997～2000年的填海工程,需要约4亿立方米的填料,其中约70%是从香港境内抽取的海沙,取沙过程会使附近的海水浑浊,而且会破坏海底动植物的生境。

经多年工业排放,沿海海床污染严重,填海前需挖除有毒和受重金属污染的污泥,挖取的污泥更是需要寻找合适的地方堆埋,在整个过程中每个程序都会产生污染,对海洋生态造成影响。从1992～1997年,香港已从各采沙区抽取了约2亿立方米的海沙,至2005年,填海工程还需要约3亿立方米的海沙做填料,填海过程中还要在境内堆埋约2亿立方米的无毒污泥及3 100立方米的有毒淤泥。①

填海永久性地破坏石滩、岩岸,减少海港面积,自然也会减少海洋动物的栖息场所、鱼类繁殖和保育区,对整个海洋生态环境、海洋食物链和渔业影响很大。

另外,采砂及污泥堆埋工程很多是在大屿山以北的海域进行,该处为受重点保护的白海豚游弋区,2004年以来白海豚死伤数目增多,专业人士推断取沙填海工程以及在取沙区堆埋有毒污泥可能是最大原因②。

(三)采取的对策措施

1. 设立郊野公园、海岸公园和海岸保护区

香港山多平地少的特殊地理环境,使得城市只能在狭窄的土地上高密度发展,许多风景怡人的郊野因此得以保存。政府自上世纪70年代中期开始建立郊野公园及保护区体系,40%以上的土地已被指定为郊野公园、特别地区,或是在法定的规划图上划作自然保育地带而受到保护。根据香港的《郊野公园条例》,郊野公园内所有动、植物均受到保护,为生态保育提供了必要条件。其中,北大屿郊野公园位于大屿山岛上,属于海岛郊野公园。

与此同时,迅速的经济发展,使水域承受多方面的威胁,如上文所述的污染、采沙和淤泥等,造成严重的生态破坏,使海洋生物逐渐消失。政府经审慎研究,1995年5月通过了香港的《海岸公园条例》,该条例赋予政府所需的法定权力去划定并管理海岸公园及海岸保护区。至1997年,香港政府已设立3个海岸公园和1个海岸保护区,海岸公园除具有保护海洋环境的功能之外,还具有教育等用途。

---

①潘乐陶:《香港填海面面观》,载《地理学报》1997-06(第52卷)增刊第124页。
②同①注。

2. 实行自然保育政策

为加强保育和改善自然环境,香港实行了自然保育政策。一方面是要保护一些已划定的自然保育区,另一方面是要找出其他应予保育的地方,并对值得保育但遭发展计划毁坏的自然环境做出补救。为完成这一政策目标,政府对于全港具有保育价值的地点,根据各地区的面积、生物多样性、物种的罕有性,及所受威胁的程度,以及不可重建性,评分排名,选出最具保育价值的12个地区,建立保育地,采取有效而积极的自然保育政策,保护地区内的生态环境与生态系统的平衡。

如今在香港可以找到的野生动、植物种类繁多,其中包括3 100多种锥管束植物、约50种哺乳类动物、450种雀鸟、140种淡水鱼、230种蝴蝶,以及100种蜻蜓。香港特区政府环境运输及工务局局长认为,无论从受保护地区所占的比例,或是从生物多样性方面来看,香港与其他经济发展相似的城市相比都不逊色。受保育的自然环境是一项宝贵的资产,对保持生态平衡和促进市民身心健康发挥着重要作用。另外,2003年特区政府就自然保育政策检讨开展了一项为期3个月的公众咨询,政府就现行的自然保育政策和措施进行检讨,并且制定了若干改善建议咨询公众,而公众的意见也将有助于政府制定更全面的自然保育政策及措施。

3. 重新审视填海工程

由于大规模填海会产生上文所述的诸多生态环境问题,同时对旅游景观和航运业也会带来负面影响,当2003年政府计划在香港岛湾仔、金钟及中环一带填海兴建架空天桥,因将影响到著名的维多利亚港时,遭到公众的抗议。香港环保团体"保护海港协会"还通过法律途径要求政府停止工程。经过审理,终审法院法官认为该填海工程没有必要,最终判决政府败诉。[①] 终审法院的判决书指出,填海工程必须具备3项前提:必要性、合理性及无替代方法。如果政府一定要填海,首先应符合上述3项前提,而且其理由必须具有"凌驾性",即填海应满足"有凌驾性的公众需要"这一标准。

环保团体促请政府停止中环填海工程,并以终审法院的判词为准则,重新复审及检讨所有填海工程。香港政府的负责官员则指出,终审法院的裁决消除了过去对可否再进行填海的疑问,并且提供了一个空间,让政府和大众可以共同探讨在保护海港环境和应付社会、经济的需要之间如何取得平衡。

目前,中环填海经过详细的公众咨询,已经由大填海计划改为最少的填海

[①]《香港填海工程政府败诉》载:《南方都市报》2004-01-10。

方案。同时政府当局表示会迅速依法检讨湾仔北填海计划,对东南九龙的填海计划,同样会谨慎检讨。①

4. 设置人工鱼礁

对于近海海水水质受到污染,生态环境遭到破坏等问题,政府也积极采取应对措施,修复被破坏的近海资源。港府渔农自然护理处实施了人工鱼礁计划,取得一定成效。将人工鱼礁设置在近海水域,除了可使珊瑚群落聚生外,近海鱼类和软体动物也可聚集,对渔业发展也很有益处。

5. 妥善处置垃圾与污水

为了保护环境,港府环保署制定了7项计划纲领,这些纲领囊括了废物管理、空气、噪音、水质、环境评估、执法行动和社区关系的全部内容。为了落实这些计划纲领,香港环保署动员全港公民,做了大量工作,尤其是在对垃圾与污水的处理问题方面,成绩卓著。②

20世纪90年代,居民平均家居废物量为每天0.95千克,到2000年升至1.13千克,全港每天弃置的废物约1.8万吨,每年足以将维多利亚公园覆盖至13层楼高。照此发展,到2012~2015年全港现有的3个填埋区将会全部填满。目前,环境署十分重视垃圾的处理工作,对垃圾的填埋进行严格的管理。除填埋以外,还在努力开发垃圾的回用,以解决垃圾的数量。例如,西九龙垃圾处理站垃圾山下有一座污水处理厂,一座沼气池,将垃圾的渗水、废气收集起来,处理后的垃圾废水外排,沼气用做发电,现在垃圾填埋区的生活用电全部是自产的,还有少量余电外卖。③

香港现有的污水处理设施已经比较先进,如昂船洲污水处理厂是世界上同类型处理厂中规模最大、布局最为密集的厂房装置之一,在这里,集纳了香港岛东北部和九龙市区几乎所有的生活污水。作为策略性污水排放计划第一期的主要部分,该厂采用了化学辅助初级处理沉淀方法和用先进设备来处理污水,预计到2021年日处理量可达到172.5万立方米。④

虽然目前污水可以得到较为妥善的处理,但人口的增长对污水处理设施提出了新的要求。据政府估算,到2016年,人口会增加至890万,现有污水设施将不胜负荷,若不加建新的污水处理设施,有关污水渠可能会爆裂,污水会

---

①《香港填海工程政府败诉》,载《南方都市报》2004-01-10。
②笔者注:香港特区政府环境运输及工务局局长廖秀冬在《香港环境保护二〇〇三》年报的序言中指出,香港在废物与污水管理方面取得了实质进展。
③王翰林:《香港环保:全民共同的事业》,载《科技日报》2004-09-03。
④同③注。

流入海港，对环境造成影响。因此特区政府决定，在未来 10 余年投资 100 亿港元，兴建污水收集和处理设施。①

6. 采取措施净化海港

由"第二次全国海洋污染基线调查"的香港水域资料显示，香港目前环境整体达标率超过 80%，香港东部、南部水质较好，但深圳湾、香港西北部及维多利亚港污染仍比较严重，氮、磷及重金属等超标，部分地区出现了比较严重的状况。② 香港人口不断增长，污水量持续缓升，是维多利亚海港污染的主要成因。据一项调查显示，九成市民认为维多利亚港是香港的重要资源，支持政府采取对抗污染的措施，并认为有保持海水洁净的需要。针对这一问题，香港政府推出了"净化海港计划"，该计划是一项环绕维多利亚港两岸区域进行的污水收集、处理及排放综合工程。

"净化海港计划"第一期（有关设施已于 2001 年 12 月启用）已经令维多利亚港水质大为提高，海水中溶氧量、大肠杆菌及海水清晰度等多项指数均有不同程度的改善，已绝迹 30 多年的珊瑚群正发育成形。③ 但是，目前海水并没有达到所有的水质指标，因为其余 25% 排入海港的污水（收集自北角、中区以至香港仔地区）只经过初级处理。随着人口继续增长及海港两岸持续发展，若不开展净化海港计划余下的各期工程，海港的水质便会恶化。"净化海港计划"第一期工程的建造费用约为 82 亿港元（10 亿美元）。若该计划全面采用生物处理技术，建造费用估计为 200 亿港元（不包括新建的污泥处置设施）。而要使整项计划的污水处理达到最高水平，每年的经常费用总额会高至 14 亿港元。

目前政府正巨额补贴排污服务。在 2002～2003 财政年度，提供排污服务的经常成本为 16.33 亿港元（不计贬值），但通过征收排污费，政府只能收回约 4.88 亿港元，其余 11.45 亿港元则要从政府的一般收入中拨付。在"净化海港计划"余下各期的设施启用后，假如政府实行"污染者自付"的原则，排污费会有所增加。④

---

① 引自：《新闻晨报》1999-07-07(4)。
② 引自：《中国海洋报》2000-08-04(1)。
③ 引自：《深圳特区报》2004-10-12。
④ http://www.hkcd.com.hk/20040622/ca1001580.htm

第二节 澳门海岛法律制度研究

一、澳门海岛概况

澳门特别行政区位于珠江口西侧,由澳门半岛、凼仔岛和路环岛(九澳岛)组成,土地面积共23.50平方千米。澳门原为一个海岛,因淤积与大陆相连而成半岛,凼仔岛和路环岛,与澳门成一线南北排列。凼仔岛在澳门半岛和路环岛之间,原为3个小岛组成,因河海冲击和人工填海而连成一片,面积6.33平方千米,通过澳凼大桥与澳门连接。路环岛在凼仔岛之南,面积8.07平方千米,由路、凼连贯公路连接两岛。澳门绝大部分人口和经济活动集中在澳门半岛,但两个岛屿近来发展也很迅速。

凼仔岛自1974年澳凼大桥建成后,与澳门交往十分方便,成为澳门新发展地区。岛屿周围海岸除东南岸外,其余均有滩涂淤积,港口条件差,但后备土地资源充裕,可进行填海扩地。事实上,几十年来澳门一直在岛屿周围进行填海工程,1910年岛屿面积仅为1.98平方千米,至20世纪90年代初面积已增至6.33平方千米。岛上由于填海而成的平地均为建设用地,建有赛马场、凼仔游乐场、住宅区和酒楼等,已成为澳门重要的旅游区,但因是发展新区,常住人口不多。①

路环岛周围多海湾,岛西北和东北有人工填海而成的平地,岛北和凼仔岛之间是广阔的泥滩,也可填海造地。路环岛上有淡水资源,植被覆盖较好。岛上建有路凼连贯公路,交通方便,已进行开发利用,建有水泥厂、货柜码头、住宅工业综合发展区、旅游发展区等,具有一定的发展潜力。

可见,澳门岛屿的开发程度比较高,两个岛屿均通过填海增加土地面积,发展工业与旅游,对岛屿的使用管理主要通过对建设用地的审批来完成。

二、澳门海岛土地管理制度

截至2002年年底,澳门土地总面积为23.50平方千米,而上世纪初(1910年),澳门的总面积只有约11平方千米,近百年来,澳门土地的面积比原来扩大了2.1倍以上,所有新增的土地面积都是人工填海而成的。现时澳门半岛

---

① 杨文鹤主编《中国海岛》,海洋出版社2000年版,第327页。

的台山、筱子基、马场、黑沙环以及青洲山周围的土地,以及东望洋山和南湾大马路以东、内港沿岸,无不经由填海而来,而氹仔岛的填海区更大大超过原岛面积。①

据最新统计数字,现在澳门人口总数为45万左右,平均人口密度每平方千米超过1.6万人,是世界人口密度最高城市之一。② 澳门半岛约9平方千米的面积容纳了39万余人,约占总人口的92%,人口稠密地区的人口最高密度达10.9万人/平方千米。澳门与香港不同,没有无居民海岛,所辖的两个海岛,都已经过了较大规模的填海造地,并进行开发建设。因此,澳门特别行政区现行的土地管理与交易制度,也都适用于两个海岛。

(一)海岛土地资源立法

澳门法律中与土地有直接关系的当属1980年澳门的《土地法》、1994年澳门的《地籍法》以及1992年澳门的《因公益而征用的制度》,另外还有一些相关的立法条例、训令,如《本地区无主土地以公开招标方式批给制度》、《租赁批地续期征税制度》以及《批地溢价金征计制度》等。

1.1980年《土地法》

1980年《土地法》是澳门土地立法的基础,它的颁布标志着澳门的土地立法进入了一个崭新的阶段,也可以看作是澳门法律本地化中的一个代表性实例。《土地法》共十四章203条,主要涉及的内容有:土地所有权属的界定、保留地、聚居地、空置地段的分类及占用条件、空置地段的处理、土地的出售及占用、土地边界标定、土地承批人的权利与义务、土地批给及占用相关文件、物业登记、处罚及过渡性规定等。

2.1994年《地籍法》

1994年《地籍法》共21条,主要对地籍图的编制权限、地籍图的编号和式样、地籍图所表示的项目内容、地籍图的公布、异议提出、裁决、地块边界的确定、修改以及地籍图的法律性质等,做出了规定。1994年《地籍法》与1980年《土地法》相结合,解决了澳门长期存在的土地登记面积与实际面积不符的问题。

3.1992年《因公益而征用的制度》

1992年《因公益而征用的制度》共四章27条,主要内容有:确立保护私有房地产的权利以及因公益合理征用的原则、依据私法收买优先的原则、征用界限、与征用目的不符时的索还权、公益声明和行政占有以及被征用物件所有人

---

① 载自:《港澳台侨人民日报(海外版)》/2003-10-14。
② 同①注。

所拥有的索偿权等。

(二)海岛土地资源所有权制度

1980年《土地法》将澳门土地按权属分为3类,即本地区公用土地、本地区专用土地及私人业权土地。① 通常前两者被统称为"政府地";后者被称为"私家地"。

1. 本地区公用土地

本地区公用土地又简称公地,指由法律规定土地公用,并接受有关法律管制的土地,如海岛道路、人行道、公园、广场等所占用的土地均属本地区公用土地。

2. 本地区专用土地

本地区专用土地又称地区私产,系指凡不被视为公用土地也非私人所有的土地。如政府机关所在地或政府正在使用的土地,皆属本地区专用土地。

本地区公用土地与本地区专用土地的区别在于,前者应为无特定使用者的公用土地,而后者具有特定的使用者,只不过特定的使用者仅限于政府及相关部门等公共机构。

另外,在本地区专用土地中还有一项所谓的"空置地",或称无主土地。这类土地主要由两部分组成。一部分是从未正式登记的无主土地,如仅以"砂纸契"为其权属证据的土地②;另一部分是通过填海造地等手段获得,但尚未批出或使用的土地。按照内地习惯,可理解成为待批地或未利用公有土地。

3. 私人业权土地

私人业权土地即"私家地",也就是通常所说的私有土地。私人业权地一般分为两种:一种是获得澳门法律承认的,在立契官公署立契,并在登记局正式登记后确立的永久性私有土地;另一种则是被澳门政府列为特殊情况的私人所有,即所有者仅持有所谓"砂纸契"。③ 事实上,除私人业权土地的权属为私有外,本地区公用土地及本地区专用土地实际上均为澳门政府所有。

为确保土地权属在澳门回归后继续受到保护,《澳门特别行政区基本法》第七条规定,澳门特别行政区境内的土地和自然资源,除澳门原有法律规定的

---

①笔者注:1980年7月15日法律第6/80M号《土地法》第1条。

②笔者注:"砂纸契"是一种过去书写在砂纸上的土地买卖契约,大致分为两类:一类是所谓的"红契",由清朝香山县政府发出的契约,因上面盖有官府红色印鉴而得名,持契人需向当时政府缴税和登记;另一类是民间私下买卖土地时,由某些辈分较高或有一定社会地位的人作证定下的契约。

③笔者注:由于澳门政府一向不肯承认未在其机构中登记土地的所有权,仅仅将"砂纸契"看作成一种民间约定,并对其可信程度表示怀疑。因此,在1980年《土地法》中回避了"砂纸契"所代表的土地所有权问题。1991年之前,可通过向政府申请批地,并缴纳土地溢价金的办法,将"砂纸契"所代表的土地转为正式的私有土地。但1991年10月,澳门政府修改《土地法》之后,取消了上述规定。

私有土地外,属于国家所有。由澳门特别行政区政府负责管理、使用、开发、出租或批给自然人、法人使用或开发,其收入全部归澳门特别行政区政府支配。第一百二十条规定:澳门特别行政区依法承认和保护澳门特别行政区成立前已批出或决定的年期超过1999年12月19日的合法土地契约和与土地契约有关的一切权利。澳门特别行政区成立后,新批或续批土地,按照澳门特别行政区有关土地法律及政策处理。

(三)海岛土地交易制度

澳门的土地交易,包括海岛土地交易,大致可分为政府批地与民间土地买卖两大类。

1. 政府批地的类型

政府批租的土地主要来源于"空置地"(或称无主地)。政府依照法律规定将土地批出作为商业性开发建设时,可以采用以下4种方式:

(1)出售。根据1980年澳门《土地法》的规定,只有不足以作正常独立建筑使用的零碎地块,并且这些地块与申请购入者的私有土地相毗连,同时其他业主或相连地块的承批人无法利用的情况下,才可以出售。这种零碎地块在出售时可免于公开投标,但购买人必须在买卖合同所规定的期限内,或无期限规定时3年内,对所购得的地块进行开发利用,否则,该地块连同地块上的建筑物无偿划为地区专用地。

(2)租借。以租借方式批给土地时,首先是通常不超过5年期限的临时性批给,如果承租人在所定期限内履行了预先所定的最低限度利用条款,并且该地块已经过确定性划界时,该地块的批租可以转为确定性批租,即业权人可以无期限地使用该地块。从土地使用者的角度来看,与通过购买获得该地块的实际效果大致相同。这种方式与我国内地国有土地有偿使用的思路有相近之处,但由于没有明确的使用期限,在土地使用条件不发生变化的前提下,更接近于土地所有权的有偿转让。

另外,在租借批给合同中,可以依据批出土地的位置、用途、溢价(开发利润)及开发成本等制定有关收取"溢价金"的条款,以体现开发利益的社会还原。

(3)租赁。以租赁方式批给土地时,首先也是临时性的。如果在按其特征所确定的期限内,承租人能够遵守预定的最低限度利用条款,并且该地块已经过确定性划界时,该地块可以转为确定性租赁。除相关法律外,以租赁方式获得的土地在使用时还必须遵守租赁合同的规定。一般以租赁形式获得的地块不能分租(转租),但当被认为有利于加速所批地块的利用,或承租人未能履行债务责任时,该地段可以分租。

以租赁方式获得的土地需按年缴纳租金。租金的数额可根据投标的结果决定,并明确记载于租赁合同,在合同期满或发生转租等情况时可以调整租金的金额。以租赁方式批出土地的租赁期一般不超过 25 年,期满后可续租,但每次续租租期不超过 10 年。① 为调整租金可以将租赁期限或后续期限分成几段办理。另外,《中葡联合声明》附件二中规定:续约年限不得超过 2049 年 12 月 19 日。

其实,无偿批给是以租赁方式批给的一种特例,承租人可以免缴任何费用。但未经土地委员会许可,该地块不得转让或转租。无偿批给的土地可转为有偿批给,但需缴纳相应的费用。如果无偿批给地段不按批出目的使用,或未在规定期限内实现使用的,无偿批给自动失效。无偿批给的承租人一般都是社会公益团体、慈善机构、学校或不具商业利益的社会团体等。

(4)准照占用(临时占用许可)。临时占用许可,是指政府对临时使用的地段以及不宜设立永久性权利的地段发放的临时占用许可,如工程施工时的器材、原料堆放场地,矿石采掘场地等。临时占用以租赁合约为基础,占用准照(占用许可证)的有效期为一年。临时占用以租赁方式为基础计算租金,续期时可调整租金,或修订占用条件。在临时占用的土地上只允许建造临时性建筑物或设施。

2. 政府批地的方式

政府在实施海岛土地批租时主要通过以下 3 种方式进行:

(1)公开投标。公开投标,是指澳门政府事先选定准备招标的某一海岛空置地,明确规定该地块的用途、面积和开投底价,供符合资格的海岛土地需求者公开竞争投标,出价最高者便可获得该地块的使用权。

(2)密封标书投标。密封标书投标与公开投标的不同之处在于,政府只公开标的地块的位置、面积和用途,不公布底价。参与投标的各方以密封标书的形式参与投标,通常出价最高的一方获得该地块的使用权。

(3)洽商批给。洽商批给由土地需求者主动向政府申请某海岛地块的使用权,政府从多个申请者中选择合适的批给对象,经过一系列磋商后确定该地块的用途和价格,最后由政府部门以免投标租借或租赁方式批出。

虽然早在 1965 年澳门《土地占用及批给章程》中就明确规定,政府批地原则上应采用公开招标的方式。1973 年颁布的澳门《土地竞投法》也再次明确了这一点,但在 1991 年之前,政府主要采用洽商批给的方式进行土地批租,包

---

①黄汉强、吴志良:《澳门总览》,澳门基金会 1996 年版,第 240 页。

括对海岛上土地的批租。由于这种方式的不公开性,在土地批租过程中容易出现不公正的现象,并产生其他弊病。因此,1991年7月政府修改相关法规,规定凡商业性质的土地,必须经过公开招标方式批出。同年10月又进一步修改完善了《土地竞投法》。这两项措施对完善澳门的土地交易程序和规范土地市场运作起到了积极的作用。

3. 民间土地交易

在澳门有关土地交易的论述或统计资料中,鲜有民间海岛土地交易方面的情况。但事实上,由于批租土地的承租人,尤其是通过租借方式获得海岛土地的承租人可以变更,有关土地的权利可以转移,所以事实上民间的海岛土地交易是通过变更土地权利人的方式进行的。通常,这种交易形式中所形成的海岛土地使用价格与相同地区政府批租土地的价格大致相同。另外,伴随着凼仔和路环两个岛屿上大量房屋的出售,房屋所附带的土地使用权利也随之发生了转移,可以理解成为一种特定形式的土地使用权利转租,即民间土地交易。

此外,政府可以与私人进行土地的实物交换。但如果私人获得土地的价值大于其让出土地的价值时,则土地获得者必须以出让金或租金的方式补交差价。相对于土地批租,这种形式更按近于政府与私人在某种程度上的平等土地交易。

三、澳门海岛环境保护制度

由于澳门三面环海,地势不高,污染物的扩散条件较好,因而总体污染情况不算严重,环境质量较好。其影响因素主要来自两个方面:一方面由于澳门地域狭小,受外部区域环境影响较大,如珠江河口地区的水质影响及珠江三角洲经济发展区所产生的环境影响;另一方面是澳门本身地少人多,人口密度及车辆密度均居于世界前列,这是影响环境的内部因素。

澳门环境保护工作的主管机构是特别行政区政府运输公务司下设的环境委员会。环境委员会由11名委员组成,其中由1名主席和2名委员组成执行委员会,负责具体事务的执行。委员会主要承担以下职责:就保护及维护澳门环境、自然及生态平衡的政策提出意见,并向行政长官提供相关的立法措施建议书;确保有关环境政策的计划、措施及活动之间有效协调,并与澳门内外的同类实体订立合作议定书,以及开展一般活动;对会影响环境、自然及生态平衡的工业准照申请提出意见;监察环境规章的遵守及执行等。[1]

---

[1]《澳门特别行政区环境委员会》,载《世界环境》2003(4)。

下面就凼仔、路环两个海岛的几个环境要素的情况及政府采取的相应措施做概括介绍：

1. 水资源

(1) 整体水环境。澳门对于水资源的管理在很大程度上是由澳门的高度都市化现状决定的。凼仔岛尽管已经相当城市化，但仍然保留了一些较少受到人类活动影响的区域。在路环岛上还有一些诸如九澳和黑沙的浅水湾，它们能像位于外港和石排湾的水库一样承接雨水。澳门周围的海域，海水呈分层现象，上层较清而底层较浑浊，主要是珠江上游挟带泥沙过多所致。总体而言，两个海岛周围的水质尚可。

(2) 城市供水。在饮用水方面，两个海岛没有足够的天然水源，为满足居民生活需要，大部分要依靠"珠海向澳供水公司"在珠海磨刀门河道抽取原水，经40千米的输水系统把原水输送到澳门自来水厂，按欧共体标准，经处理后向居民供应可直接饮用的自来水。在1998年，凼仔供水网输出的饮水水质被鉴定为"可饮用性状况良好"，而路环供水网输出的则为"可饮用性状况十分好"。①

(3) 污水处理。在污水处理厂建立之前，各种污水直接向海里排放。总体而言，1955～1991年，水质趋于恶化，1992～1994年趋于稳定，1997年和1999年分别在凼仔岛和路环岛兴建了污水处理厂，全部采用二级生化处理系统，经处理后的废水质量全部符合排放要求。至此，两个海岛的生活污水和工业污水可全部经污水处理厂处理后才排放大海。凼仔的污水处理站已投入运行，设计能力为每天处理7万立方米污水，实际处理量为每天1万立方米，1998年，凼仔污水处理厂的平均每日处理量达到1.78万立方米。路环污水处理站的处理能力为每天3 500立方米，将来可增加到每天6 000立方米，用于处理工业区和路环填海区城市化之后产生的污水。另外，由于珠江口的水文动力学影响，邻近城市如广州、香港和珠海等地的水污染物会流向澳门水域。因此，凭澳门一己之力解决水中化学物质污染，尤其是重金属污染十分困难。今后，有必要加强邻近各地政府间的合作，加强调查，开展科学研究，共同解决面对的环境问题。

2. 固体废弃物

至20世纪90年代初，澳门海岛的固体废弃物还要堆放到指定的垃圾堆放点。1983年，凼仔的鸡颈垃圾处理站投入使用，至1992年为路环的石排湾

---

① 吴北明：《澳门的环境状况》，载《环境教育》1999(4)。

堆放区所取代。随后处理垃圾的方式由堆放改为焚化,垃圾堆放场逐步得到处理:路环的垃圾场已被掩埋,在上面修建了小型赛车场,成为大众娱乐场所;凼仔的垃圾场计划改建为公园。1992年在凼仔北安填海区建造了一个垃圾焚化中心,由澳门土木工程实验室和市政厅负责监督其运作。垃圾焚化中心每年可消耗28.4万吨垃圾,可以满足约75万人口城市的需要。与欧共体制定的环保标准相比,澳门焚化工厂的排放指标明显优于该标准。总的来说,澳门海岛在固体废料的处理方面采用焚化形式解决了问题,成效显著,已达到100%焚化固体废物的目标。①

3. 大气

对澳门空气质量问题的关注始于上世纪80年代。1985年政府提出了第一个《大气质量监测计划》,以期掌握各种污染源的基本情况以及有关人口、城市结构、交通、气象等因素对于环境的影响。从1987年起,澳门地球物理暨气象台开始设立10个观测站,如今已形成监测网。

由于澳门三面临海,有利于空气的净化;同时该地区在冬季会出现气温反覆的现象,有利于污染空气的消散,因此总体的大气污染情况不算特别严重。另外,污染源主要集中在交通繁忙的市中心,两个海岛由于是新近开发,常住人口不多,空气质量相对较好。

4. 生态绿化

澳门在植树造林,增加绿地面积方面做出了很大努力,近几年通过填海造地,澳门的土地面积有所增加,绿化区在总面积中所占的比例仍然维持在25%以上的较高水平,人均拥有的绿化面积还略有增加,达到每人12.9平方米,比国内的城市规划标准人均绿地占有面积9平方米高出许多。②

从政策上说,澳门非常重视离岛、特别是路环岛的养护。最突出的是根据1980年《土地法》的规定,于1981年建立了路环保留区。这个保留区面积约为20万平方米,被视为澳门的肺脏,予以重点保护,如有可能还要加以改善。③ 另外,路环岛上还有著名的黑沙滩、竹湾、潭公庙以及郊野公园等。

澳门特区政府为提升澳门整体环保水平并加强公众对环保的关注和投入,已于2003年11月底以澳门特别行政区名义,正式向联合国环境规划署提交竞逐"地球卫士"环保奖项的申请,并于2003年12月7日举行了申请奖项

---

① 董珂:《澳门地区环境保护概述》,载《城市规划》1999(5)。
② 同①注。
③ [葡]Francisco Nunes Correia,Pedro Liberato 著:《澳门环境状况评估策略性建议》(中文版),第56页。

启动仪式。另外,澳门将于2005年举办东亚运动会,特区政府将围绕申报工作及东亚运动会的举办,着手开展环境治理工作。同时,澳门未来的发展定位是以旅游为龙头产业的国际旅游城市,包括两个海岛的发展方向也是以旅游娱乐业为主,无疑环境保护工作将成为今后特区政府的重点工作。这些都在客观上要求构建澳门环保平台,并为该平台的建设打下坚实的基础。

鉴于澳门环境管理体制与其他地区存在差异,自身环保市场狭小,难以形成规模效益等实际情况,在建设环保平台方面可以采取如下措施:

(1)加强环保平台载体建设。澳门的3座污水处理厂均使用活性污泥法,处理污水产生的污泥经过焚烧后,运到堆填区处理,污水处理技术先进,澳门自来水厂采用欧洲标准和技术,这些可以作为环保平台的载体。

(2)环境法律、法规、标准的制定与国际接轨。澳门一直沿用葡国的环境法律、法规及标准,这些环境法律、法规、标准有些已经过时,有些也不具有可操作性,需要修改。澳门特区政府现已开始着手相关环境法律、法规及标准的修订工作。

(3)引进和培养人才,夯实发展基础。澳门环保专业人员缺乏,各大学中都没有环境方面的专业,需要引进一些高素质的环保专业人士,也可以举办培训,提高现有人员素质。

(4)加强学术研究,建立合作关系。只有加强环境保护学术、科技交流,才能及时掌握和接触先进的环保技术与管理经验。澳门可以与内地及香港、欧美等其他地区环保机构建立广泛联系,联合举办研讨会、展览等。

(5)与珠江三角洲地区协调,在环保基础设施建设方面加大力度。澳门与广东省于2001年成立了粤澳环保合作专责小组,就两地的环境本底值、污染源控制、自然资源、生态环境、可持续发展等事宜进行磋商。澳门可以充分利用这一机制,在环境规划、环境管理、环境质量、环境科学研究、环保技术开发、环保教育宣传及人才培训方面进行交流与合作,特别是在环保基础设施建设方面相互协调,统筹规划,避免重复建设,以更好地推动两地环保产业的发展。①

从内地与澳门社会、经济发展状况来看,目前正是建设澳门环保平台的有利时机。环境保护是可持续发展的关键,过去一段时间,澳门投放了大量资源逐步加强城市的环保基础设施建设,包括提高饮用水水质标准、改善供排水网络;完善垃圾收集、运输及处理方法,以焚烧方式全面处理生活垃圾;兴建密封

---

① 米金套:《构建澳门环保平台》,载《中国环境报》2003-04-28。

式污水处理厂等。特区政府今后将继续致力于促进澳门环境质量的持续改善,鼓励环保事业并提高澳门社会整体环保意识。①

第三节 台湾海岛法律制度研究

一、台湾海岛概况

台湾省有大小岛屿共 224 个,包括台湾本岛及其周围附属的兰屿(红头屿)、绿岛(火烧岛)、彭佳屿、黄尾屿、钓鱼岛诸岛、赤尾屿等 22 个岛屿以及澎湖群岛,总面积 3.600 6 万平方千米,是我国第一大海岛省。

二、台湾离岛开发建设制度

台湾本岛周围,散布着很多离岛。这些离岛面积较小,经济比较落后,生态系统也具有高度脆弱性,"一旦遭逢天灾人祸则物种倍受威胁,极易造成重大的环境变迁"。②"破坏容易,复育极难"的岛屿特性,使得台湾离岛面临"理想与现实、保育与开发的未来发展的考验"。③

针对离岛的开发与建设问题,台湾地区"立法机构"于 2000 年通过了"离岛开发建设条例",该"条例"的目的,在于推动离岛开发建设,健全产业发展,维护自然生态环境,保存文化特色,改善生活品质,并增进居民福利。④

为实现离岛开发的目的,台湾当局组建了离岛建设指导委员会,专门负责对离岛的开发、管理与保护工作。台湾当局认识到,各离岛由于环境限制及军事战略地位的影响,各项建设相较于台湾本岛的发展,确实还有改善的空间。为了缩小台湾本岛与各离岛的差距,台湾于 2001~2003 年共拨入离岛建设基金 96 亿新台币(约合 24 亿人民币),补助离岛地区交通、观光、水资源开发以及农业建设等。⑤ 另外,还协调经济部门编列预算,补助离岛用水、用电,并比照台湾本岛平均费率收取水电费用。例如,台湾当局"4 经济建设委员会"(简

---

①华夫:《澳门大力改善环境质量以开放态度制定城市规划鼓励环保》,载《法制日报》2002-09-28。
②参见:www.sinobooks.com.tw/bookdata/bookdata_in.asp? BookNo=WGE0250&type=%B1%C0%C2%CB—21k
③米金套:《构建澳门环保平台》,载《中国环境报》2003-04-28。
④参见:"离岛开发建设条例"第一条。
⑤参见:www.cpami.gov.tw/pwi/rp/meet006.htm — 14k

称"经建会")2003年5月12日正式通过"琉球供水改善计划",拟铺设一条新的海底管线,由台湾本岛的牡丹水库供水至小琉球(离岛),总经费为4.62亿元新台币(约合人民币1.1亿元),其中由台湾当局离岛建设基金中补助2.1亿元新台币(约合人民币5 000万元),剩余的新台币2.52亿元(约合人民币6 000万元)将由台湾省自来水公司自筹,初步定于2004年完工。①

另外,台湾省2001年10月15日通过了"离岛建设条例部分条文修正草案",在该"条例修正案"中规定,为了促进台湾本岛之外的离岛的开发,在两岸通航前得先试办金门、马祖、澎湖地区与大陆地区通航,台湾地区人民得凭相关入出境证件,经查验后可由试办地区进入大陆或由大陆进入试办地区,这一规定被称为"小三通"。该"条例修正案"中同时规定,金门,马祖,澎湖地区免征营业税和关税。"条例修正案"实施后,台湾当局协助金门地区分别进行了观光、卫生医疗、农业、都市、运输、水利、文教、能源开发、工商发展、环保设施等项目的建设。②

为了配合金门地方发展旅游观光事业,台湾当局定于2005年元旦将交出金门的大担、二担、东碇、北碇、猛虎屿、狮屿等6座离岛,交由金门"县政府"接管。金门县方面称,已经做好接管准备,将编组成治安、水电、财产、环保、交通旅游等5个小组,30多人上岛,先做好人员维生、治安和开发规划的初步工作,原则上与驻军会有2个月衔接期。对于6座离岛的开发,由于每座离岛的特性不同,有人建议发展生态旅游、有人希望保留军事遗迹、也有人想要开发观光博弈,但一切都要通过规划进行。金门"县政府"表示,对于开发6座离岛,也有招商投资的构想,并有国际财团对大担、二担两岛抱持相当高兴趣,看好发展两岸观光前景,如果办理招商,会公开进行。对于大陆人士未来上岛观光,金门县副县长称,他们的原则是,只要合法能到金门,也能到离岛观光,一视同仁。事实上配合福建开放以及福建人民到金门旅游,开放这些离岛正是庞大商机所在。更重要的是,过去长期对峙、兵戎相见的岛屿,成为两岸共同的观光之处,不仅对于离岛开发具有重要意义,对两岸关系发展更具深远影响。③

---

① 参见:http://www.hwcc.com.cn/newsdisplay/newsdisplay.asp? Id=68695
② 笔者注,"小三通"实施一年以后,效果不甚理想,受到了批评。台湾"监察院"还表示,"小三通"所依据的《离岛开发建设条例》法律授权不够明确,当地公众认知与政策和法令规定落差甚大,未能达到预期目的。
③ 参见 http://www.huaxia.com/xw/tw/00252325.html http://www.chinanews.com.cn/news/2004/2004-10-18/26/495618.shtml

三、台湾海岛土地管理制度

台湾所实行的土地政策与制度，同时也是台湾地区海岛土地资源的政策与制度。该制度主要包括以下内容：

（一）土地利用规划制度

台湾地区土地供需矛盾比较突出，因此十分重视土地利用规划，将其作为在市场失灵时干预土地资源配置的主要手段。经过几十年的发展，台湾土地利用规划已形成一套完整的体系，并在保护地区资源、支撑经济发展方面起到了重要作用。

台湾地区目前的土地利用规划体系由3个层次、两大板块构成。第一层次为位于最上位的台湾地区综合开发计划；第二层次是指位于中间的区域计划、都会区发展计划、县（市）综合发展计划；第三层次为都市计划与非都市土地使用编定。两大板块，是指台湾地区分为都市土地、非都市土地两大区域，前者位于都市计划区内，后者位于非都市计划区内。3个层次与两大板块相互作用，相互制约，共同构成一个有机整体。[①]

台湾地区在制定土地利用规划时，十分注重规划实施过程中的配套管制。主要有以下管制制度：

（1）实施土地利用分区管制。台湾地区的规划体制将土地划分为都市土地和非都市土地，分别依据"都市计划法"和"区域计划法"划分土地使用区和编制土地用途，并进行严格的土地使用控制。依据"都市计划法"，都市土地可划分为商业区、工业区等9种土地使用区，各都市可视实际情况再予以划分。依据"区域计划法"，非都市土地可划分为森林区等10种土地使用区，具体管制依据"非都市管制规则"进行。

（2）对土地使用强度进行管制。在台湾的土地利用中，不仅要管制用途，还要管制使用的强度，如采取限制建筑率、容积率、高度比等来限制当地的建设密度，避免出现过度拥挤的现象。

（3）计划实施许可证制度。1983年台湾当局公布"山坡地开发建设管理办法"，首次引入开发许可制度。1993年起台湾"经建委"负责拟订"国土综合开发计划法"，1995年8月公布草案，但尚未付诸实施。根据该草案，凡需要变更土地使用分区的行为，必须取得地方政府的规划许可；凡需要配置发展所

---

① 各规划的具体内容，详见李边疆等：《我国台湾地区土地利用规划的特点及其启示》，载《国土经济》2004（4）。

需要的公共设施及划分基地的行为，必须取得当地政府的开发许可；凡是在建筑基地进行建设的，必须取得建筑许可。

（二）台湾地籍制度

台湾地区的土地管理称为"地政"，地籍管理是地政的重要内容和主要职能。地政与地籍管理机关分为两级，地方的地籍管理机关，在台北、高雄两市设在"市政府地政处"，其他市（县）设在"政府地政局"。所有市（县）政府还设置了地政事务所，从事具体的政府性、事务性、技术性业务，在台湾共有108个地政事务所。

台湾地籍制度的内容包括：

（1）地籍测量。台湾的地籍测量包含了权属调查内容，对于土地测量一般仅测绘界址线，以确定土地的界线、面积，其数据用于土地所有权发证。

（2）土地登记。台湾土地登记的目的在于确定产权，保障交易安全。登记制度采用德国权利登记制及澳大利亚托伦斯登记制的优点，其特点是：登记要件主义、实质审查主义、强制登记、登记具有绝对效力。

依台湾"土地登记规则"的规定，土地登记可分为土地总登记、指引标示变更登记、所有权变更登记、他项权利登记、更正登记、限制登记、消灭登记等类别。① 台湾的土地登记要收取一定规费，包括登记费、证书费、工作费及阅览查询费等。同时地政事务所也采取很多服务措施，如电话语音查询、网上服务、简易登记、跨地域申请登记或查询等，以提高效率，方便公众。

（三）台湾土地估价制度

台湾土地估价制度沿袭旧中国土地估价的历史，并借鉴日本的土地估价经验，经过半个多世纪的发展完善，目前，对各类土地估价方法及其在各种不同情况下的应用都研究得比较深入，形成了较完善的土地估价制度。

台湾土地估价的基本方法主要包括买卖实例比较法、收益资本化法、成本法和土地开发分析法等。由于台湾土地估价受日本影响很大，因此台湾在土地估价实务中主要是采用买卖实例比较法。近年来，随着日本地价泡沫的破灭，台湾和日本一样，也在反思对买卖实例比较法过于倚重的不当之处，开始重视收益资本化法等方法的应用。②

台湾目前与土地估价、估价行业管理和地价管理相关法律、法规比较多，

---

① 各种登记的具体内容，参见李何超、王振山：《台湾地籍制度与土地登记》，载《国土经济》2003（4）。

② 各估价方法的详细介绍，参见胡存智，岳晓武：《土地估价与地价管理》，载《国土资源》2002（3）。

涉及各个方面。在管理层面，主要有"土地管理法"、"平均地权条例"、"平均地权条例实施细则"、"不动产估价师法"、"不动产估价师法实施细则"、"地价评议委员会及标准地价评议委员会组织规程"等；在技术层面，则有规范官方估价的"地价调查估计规则"、"土地建筑改良物估价规则"和规范民间估价的"不动产估价技术规则"等。其中，"不动产估价师法"是最新出台的法规，包括总则、登记及开业、业务及责任、公会、奖惩和附则等六章46条，是台湾地区不动产估价行业运行和管理的依据。

(四)台湾土地归属制度

台湾土地分为"公有土地"和"私有土地"两种。台湾当局的"土地法"第四条规定，本法所称公有土地，为"国有土地"、直辖市市有土地、县(市)有土地或乡(镇、市)有土地。公有土地又可分为公用地和非公用地。公用土地可分为：(1)公务用土地，指各机关、部队、学校、办公作业及宿舍使用的"国有土地"；(2)公共用土地，指"国家"直接供公共用的土地；(3)事业用土地，指"国营"事业单位使用的土地。非公用土地指公用土地外可供收益处分的"国有土地"。个人可以依法取得土地所有权，称为私有土地。目前，台湾农村90%的农户均拥有自己的土地。台湾土地制度实际上是以土地私有为主的一种制度，但为了防止土地垄断，也为了使沿海地区在管理上更加统一，台湾地区"土地法"规定，"海岸一定限度内的土地，不得为私有"，并对私人拥有的土地数量等给予一定的限制。因为沿海土地有多样性、复杂性和敏感性等许多不同于内陆土地的特点，需要统一布局，即使在台湾这样一个以私有制为主的地区，也规定一定范围的土地禁止私有。

由于河流入海的自然淤积，有些地区沿海土地的面积会有所增加，对这部分土地的归属问题，台湾当局的"土地法"第十三条明确规定，湖泽及可通运之水道及岸地，如因水流变迁而自然增加时，其连接地之所有人，优先依法取得其所有权或使用权。即台湾对该部分土地的所有权和使用权由连接地的所有人依法优先取得。但是台湾地区规定沿岸一定范围的土地不得私有，所以原则上以人工方式围海造田所形成的土地属于"国有"。

(五)台湾土地使用制度

台湾对土地的使用是通过一系列的用益物权制度组合而成的，包括地上权、地役权、永佃权和典权。因土地所有权分为公有与私有，在此基础上的使用权也可划分为公有土地使用权和私有土地使用权。但由于台湾的"土地法"规定"海岸一定限度内之土地不得为私有"，故沿海土地使用权以公有土地使用权为主。

在台湾,公有土地可以划拨,但对象必须是公用土地,此外土地都应有偿取得。该规定有利于加强对土地的保护,因为通过有偿的方式设定土地使用权,可以从经济上激发人们合理利用土地的自觉性,使当事人更为珍惜所取得的土地,有利于提高土地的利用效率。另外,对公有土地使用权,除当局可采用划拨、借用等方式取得外,私人也可以租用或以设立地上权的方式取得。

由于历史原因,台湾承袭了德国与日本的法律传统,很多规定继受于这两个国家。对于土地上的用益物权而言,除典权是中国历史上特有的法律制度外,地上权、地役权的规定,与德国相似,永佃权的规定则取自日本。

台湾地区现行"民法"第八百四十二至八百五十条规定了永佃权制度。根据第八百四十二条的规定,永佃权,是指支付佃租,永久在他人土地上为耕作或牧畜之权。台湾岛上农地占有一定比重,永佃权制度对于土地的开垦,曾发挥过作用。但随着台湾土地制度的改革,永佃权已逐渐消失。根据台湾土地登记实务上的统计资料,多年来已无设定永佃权的登记案件。在台湾地区"民法修正草案"的物权编中,删除了永佃权,增设了农用权。[①] 随着"民法修正草案"的生效,台湾将正式废除永佃权制度,这与世界发展趋势相一致。

在地上权制度中,台湾地区"民法"对地上权消灭时双方当事人的权利义务的规定,具有一定特色,在此单独加以介绍。台湾地区"民法"规定,地上权消灭时,地上权人可以取回其工作物及竹木,但应恢复土地原状。土地所有人以时价购买其工作物,或竹木者,地上权人不得拒绝。[②] 地上权人之工作物为建筑物者,如地上权因存续期间届满而消灭,土地所有人,应按该建筑物之时价为补偿。但契约另有订定者,从其订定。土地所有人,于地上权存续期间届满前,得请求地上权人,于建筑物可得使用之期限内,延长地上权之期间,地上权人拒绝延长者,不得请求前项之补偿。[③] 这种规定比较详细而公平地规定了地上权消灭时,土地所有人与使用人之间的利益关系,值得借鉴。

(六)台湾土地征用制度

当出于公共利益需要时,当局也可以征用私人土地,征用后按照如下规定给予补偿:

1. 补偿内容

土地征用的补偿包括土地征用费和土地赔偿费。土地征用费即所征用土地的价值,土地赔偿费即因征用造成的经济及其他损失的补偿。台湾的土地

---

① 王泽鉴:《民法概论》,中国政法大学出版社 2003 年版,第 539~540 页。
② 参见,台湾"民法"第八百三十九条。
③ 同②注,第八百四十条。

征用补偿分为：被征收土地的地价补偿；土地改良物与土地一并征收时，对改良物的补偿；被征收土地的改良物由所有权人自行迁移的，对改良物的迁移费补偿；对因征收土地使相邻地受到损失而给予的损失补偿。

2. 补偿标准

土地征用中地价补偿标准的合理与否，关系到土地征用能否顺利实施。台湾土地征收，多以低于市价之公告土地现值为地价补偿基础，而且补偿标准不统一，以致引起公众抗争，造成取得土地困难。

台湾地区现行的土地征收补偿规定不统一，分散规定于"土地法"（第二百三十九、二百四十条）和"土地施行法"、"平均地权条例"（第十条）、"都市计划法"（第四十九条）、"国民住宅条例"（第十条）、"促进产业升级条例"（第五十六条）、"科学工业园区设置管理条例"（第十一条）、"加工出口区设置条例"（第十一条）、"实施耕者有其田条例"（第十四条，该条例现已废止）等。以往政府办理征收时，补偿价格按公告土地现值加四成计算，而公告现值又没有标准，往往公告现值低于市价，侵犯了被征收人的经济利益，从而使毗邻的建设用地获得土地增值利益，涨价归公政策落空，并且违反了社会公平正义。

对此问题，台湾当局正积极设法解决。有关部门已研议完成"土地征收条例"草案初稿，拟统一各个"法律"中规定的九种不同土地征收地价补偿标准，以"合理价格"或以市价征收土地。"条例"草案规定，土地征收补偿价格，不再受"加成不超过公告现值四成"的限制，征收补偿标准由地价评议委员会评定，不受"都市计划法"加成不超过百分之四十的限制。"条例"草案同时对征收程序、征收补偿、区段征收、撤销征收等问题做出了明确规定。[①]

四、台湾海岛环境保护制度

（一）台湾海岛的环境现状

台湾地区经济的快速发展，带来了严重的环境污染与生态破坏。由于环境品质不佳，台湾被称为"富裕中的贫困地区"。[②] 世界各国主要存在两类环境问题：生态破坏与环境污染，而台湾省是一个新兴的工业化地区．这两类问题兼而有之，并且比较严重。

1. 土地污染问题

[①] 国土资源部土地征用制度改革调研课题组：《台湾香港土地征用制度比较》，载《中国国土资源报》2001-07-20(3)。

[②] 张茂法：《论台湾环境与社会经济的协调发展》，载《华侨大学学报（哲学社会科学版）》1995(4)。

台湾的土地污染和农业生态的破坏已到了非常严重的程度。台湾某议员曾撰文指出,台湾土壤中重金属镉、铬、铝、锌等含量日增;灌溉水质污染面积大约478平方千米。台湾90％的大河受大量重金属、有机溶液、农药、PCB等污染。因此,在20世纪90年代初,台湾环保部门曾做出一个令人忧虑的预估:"20年之后,台湾地区将无可耕种的农地。"①

2. 湿地减少海岸侵蚀问题

台湾的沿海湿地,几乎全部面临开发的厄运,开发商试图将沿海湿地全面变成工业区、住宅区,毫不顾忌台湾已经出现的地层下陷和渔业面临崩溃的危机。虽然早在1983年台湾已有学者引入"湿地"这个观念,台湾当局也曾下达过行政命令,要求妥善保护台湾沿海的沙丘、湿地、红树林,可惜未被各级地方政府认真执行过,人们也未能了解湿地的意义与重要性,以致台湾在过去数十年中,沿海地区的重要湿地几乎全部被作为开发之用,面临全盘消失的厄运。②

另外,台湾地区还出现了海岸侵蚀退缩的现象。对此,专家归因于沿海土地密集开发利用,过度抽取地下水,补充沙源减少,再加上温室效应,地球两极的冰山逐渐消融,海水上涨,使沿海地区出现严重的地面下陷、海岸侵蚀、海岸线后退等现象。

3. 大气污染问题

据台湾环保部门提供的资料显示,台湾的机动车辆和工厂企业每天排放出大量的废气,如二氧化硫、碳氢化合物等,远远超过空气负荷程度,而且,有些方面还有恶化趋势。据一项调查显示,岛内降雨有一半是酸雨,其中污染最严重的台北市,85％的降水都是酸雨,这说明台湾的大气污染情形已相当严重。

4. 水污染与地层下陷问题

由于经济快速增长,台湾工业发展造成的环境污染日益严重,其中以水污染最受各界关注。根据调查资料,在50条主要河川中,其下游河段未受污染者仅有15条,轻度污染者9条,中度污染者9条,严重污染者17条;另有资料显示,台湾已有70％以上的河川受到不同程度的污染,其中35％受严重污染。

2002年底由台湾"科学委员会"公布的一份名为《永续台湾的远景与策略白皮书》表明,部分河川污染比例已高达90％,而且,沿海地区由于大量使用地下水,造成地层下陷,下陷面积已达865平方千米,进而引发土壤盐碱化、海

---

① 张茂法:《论台湾环境与社会经济的协调发展》,载《华侨大学学报(哲学社会科学版)》1995(4),第27页。

② 樊静:《海峡两岸沿海土地制度比较研究》,载《法学论坛》2004(1)。

水倒灌等问题,造成十分严重的土地资源流失。①

另外,按目前情况,到 2010 年台湾未妥善处理的垃圾将超过 4 亿吨,相当于台湾每平方千米必须容纳 1.1 万吨垃圾,使台湾成为"垃圾岛"。相关人士认为,被破坏的环境难以弥补,时下的台湾正愈来愈走向"不永续"。②

(二)台湾采取的对策措施

面对恶劣的环境状况与严峻的环境形势,为求得环境与经济的协调和持续发展,台湾当局颁布了一些环境保护方面的"法律",并采取了一些相关的对策和措施。

1. 加强对废弃物的处理

对废弃物处理的"法律"依据主要是台湾的"废弃物处理法"。该法于 1974 年制定,经多次修订,最近一次修订为 2001 年 10 月 24 日,并已制定相关细则及实施办法。依据"废弃物清理法",废弃物可分成一般废弃物和事业废弃物两种,一般废弃物大部分指家庭垃圾。1986 年,台湾科技会议将垃圾焚化炉处理列为中长程垃圾处理方法,计划安排兴建垃圾焚化炉 21 座,至 1998 年已完工 6 座,施工 13 座,规划设计 2 座。"环保署"于 1996 又制定了"鼓励民营机构兴建营运垃圾焚化厂推动方案",目前已核定 8 处兴建民营焚化炉。③

2. 防治酸雨

台湾 1997 年的硫氧化物和氮氧化物排放量分别为 35.7 万吨和 39 万吨,酸雨最严重季节为春季。对这一问题,台湾当局实施的主要管制措施,是持续降低油品含硫量,由 1986 年的 2% 降至 10 年后的 1%,至 1996 年台北高雄的城市又降至 0.5%,1999 年 7 月将柴油含硫量降至 0.05%;推动征收空气污染费,依据硫氧化物和氮氧化物排放量征收企业费用;提高排放标准。④

3. 保护海岸生态环境与资源

自上世纪 80 年代起,台湾当局陆续实施了"保护台湾沿海地区天然景观及生态资源措施"、"台湾地区自然生态保育方案"、"台湾海岸土地测量 5 年计划"等,以期保护沿海生态环境。

为缓和海岸地区资源与环境日益恶化的趋势,台湾地区提出了短期目标和长期目标。短期目标是在"现阶段环境保护政策纲领"的指导下,以区域计

---

① 王忠:《台湾面临严重环境危机》,载《台港澳世界新闻报》2002-12-16(10)。
② 同①注。
③ 参见:"台湾环境保护"http://www.sdinfo.net.cn/hjinfo/hjinfo/taiwan9—8hb.html
④ 同③注。

划作为海岸土地使用的规范,并配合"台湾沿海地区自然环境保护计划"与"环境影响评估准则"以保护环境敏感地区的资源与环境。长期目标包括以下内容:首先,在高层次上,由各部门共同组成一个科技整合的任务小组(task force),研拟海岸管理政策,并付诸立法,以期能够妥善地利用海洋资源及河口、湿地与海岸地带的陆地资源。对于海岸土地的使用,必须以保护其自然生态系为首要条件,其利益必须能为人们所共享;其次,在地方成立"区域海岸管理委员会",一方面上承海岸管理政策的指导,一方面与"地方政府"充分合作,共同研拟"区域海岸管理计划";最后,从速研究制定"海岸地区管理专法",统合海岸地带现行相关法令规章,并对公众的权利义务加以规范,以有效地管理海岸土地资源。①

4. 合理监管土地开发与土石采取

2000年前后,台湾接连不断地发生自然灾害,造成重大人员、财产损失,而其中相当一部分损失是由于多年来不顾地质条件、不负责任地进行土地开发造成的。

台湾地区地质构造复杂,工程建设多未充分考虑环境地质,加上施工不当,使许多地段处于地质脆弱状态。遇到频繁而来的地震、台风、暴雨等自然灾害,山洪、滑坡、泥石流、地层下陷等自然也会频繁发生,并造成公众生命财产的重大损失。针对这种情况,台湾当局于2001年9月22日拟定了一部"地质法"草案,明确了一套对土地开发和地质调查的更严格的管理程序。其中规定,进行土地开发时,土地开发申请人应于申请时提出开发区域地质调查及地质安全评估报告,交主管机关审查。对经评估有发生地质灾害危险的地区,限制其开发;可以进行有限度的开发的地区,要提出并采取有效的防护措施。各项地质调查必须委托专业团体办理,各项地质调查报告及地质安全评估报告应由地质、建设方面的专家、学者组成审查机构予以审查,经审查认定为不应开发者,不得发放土地开发许可证。此外,主管机关须将有发生地质灾害危险的地区,公告为地质敏感区。地质敏感区不得进行开发,主管机关必要时可会同执法部门对违规者采取强制措施。主管机关为防治地质灾害,须设置地质观测设施,进行必要的监测及研究。

台湾当局还拟定了"土石采取法"草案,明确规定土石采取要取得许可证,河川水域土石采取许可期最长为3年;陆上、滨海、海域采取期最长为10年。各采取场土石外运时,负责人应开具出货三联单随车备查。未经许可采取土

---

① 樊静:《海峡两岸沿海土地制度比较研究》,载《法学论坛》2004(1)。

石者,最高可处100万元新台币(约25万元人民币)的罚款。凡因主管机关检查不合格而遭停工处分的企业,如果不停止其采取作业,将处新台币8万元(约2万元人民币)以上80万元以下(约20万元人民币)罚款。①

5. 建立自然资源保护区

台湾地区以自然保育为目的所划设的保护区,可区分为自然保留区、野生动物保护区及野生动物重要栖息环境、"国家"公园、"国有"林自然保护区等4类型。自然保留区目前有19处,系"农委会"依"文化资产保存法"所划定并公告,总面积约0.064万平方千米,占台湾面积的1.8%;野生动物保护区及野生动物重要栖息环境系依"野生动物保育法"由"农委会"或各县市政府所划定并公告,目前野生动物保护区有16处、野生动物重要栖息环境有30处,总保护面积达0.298万平方千米,占台湾面积的8.28%;"国家"公园目前有6处,系"内政部"依"国家公园法"所划定并公告,总面积约0.322万平方千米,约占台湾面积的10.7%;"国有"林自然保护区目前有9处,系"农委会林务局"依"森林法"经营管理"国有"林之需要及台湾省"国有林自然保护区设置管理办法"而划设,总面积约0.021万平方千米。总计各类型保护区总面积约为0.705万平方千米(已扣除范围重复部分),约占台湾陆域面积的19.5%。②

自然保护区除大型公园外,大部分位于林地、公有地上,经营管理工作原为土地管理部门的职责,由于专业技术及管理人员缺乏,使自然保护区经营管理无法推进。台湾地区现行的对策是,依据有关法规划定保护区,保护区的选定和规划应符合保育生物学原则,划定面积需适当;保护区划定前,协调地方社区及公众有关机关意见;进行开发行为环境影响评估审查,开发后亦需不断追踪监察及考核,有效维护环境质量;保护区与周边地区整合于土地利用规划中;建立保护区经营管理模式;进行保护区资源监测与保育技术研究;主管机关协调土地所有人、占有人、管理者,共同建立永续经营管理的方式。

第四节 对健全国家海岛法律制度的借鉴

我国香港、澳门、台湾三个地区的海岛土地资源管理与利用制度以及生态

---

① 宗和:《天灾之下有人祸胡乱开发危险大台湾出台"地质法"监管土地开发》,载《法制日报》2001-09-29(8)。

② 参见:"台湾地区自然保护区域设置概况",http://wagner.zo.ntu.edu.tw/preserve/habitat/ha1.htm

环境保护制度,有共同之处①,也各具特色。一些先进合理的规定,值得我们认真研究并学习借鉴,而对于已经产生负面效果的政策或行为,我们应从中吸取教训,引以为戒。

一、实行海岛土地资源有偿使用

香港和澳门行政区的海岛土地资源,除法律有特殊规定之外,所有权属于国家,特区政府将土地两权分离,即将所有权与使用权分开处理,保留所有权而仅出让使用权,这一点与内地的海岛权属状况相似。香港出让土地使用权坚持有偿、有期、有条件,提高了土地的利用效率,这种做法值得我们学习。内地虽在1986年颁布的《中华人民共和国土地管理法》中规定,国家依法实行土地有偿使用制度,目前这一规定对海岛上的土地资源也可适用,但由于现行法规不完善以及缺乏可操作性,不少地方政府从地方利益出发,乱批乱用、未批先用、不批也用,造成海岛开发管理秩序比较混乱,侵占国家或集体所有的海岛土地资源的事件时有发生。我们应该借鉴香港和澳门的做法,对于批准使用海岛的程序、权限、海岛有偿使用的范围和方式做出具体的规范,从制度上杜绝随意使用海岛的现象发生,维护国家和集体的权益。

二、严格执行海岛利用规划

香港和台湾地区都很重视海岛土地的规划和合理利用,在规划制定过程中就重视公众参与,力求制定科学合理的土地规划,而规划一旦制定,在实践中就严格实施,特别是香港政府一经查实有故意拖延、延误或未按规划规定使用土地的行为,将给予严厉的处罚。我们可以借鉴香港特区和台湾地区的经验,建立海岛利用规划制度,确保政府对海岛实施规范化管理。

三、加强对海岛使用的监督

对于土地使用,包括海岛土地使用的监督,香港的规定很值得称道。香港不但批地时规定一定的限制条件,对批出的土地以及闲置的土地也都进行严格的监督管理,派人检查土地的开发利用情况,发现问题,及时进行处理。

另外,澳门的规定也颇具特色,澳门政府在以租借方式批给土地时,首先是临时性批给,通常期限不超过5年,只有承租人在期限内进行了规定的最低

---

① 这三个地区经济都比较发达,人口密度比较大,土地资源紧张,因此都注重对土地资源的管理,主要都实行土地的有偿使用制度,笔者注。

限度的利用,该地块才可以转为确定性批租。

健全国家海岛法律制度可以参考香港和澳门的上述规定,在审批海岛使用权时,也可以先给予临时性使用许可,在临时许可期限内,使用人对海岛的开发和保护符合规定的,再给予正式许可。另外,将海岛使用权出让之后,还要对海岛的使用状况进行严格的检查监督,及时发现海岛使用权人违反海岛出让合同或相关法律规定的行为,对违法行为迅速制止并进行处理,确保海岛得到适当的开发与保护。

四、保护海岛的生态环境

我国香港、澳门和台湾,由于经济发展迅速,人口密集,对土地需求量很大,在现有的土地资源难以满足需要的情况下,都求助于围海造田,力图通过这种方式缓解土地供求之间的矛盾。但是,正如前面所论述,大规模填海会带来一系列生态环境问题,香港政府迫于公众压力,已暂停预定的填海工程。香港的做法可作为内地的前车之鉴,我们应严格限制围海造田的行为,以避免发生无法逆转的生态环境的破坏。

保护环境与发展经济是对立统一的,两者既相互依存,又相互制约,能否处理好两者的关系,是海岛能否获得可持续发展的关键性问题。在对这一问题的处理上,香港和澳门采取的措施可资借鉴。

香港和澳门都是人口密度极高的地区,其地价用"寸土寸金"来形容并不为过。在土地资源如此紧张的两个城市,虽然进行大规模填海带来一些生态环境问题,但香港和澳门政府设立自然保育区的措施却产生了良好的生态效益以及社会效益,同时也带来了经济效益。

香港政府将土地的40%划为郊野公园和具特殊价值地区,明令禁止发展,加以特殊保护,这一措施使得香港保有了天然的地貌以及丰富的生物多样性。澳门也很重视生态与环境的保护,绿化区在总面积中所占的比例处于较高水平,而在氹仔、路环两个海岛上有大面积的山林绿化带。[1] 另外,澳门的许多公园也都保持了原生态的自然环境,没有遭到人为的破坏。澳门人口40多万,每年接待的游客数量高达800多万,几乎是本岛居民的20倍,其中优美的自然生态环境也是吸引游客的重要因素之一。[2]

相比之下,台湾的环境状况颇不尽如人意。虽然也以自然保育为目的建

---

[1] 吴北明:《澳门环境状况》,载《环境教育》1999(4)。
[2] 刘雪:《感受澳门生态环境》,载《当代亚太》2000(4)。

立了保护区，但各类型保护区总面积只占台湾陆域面积的 19.5%，与香港相比，还有较大差距。而且台湾的大气污染、固体废弃物污染以及水污染的问题都比较严重，地层下陷，海岸侵蚀，整个岛屿的环境综合状况不佳。战后近 60 年来，台湾的经济迅速增长，社会生产力获得巨大发展，但由于实施的是一条高投入、高消耗的发展模式，伴随经济发展而来的环境问题日益严重。实践证明，以牺牲环境为代价，可以求得经济的暂时繁荣，但最终必然引起资源枯竭，环境污染难以逆转，无法取得经济的可持续发展。

从香港、澳门和台湾地区的海岛生态环境保护的实践中，我们应吸取教训，学习经验，正确处理开发利用与生态环境保护的关系。海岛经济的可持续发展，必须有环境资源的稳定支持和环境承受力的可靠保证，因此要在开发中保护环境，在保护环境中促进开发，实现两者的良性循环，最终实现海岛的可持续发展。

附录 国外海岛法规选录

一、日本

(一)日本孤岛振兴法

(目的)

第一条 本法的制定是针对由于远离本土而与世隔绝的孤岛的特殊情况,为消除其落后状态,改善基础条件及振兴其产业而采取的对策。这是以迅速和强有力的措施实施基础事业,培养和增强经济实力,提高岛民的生活水平,及有助于国民经济的发展为目的。

(指定)

第二条 为了实现第一条的目的,内阁总理大臣在听取国土审议会的意见后,需要把孤岛地区的全部或一部分划定为孤岛振兴对策实施区域。

内阁总理大臣按照前款的规定,在进行具体的划定时必须进行公示。

(孤岛振兴计划的形成)

第三条 按照前条的规定,当被指定为孤岛振兴对策实施地域后,有关都道府县知事必须制定该地区的孤岛振兴计划,并把该计划报告内阁总理大臣。

前款的孤岛振兴计划,对于相关地区应根据国土综合开发法,与已有的综合开发计划进行相关的协调。

(孤岛振兴计划的内容)

第四条 前条的孤岛振兴计划包括以下各项内容:

(1)为了确保本土和孤岛、孤岛和孤岛以及孤岛内的交通,必须进行海陆空、港湾、道路、机场及通讯设施的整治。

(2)为了促进资源的开发和产业的振兴,必须进行鱼港、林地、农地和电力设施等的整治。

(3)为了防止水灾、风灾以及其他灾害,必须进行国土保全设施等的整治。

(4)为了提高住民的福利水平,必须进行教育、保健及文化等各种设施的整治以及医疗条件的建设。

(孤岛振兴计划的设定)

第五条 内阁总理大臣根据第三条第一款规定的报告,在听取国土审议会的意见后,确定孤岛振兴计划。

内阁总理大臣在确定前项孤岛振兴计划的时候,通知与此有关的都道府县知事。

第六条 为了实施孤岛振兴计划,内阁总理大臣每年度必须制定必要的事业计划。

内阁总理大臣根据前项的规定制定事业计划的时候,必须预先听取有关都道府县的意见。

(事业实施)

第七条 根据前条第一款事业计划的内容,可根据本法规定以外的有关该事业的相关法律(包括与此有关的命令)的规定。作为国家、地方公共团体以及其他人员进行实施的依据。

(经费预算)

第八条 国家对于第五条第一款的的孤岛振兴计划的实施经费,每年度在国家财政允许的范围内,必须列入相应的预算计划。

(特别措施)

第九条 国家对于实施第五条第一款的孤岛振兴计划事业的地方公共团体以及其他人员,给予必要的资金融通或者斡旋,以及其他必要的措施。

关于第五条第一款的孤岛振兴计划的事业所需费用,国家负担以及补助的比例,不仅有以下各个法律的规定,详见附表。《港湾法》(1950年法律第218号)第四十二条第一款及第三款(包括准用该法第五十二条第二款),该法第四十三条第二项及第三项,该法第五十二条第三款第二项;《鱼港法》(1950年法律第137号)第二十条第二款及第三款;《道路法》(1952法律第180号)第五十六条;《空港整治法》(1956年法律第80号)第六条第一款,该法第八条第一款及第四款,该法第九条第一款及第三款;义务教育诸学校设施费国库负担法(1958年法律第81号)第三条第一款;《儿童福利法》(1947年法律第164号)第五十二条以及《消防设施强化促进法》(1953年法律第87号)第四条第一款的规定(包括根据这些法律命令的规定)。

在执行前款的规定时,关于《地方交付税法》(1950年法律第210号)第十条规定的不接受普通交税的地方公共团体,可按另表的规定减少国库的负担比例和补助比例。但是,不可以降低该项法律规定的国库负担比例和补助比例。

关于孤岛振兴对策实施地域的灾害恢复事业,根据《公共土木设施灾害恢复事业费国库负担法》(1951年法律第97号)第三条的规定,对于地方公共团体,当国家负担其一部分费用的,这时的灾害恢复事业费的国家负担比例为,根据本法的第四条的规定,当结算率不满五分之四的时候,就按本法该条的规定为五分之四计;根据《公立学校设施灾害恢复费国库负担法》(1953年法律第247号)第三条的规定,当国家负担其部分经费的时候,对于该公立学校设施的灾害恢复所需经费,国家的经费负担率可按本法该条的规定为五分之四计。

国家根据政令的有关规定,根据第五条第一款的孤岛振兴计划,对于进行以下各项事业的地方公共团体,按照事业所需费用的三分之二进行补助。

(1)公立小学或者中学以及公立的盲人学校或者聋人学校的小学部或者中学部工作的教员和职工的住宅的建筑(包括购买比照购买的方法取得的)。

(2)设在公立小学和中学的供体育、音乐等学校教育及社会教育用的设施。

国家根据第五条第一款的孤岛振兴计划,对于供简易水道用的水道设施进行新设或增设的地方公共团体,在预算的范围内,按照政令的规定,可以按照新设或增设的所需费用的二分之一以内进行补助。

政府对于附表所列费用以外的费用,按照国家规定补助比例和对象有政令时,比照第二款的规定可把该政令作为特例处理。

(医疗的确保)

第九条之二 都道府县知事为了确保孤岛振兴对策实施地域的医疗,根据第五条第一款的孤岛振兴计划,必须按照以下各项内容进行实施。

(1)诊疗所的设置;

(2)患者运送车(包含患者运送艇)的整治;

(3)定期巡回诊疗;

(4)由护士进行保健指导等活动;

(5)公共医疗机关的医疗体制的整顿;

(6)必须确保其他无医地区的医疗事业。

都道府县知事在实施前款规定的事业的时候,当认为必要的时候,对于病院及诊所的开设者或管理者可按以下各项提出协助请求。

(1)派遣医师或者牙科医师;

(2) 用巡回诊疗车 (包括巡回诊疗艇) 进行巡回诊疗。

国家和都道府县必须努力确保孤岛振兴对策实施地域内的无医地区的医疗 (包括向该医疗诊所派遣医师及牙科医师对医院的协助)。

都道府县负担按照第一款及第二款规定的实施事业的费用。

国家对于前项费用中的第一款第一项到第四项的事业及第二款规定的事业, 按政令的规定补助二分之一。

(国土审议会)

第十条 国土审议会调查审议有关孤岛振兴的重要事项。

国土审议会根据前项的规定可以向有关机关负责人提出意见。

第十一条 删除

(政令的委任)

第十二条 为了实施此法的手续及其他事项, 使用政令进行规定。

附 则:

(1) 本法从公布之日起施行。

(2) 本法有效期截止到 1993 年 3 月 31 日。

(3) 关于第九条第五款及附表规定的 1986 年度适用情况, 在该款中"三分之二"为"十分之五点五", 该表 (一) 中"十分之九点五"为"十分之八 (国家为十分之八点五)", 以及"十分之七点五"为"十分之六 (国家为三分之二)"; 该表二中"百分之九十五"为"百分之八十 (水产业协同组合为百分之九十五)"; "百分之七十五"为"百分之六十 (水产业协同组合为百分之七十五)"; "百分之八十"为"三分之二 (水产业协同组合为百分之八十)"; 该表 (三) 中"四分之三"为"十分之六"; 该表 (四) 中"百分之九十"为"百分之七十五 (国家为百分之八十)"; 该表 (五) 到表 (七) 中规定的"三分之二"为"十分之五点五"。

(4) 关于第九条第五款及附表的规定, 从 1987 年度到 1990 年度之间各年度的适用情况。该款中"三分之二"为"十分之五点五"; 该表 (一) 中的特定重要港湾以外的重要港湾款项以及地方港湾的款项中"十分之九点五"为"十分之七点七五 (国家为十分之八)"; "十分之七点五"为"十分之五点七五 (国家为十分之六)"; 该表 (一) 中的避难港的款项中"十分之九点五"为"十分之八 (国家为十分之八点五)"; "十分之七点五"为"十分之六 (国家为三分之二)"; 该表 (二) 中"百分之九十五"为"百分之八十 (水产业协同组合为""百分之九十五)"; "百分之七十五"为"百分之五十七点五 (水产业协同组合为百分之七十五)"; "百分之八十"为"三分之二 (水产业协同组合为百分之八十)"; 该表 (三) 中"四分之三"为"十分之五点七"; 该表 (四) 中"百分之九十"为"百分十七十五

(国家为百分之八十)"；该表(五)到表(七)的规定中"三分之二"为"十分之五点五"。

注：该法的修订情况

(1)1954年5月20日法律第118号,此法从公布之日起施行。即从1953年7月22日适用。

(2)1955年7月20日法律第74号,该修订法从公布之日起施行。

(3)1956年3月31日法律第52号,该修订法从1956年4月1日起施行。

(4)1956年4月20日法律第80号,该修订法从公布之日起施行。

(5)1957年5月1日法律第88号,该修订法从公布之日起实施。适用于公布日以后实施的灾害恢复事业。

(6)1957年6月1日法律第159号,该修订法于1957年8月1日起实施。

(7)1961年5月29日法律第97号,该修订法从公布之日起实施。

(8)1962年3月2日法律第6号,该修订法从公布之日起实施。

(9)1967年7月22日法律第76号,该修订法从公布之日起实施。根据本法改正后的第九条第二款、第四款及第五款的规定,适用于1968年度预算的国家负担金或补助金。关于1967年度预算的国家负担金或补助金滚入下一年度,还要按照以前的例子进行。

(10)1972年5月13日法律第32号：关于施行日期：1)该修订法从公布之日起实施,适用于修改后的为开发北海道的港湾工程的有关法律第二条第一款的规定；根据附则第三款的规定修改后的孤岛振兴法(1953年法律第72号)附表(一)的规定及附则第四款的规定,修改后的特定港湾设施整治特别措施法(1959年法律第67号)第四条第一款的规定。1972年度预算的国家负担金(滚入1972年度的1971年度预算的国家负担金除外)以及国家负担的港湾工程费用港湾管理者的负担金。2)根据修改前的为开发北海道的有关港湾工程的法律第二条第一款的规定,作为国家全额负担的港湾工程费用的负担金,对于1971年度的预算(包括滚入1972年以后的)国家负担的比例仍按照以前的例子执行。

(11)1972年6月1日法律第46号：1)该修订法从1973年4月1日起实施。但是第十一条及附则第二款的修正规定从公布之日起施行。2)本法根据修改前的第九条第六款以及附表的规定,国家的补助或负担的补助金,按照负担金的预算(包括滚入1973年以后的)国家的补助比例或负担比例都按前例执行。

(12)1973年7月17日法律第54号,该修订法从公布之日起施行。

(13)1977年6月23日法律第73号,该修订法从公布之日起实施。

(14)1978年5月23日法律第55号,该修订法从公布之日起施行。

(15)1978年7月5日法律第87号,该修订法从公布之日起施行。

(16)1982年5月7日法律第42号,该修订法从公布之日起施行。

(17)1985年5月18日法律第37号,该修订法从公布之日起施行。

(18)1986年5月8日法律第46号,该修订法从公布之日起施行。

(19)1986年12月26日法律第109号,该修订法从公布之日起施行,但以下各项按规定时间施行。

(20)1987年3月31日法律第12号,该修订法从1987年4月1日施行。

根据本法进行修改后的水源地域对策特别措施法和孤岛振兴法的规定,1987年度和1988年度的预算由国家负担(这个国家负担包括都道府县和市街村的负担,以下相同)或补助(根据1986年以前的年度国库债务负担行为,1987年以后的年度应该支出的国家负担和补助除外)。根据1987年度和1988年度的国库债务负担行为,1989年度以后应支出国家负担和补助以及1987年度和1988年度的年初预算的国库负担和补助,都滚入1989年度以后的年度。根据1986年以前年度的国库债务负担行为,1987年以后的应支出国家负担和补助以及1986年度以前的年初预算的国家负担和补助都滚入1987年以后的年度,还可按照前例执行。

按照本法修改后的法律1989年度和1990年度的特例规定,1989年和1990年(1990年的特例都称为1990年度,此款中相同)的预算国家负担(国家负担的包括都道府县和市街村的负担,本款和下款相同)和补助(按照1988年以前的年度事务和事业的实施,根据1989年以后年度支出的国家负担及1988年以前的年度国库债务负担行为,1989年度以后应支出的国家负担和补助除外)以及1989年和1990年的事务及事业的实施,依据1991年度(1989年度和1990年度为特例,以下同)以后的年度支出由国家负担。根据1989年和1990年度的国库债务负担行为,适用于1991年度以后应支出的国家负担和补助。1989年和1990年度的年初预算的国家负担和补助,可以滚入1991年以后的年度。按照1988年以前的年度事务和事业的实施,1989年以后年度支出的国家负担,根据1988年以前的年度国库债务负担行为,1989年以后的年度支出应由国家负担和补助,1988年以前的年初预算的国家负担和补助可以滚入1989年以后的年度,还可按照前例执行。

附 表

(一)关于港湾法规的费用

包括以下各项:《港湾法》第四十二条第一款和第三款(包括第五十二条第二款准用时);第四十三条第二项和第三项及第五十二条第三款第二项。

港湾的区分	事业的区分	事业的主体	国库负担比例和补助比例
特定重要港湾以外的重要港湾	水域设施或外围设施的建设和改良(仅限于重要工程)系流设施和临港交通设施的的建设或改良	港湾管理者或国家	十分之九点五 十分之七点五
避难港	水域设施或外围设施的修筑系流设施的修筑	港湾管理者或国家	十分之九点五 十分之七点五
地方港湾	水域设施和外围设施的建设和改良系流设施和临港交通设施的建设和改良	港湾管理者(北海道的港湾管理者或国家)	十分之九点五 十分之七点五

(二)《渔港法》第二十条第二款及第三款的规定费用

港湾的区分	事业的区分	事业的主体	国库负担比例和补助比例
第一种渔港 第二种渔港 第三种渔港	水域设施或外围设施的修筑系流设施的修筑	国家以外者	百分之九十五 百分之七十五
第四种渔港	水域设施或外围设施的修筑系流设施的修筑	国家以外者	百分之九十五 百分之八十

(三)《道路法》第五十六条规定的费用

道路的区分	事业的区分	事业的主体	国库的补助比例
建设大臣指定主要都道府县或市道	新设及改筑	道路管理者	四分之三
资源的开发，产业的振兴，观光及其必须特别整治道路	新设及改筑	道路管理者	四分之三

(四)《空港整治法》第六条第一款、第八条第一款及第四款和第九条第一款及第三款规定的费用

空港的区分	事业的区分	事业的主体	国库负担比例或补助比例
第二种空港 第三种空港	滑行路、着陆带、引导路、排水设施、照明、护岸、道路、汽车场、桥梁、机场用地整治	国家或地方公共团体	百分之九十

(五)《义务教育设施诸学校设施费国库负担法》第三条第一款规定的经费

学校的区分	事业的区分	事业的主体	国库的负担比例
公立小学 公立中学	为解决教室的不足新建或增筑（包括购买等允许的方法，以下同）室内运动场的新建或增筑等适当规模的综合校舍的新建和增筑	地方公共团体	三分之二
公立盲校 公立聋校	危房改建（包括购买等允许的方法获得的）	地方公共团体	三分之二

(续表)

学校的区分	事业的区分	事业的主体	国库的负担比例
公立义务教育诸校	危房的改建(包括购买等允许的方法获得的)	地方公共团体	三分之二

(六)《儿童福利法》第五十条第十项及第五十一条第二项规定的费用

儿童福利设施的区分	事业的区分	事业的主体	国库的负担比例
保育院	设备的新增、修理、改建、扩张或者整治	地方公共团体	二分之一到三分之二

(七)《强化消防设施处进法》第二条规定的费用

消防设施的区分	事业的区分	事业的主体	国库的补助比例
消防用的工具和设备	购入或者设置	市街村	三分之二

(二)日本孤岛振兴法施行令

(孤岛振兴法第九条第五款第一项事业所需费用的范围和计算基准)

第一条 根据孤岛振兴法(以下使用简称:法)第九条第五款的规定,在进行补助时的该款第一项的事业所需费用的范围。该项的住宅建筑(包括购买的允许方法取得的,以下相同)的工程费及附带工程费(当采用购买等允许的方法取得的购买费作为工程费),以及事务费。

前款的工程费,参考在该项工程建筑时的建筑费,按照文部大臣和大藏大臣协议确定的每平方米的单价(购买或其他准许方法取得的时候作为购买单价,以下同)×扩延的面积算定。但是,扩延的面积是每栋住宅×六十平方米为一栋的户数作为面积的限度。

第一项的事物费按前项规定算定的工程费×1%计算。

(法律第九条第五款第二项事业所需费用的范围及计算标准)

第二条 按照法第九条第五款的规定,在进行补助时按同款第二项事业所需费用的范围,作为该项设施的建筑工程费和事物费。

前款的工程费,参考建筑时的该项工程的建筑费按照文部大臣和大藏大臣协议确定的一平方米的单价×该校的班级数(义务教育诸学校设施费国库负担法〔1958年法律第81号〕第二条第三款规定的班级数,以下同)。这个班级数应在该建筑年度的5月1日(5月2日以后的应按其设置的日期)下表是所需面积的计算。但是,所需面积要按照学校所在地的积雪严寒程度,依据文部大臣和大藏大臣协议确定的规定进行补正。

学校的种类	班级数	需要面积(平方米)
小 学	1～10	797
	11～21	919
	22～36	1 049
	＞37	1 164
中 学	1～9	830
	10～18	981
	＞19	1 222

第一款的事物费,按照前款的规定计算的工程费进行计算。

关于第二款的规定适用于本校和分校及各种学校。

(本法第九条第六款的规定,供简易水道事业用的水道设施的新设等所需费用的范围)

第三条 按照本法第九条第六款的规定,国家补助时供简易水道事业用的新设或者增设所需费用的范围如下:

水道设施(按水道法〔1957年法律第177号〕第三条第八款的规定称水道设施,以下同)所需费用。

取得水道设施所需最少限度用地的所需费用。

前款的费用不包括事物所、仓库、门、栅栏、围墙、植树及其他维护管理该水道设施必须的设施的工程费用。

(关于诊疗所设施等费用的范围)

第四条 本法第九条之二第五款的规定,国家补助时该款规定的事业费,应从都道府县支付的费用额度中扣除伴随该项事业的实施收入的额度,按照厚生大臣规定的计算标准进行计算。

附　则:此政令从1968年4月1日起实施。

根据《孤岛振兴法》第九条第四款的规定,废除有关简易水道布设费补助的政令〔1956年政令第153号〕。

附则：1972年12月8日政令第416号

此政令1973年4月1日起实施。（后略）

国家在北海道第三种渔港或第四种渔港施行的渔港修筑事业，根据孤岛振兴法第五条第一款的孤岛振兴计划（以下称孤岛振兴计划）所需费用中，对于1972年度的预算（包括转入1973年度以后的）按照《渔港法》第二十条第一款规定的负担金，应按以前的惯例执行。

以下各项的国家补助金或负担金，在孤岛振兴计划中对于1972年度的预算（包括转入1973年度以后的），国家的补助比例和负担比例应按以前的惯例执行。

《渔港法》第二十条第四款规定的补助金。

《海岸法》第二十七条第一款规定的负担金。

《关于废弃物的处理及清除法》第二十二条的规定的补助金。

附则：1974年5月16日政令第164号

此政令从公布之日起施行。

1974年以前预算的国库负担金和国库补助金以及1974年度的国库负担金，对于1974年3月31日以前受灾的公立学校设施的恢复，按以往的惯例执行。

附则：1975年4月18日政令第124号

此政令从公布之日起施行。

按此政令修改的孤岛振兴法施行令从1975年4月1日起执行。

关于1974年以前预算的国库补助金应按以往惯例执行。

附则：1975年4月30日政令第145号

此政令从公布之日起施行。

按此政令修改的孤岛振兴法施行令从1975年4月1日起执行。

关于1974年以前预算的国库负担金（根据该年度的国库债务负担行为，包括1975年度应该支出的国库负担金）和国库补助金以及1975年度的国库负担金，对于1975年3月31日以前受灾的公立学校的设施的恢复，仍按以往惯例执行。

附则：1977年7月1日政令第226号

此政令从公布之日起施行。

附则：1980年4月18日政令第101号

此政令从公布之日起施行。修改后的义务教育诸学校设施费国库负担法施行令、偏僻地方教育振兴法施行令、孤岛振兴法施行令及公立学校设施受害恢复费国库负担法施行令的规定,于 1980 年 4 月 1 日起执行。

1979 年度以前预算的国库负担金和国库补助金(根据该年度的国库债务负担行为包括 1980 年度应支出的国库负担金和国库补助金)以及 1980 年度的国库负担金,对于 1980 年 3 月 31 日以前受害的公立学校设施的恢复,仍按以前的惯例执行。

附则:1985 年 5 月 24 日政令第 150 号

此政令从公布之日起施行。修改后的义务教育诸学校设施费国库负担法施行令、偏僻地方教育振兴法施行令、孤岛振兴法施行令及公立学校设施受害恢复费国库负担法施行令的规定,于 1985 年 4 月 1 日起执行。

1984 年度以前预算的国库负担金和国库补助金(根据该年度的国库债务负担行为包括 1985 年度应支出的国库负担金和国库补助金)以及 1985 年度的国库负担金,对于 1985 年 3 月 31 日以前受害的公立学校设施的恢复,仍按以前的惯例执行。

(三)日本小笠原群岛振兴开发特别措施法

(最终修改:1989 年 4 月 10 日法律第 22 号)

第一章 总则

(目的)

第一条 随着小笠原群岛的恢复,考虑到小笠原群岛的特殊地理状况,制定综合的振兴开发计划,以及依此为基础开展的相关事业等的特别措施,按照地理自然特性改善其基础条件,力图开发和振兴小笠原群岛。希望促进原居住岛民的归岛,恢复岛屿的开发活动,以提高岛屿居民的稳定生活和福利水平为目的。

(定义)

第二条 本法中所称的小笠原群岛是指孀妇岩以南的南方诸岛和冲鸟岛以及南鸟岛。

原居住岛民是指 1944 年 3 月 31 日前在小笠原群岛有住所者,1968 年 6 月 25 日在小笠原群岛以外的本帮地域有住所者。

第二章 振兴开发计划和振兴开发事业的实施

(振兴开发计划)

第三条　小笠原群岛的综合振兴开发计划（以下简称：振兴开发计划）规定如下：
（1）关于土地（包括公有水面，以下同）利用事项；
（2）关于道路、港湾等的交通设施和通讯设施的整治事项；
（3）关于按地区特性的农林水产业、工商业等的产业振兴开发事项；
（4）关于生活环境设施、住宅、卫生保健设施和社会福利设施的整治，其他市街区域的整治和开发，以及医疗的确保事项；
（5）关于自然环境的确保及防止公害事项；
（6）关于防灾和国土保护设施的整治事项；
（7）关于教育和文化的振兴事项；
（8）关于旅游观光开发事项；
（9）除上述各项外，关于促进希望归岛的原居住岛民的归岛，以及小笠原群岛的开发振兴必须的事项。

振兴开发计划从1989年开始，须在5年内完成。
（振兴开发计划的确定和变更）

第四条　东京都知事制定振兴开发计划方案，并向内阁总理大臣提出。

内阁总理大臣根据前款的振兴开发计划方案，通过小笠原群岛振兴开发审议会的审议，决定振兴开发计划的内容。

当内阁总理大臣决定振兴开发计划时，在把振兴开发计划决定通知东京都知事的同时，把振兴开发计划中的关于土地利用事项进行公示。

当振兴开发计划变更时，遵循前三款的相关规定。
（振兴开发实施计划的制定和变更）

第五条　为了实施振兴开发计划，东京都知事在每年度开始前，必须制定当年度的事业计划（以下简称：振兴开发实施计划），并须得到内阁总理大臣的认可。

内阁总理大臣在进行确认前款的时候，必须预先听取小笠原群岛振兴开发审议会的意见。

当振兴开发实施计划变更时，遵循前两款的相关规定。
（特别措施）

第六条　根据振兴开发计划进行的事业，对于需要用政令规定的经费，尽管有法令规定，但是还要用政令进行规定。对于有关的地方公共团体及其他承担者超过法令规定的国库负担比例和补助比例的，国家可以在预算范围内，负担其全部或一部分或者进行补助。

关于小笠原群岛的灾害恢复事业，根据《公共土木设施灾害恢复事业费国库负担法》〔1951年度法律第97号〕第三条的规定，对于地方公共团体，在国家负担其部分费用的时候，该灾害恢复事业费国家的负担率在按该法第四条的规定其计算比例不满五分之四的时候，尽管该法同条有规定，但是仍按五分之四计。根据《公立学校设施恢复费国库负担法》〔1953年法律第247号〕第三条的规定，在国家负担其部分费用的时候，对于公立学校设施的灾害恢复所需费用国家的负担率，尽管该法同条有规定，但是仍按五分之四计。

第七条 除前条规定的事业外，根据振兴开发计划进行的事业，对于内阁总理大臣同主务大臣协议指定的所需经费，国家可以在预算范围内，对于有关的地方公共团体及其他承担者，负担其全部或一部分进行补助。

（会计事物）

第八条 关于前两条规定的事业经费，地方公共团体必须施行专款专用。

……

第三章（略）

第四章 杂则

（关于土地利用）

第十七条 关于小笠原群岛区域内的土地利用，在振兴开发计划规定的区域内，当必须利用土地时，国家和地方公共团体必须按土地利用规定的方法，满足振兴开发计划规定的土地利用活动。

国家及地方公共团体以外者，必须在前项规定区域实施土地利用时，必须考虑其开发利用活动的实施，对振兴开发计划规定的土地利用无任何不良的损害。

（指挥监督）

第十八条 内阁总理大臣对于按振兴开发计划实施的事业进行综合调整的同时，还要对实施事业的有关团体的长官及其他机关的相关者进行指挥监督。

东京都知事要对于按振兴开发计划进行实施的村长及其他的相关者进行指挥监督。对于教育和文化振兴事业实施的监督，东京都知事必须预先和东京都的教育委员会进行协商。

按前两款的规定，不能妨碍对于实施该项事业的主务大臣和东京都的教育委员会按有关法令规定的指挥监督权限。

（权限委任）

第十九条 内阁总理大臣根据前条第一款的规定综合调整和指挥监督的

权限的一部分,可以由小笠原综合事物所长委任。

(有关行政机关的协议)

第二十条 内阁总理大臣在以下情况必须和有关行政机关负责人进行协商:根据第四条第二款的规定决定振兴开发计划;或者根据同条第四款的规定改变振兴开发计划;还有根据第五条第一款的规定确认振兴开发实施计划;或者根据同条第三款的规定确认变更的时候。

(振兴开发计划事业的预算等事务)

第二十一条 振兴开发计划事业预算的估计和预算的执行是国家的事务,由总理府管理。

(孤岛振兴法不适用的范围)

第二十二条 孤岛振兴法(1953年法律第72号)在小笠原群岛地域不适用。

(政令的委任)

第二十三条 除本法规定的以外,有关本法施行的必要事项,用政令形式规定。

附则

(施行日期)

本法从规定之日起施行。

(本法的失效)

本法于1994年3月31日失效。但是,振兴开发计划事业的国家负担金和补助金,滚入1994年度以后的经费,按照第六条的规定本法失效后,其作用依然有效。

(四)日本小笠原群岛振兴开发特别措施法施行令

(最终修改:1989年4月10日政令第112号)

(特别措施)

第一条 按照小笠原群岛振兴开发特别措施法(以下简称:法)第六条第一款规定的政令确定的事业,附表第一项事业由内阁总理大臣和主务大臣协商指定,对于该事业所需经费国家负担或者补助的比例,分别按照该表所列的比例执行。

附则

(施行日期)

政令从公布之日起施行。1986年度到1990年度的特例：

附表第一项的规定从1986年度到1990年度适用，该表道路的项目中"四分之三"为"五分之三"；该表港湾的项目中"十分之十"为"十分之九"以及"四分之三"为"五分之三"；该表渔港的项目中"十分之十"为"十分之九（水产业协同组合施行时为十分之十）"以及"五分之四"为"三分之二（水产业协同组合施行时为五分之四）"；该表教育设施项目中"五分之四"为"三分之二"以及"三分之二"为"十分之五点五"。

附则：1985年5月18日政令第138号。

（施行日期）

政令从公布之日起施行。

（经过措施）

修改后的小笠原群岛振兴特别措施法施行令附则第四款（中文略）的规定，适用于1985年度预算的国家负担和补助（根据1984年以前年度的国库债务负担行为，1985年度应该支出的国家负担和补助除外）。以及同年度的国库债务负担行为，1986年度以后应该支出的国家负担和补助以及1985年度年初预算的国家负担和补助，滚入1986年以后年度的。根据1984年以前年度的国库债务负担行为，1985年度应该支出的国家负担和补助以及1984年度年初预算的国家负担和补助，滚入1985以后年度的仍然按照以前的惯例进行。

附则：1986年5月8日政令第158号。

（施行日期）

政令从公布之日起施行。

（经过措施）

修改后的小笠原群岛振兴特别措施法施行令的规定，适用于从1986年度到1988年度的各个年度（尽管1986年度和1987年度为特例，以下仍使用1986年度和1987年度）预算的国家负担和补助（根据1985年以前年度的国库债务负担行为，1986年度应该支出的国家负担和补助除外）。以及从1986年度到1988年度的各个年度的国库债务负担行为的，1989年度（尽管1986年度和1987年度为特例，以下仍使用1988年度）以后应该支出的国家负担和补助以及从1986年度到1988年度的各个年度的年初预算的国家负担和补助，滚入1989年以后年度的。根据1985年以前年度的国库债务负担行为，1986年度应该支出的国家负担和补助以及1985年度年初预算的国家负担和补助，滚入1986以后年度的仍然按照以前的惯例进行。

附则：1989年4月10日政令第112号。

(施行日期)

此政令从公布之日起施行。

(经过措施)

修改后的小笠原群岛振兴开发特别措施法施行令的规定,适用于 1989 年度和 1990 年度(1989 年度为特例,即 1989 年度,以下此款中相同)的预算的国家负担和补助(根据 1988 年以前年度的国库债务负担行为,1989 年度应该支出的国家负担和补助除外)。1989 年和 1990 年度的国库债务负担行为 1991 年度(1989 年度为特例,即 1990 年度,以下此款中相同)以后应该支出的国家负担和补助以及 1989 年和 1990 年度的年初预算的国家负担和补助,滚入 1991 年以后年度的。根据 1988 年以前年度的国库债务负担行为,1989 年度以后应该支出的国家负担和补助以及 1988 年度以前的年初预算的国家负担和补助,滚入 1989 年以后年度的仍然按照以前的惯例进行。附表:

事业的区分		国家负担和补助的比例
道路	《道路法》〔1952 年法律第 180 号〕第二条第一款规定的新设和改筑的道路	四分之三
港湾	《港湾法》〔1950 年法律第 280 号〕第二条第五款规定的港湾设施中的水域设施和外围设施的建设和改建	百分之百
	《港湾法》第二条第五款规定的港湾设施中的系留设施和临港交通设施的建设和改建	四分之三
渔港	《渔港法》〔1950 年法律第 137 号〕第三条规定的渔港设施中的外围设施和水域设施的修筑	十分之十
	《渔港法》第三条规定的渔港设施中系留设施,输送设施和渔港设施的用地(只限于公共设施用地)的修筑	五分之四
简易水道	《水道法》第三条三款的规定,供简易水道事业用的水道设施的新设施和增设	二分之一
教育设施	供公立小学校和中学用的建筑物的新设施和学校供给开设必须的设备的整治	五分之四
	公立小学校和中学教员和职员的住宅的建筑	三分之二

(五)日本奄美群岛振兴开发特别措施法

(最终修改:1989年4月10日法律第22号)

(目的)

第一条 随着奄美群岛(鹿儿岛县名濑市及大岛郡区域的统称,以下同)的恢复,考虑到奄美群岛的特殊地理情况,制定综合的振兴开发计划,以及依此为基础的促进事业等的特别措施,按照地理自然特性改善其基础条件,力图开发和振兴奄美群岛,以提高岛屿住民的稳定生活水平和社会福利为目的。

(振兴开发计划的内容)

第二条 奄美群岛振兴开发计划(以下简称:振兴开发计划)规定如下:

(1)关于道路、港湾、空港等的交通设施和通讯设施的整治事项;

(2)关于生活环境设施、卫生保健设施和社会福利设施的整治以及医疗的确保事项;

(3)关于防灾和国土保护设施的整治事项;

(4)关于按地区特性的农林渔业、工商业等的产业振兴开发事项;

(5)关于自然环境的确保及防止公害事项;

(6)关于教育和文化的振兴事项;

(7)关于旅游观光开发事项;

(8)除上述各项外,关于奄美群岛的振兴开发所必须的相关事项。

前款的振兴开发计划从1984年起实施,必须在10年内完成。

(振兴开发计划的确定和变更)

第三条 鹿儿岛县知事制定振兴开发计划方案,并向内阁总理大臣提出。

内阁总理大臣根据前款的振兴开发计划方案,通过奄美群岛振兴开发审议会的审议的同时,再同有关的行政机关协商后,决定振兴开发计划内容。

当振兴开发计划决定后,特别必要时可以按照前两款规定的惯例变更振兴开发计划。

内阁总理大臣决定振兴开发计划,或者进行变更的时候,都要通知鹿儿岛县知事。

……

(特别措施)

第六条 根据振兴开发计划进行的事业,对于附表所列需要用政令规定的经费,尽管国家有负担和补助的比例的规定,但是还要在该表所列的比例范围内用政令进行规定相应的比例。

对于前款规定事业所需经费的其他法令(关于当该事业进行的开发,公共事业国家负担比例的特殊法律〔1961年法律第112号〕第二条第二款规定的相当于开发指定事业的时候,该事业包含适用于该法规定的同法)规定国家负担和补助的比例,当超过前款政令规定比例时,对于该事业所需经费国家负担和补助的比例,尽管该款有规定,仍按照其他法令规定的比例执行。

关于第一款规定事业所需经费,依照前二款规定国家负担和补助的比例由国家负担。在进行补助时国家负担金和补助金的交付,尽管有其他法令的规定,可以用政令形式规定为特例。

除第一款规定的事业以外,根据振兴开发计划进行的事业需要用政令规定的经费,对于有关的地方公共团体及其他承担者,国家可以在预算范围内对其全部或部分进行补助。

关于奄美群岛的灾害恢复事业,根据《公共土木设施灾害恢复事业费国库负担法》〔1951年度法律第97号〕第三条的规定,对于地方公共团体,在国家负担其部分费用的时候,该灾害恢复事业费国家的负担率在按该法第四条的规定其计算比例不满五分之四的时候,尽管该法同条有规定,但仍按五分之四计。根据《公立学校设施恢复费国库负担法》〔1953年法律第247号〕第三条的规定,在国家负担其部分费用的时候,对于公立学校设施的灾害恢复所需费用国家的负担率,尽管该法同条有规定,但仍按五分之四计。

(奄美群岛振兴开发审议会的设置和权限)

第七条 为了调查审议依据本法规定权限所属的事项,及其他有关奄美群岛振兴开发的重要事项,在国土厅设置奄美群岛振兴开发审议会(以下简称:审议会)。

对于奄美群岛的振兴开发的重要事项,审议会可以向内阁总理大臣提出意见。

(审议会的组织等)

第八条 审议会由内阁总理大臣任命,鹿儿岛县知事、鹿儿岛县议会议长及有关学者15人以内组成委员会。

审议会设置的会长由委员会的委员选举产生。

会长主持会议。

委员在召开会议时出席。

除以前各款规定的以外,审议会的议事、运营及其他审议会必要的事项用政令形式确定。

……

(政令的委任)

第十一条 除本法规定的以外,有关本法施行的必要事项用政令形式确定。

附则

本法从公布之日起施行,1994年3月31日失效。

根据第四条的规定,1954年度复兴实施计划,尽管该条有规定但是根据第三条第二款的规定,从复兴计划决定之日起二月内必须制定出得到内阁总理大臣认可的计划。

根据振兴开发计划进行的事业的国家负担金和补助金中,对于滚入1994年度以后的,按照第六条第一款到第四款和第十一条的规定,本法律失效后,其作用依然有效。

(以下中文略)

国家对于各项目在分担者之间及港湾管理者《港湾法》〔1950年法律第218号〕第二条第一款的规定称为港湾管理者,以下同),按照第六条第一款的规定,国家对于费用的补助按该法第二条第五款第十一项港湾设施用地的建设和改良的工程,可以使用日本电信电话株式会社的公司买卖收入;《关于促进社会资本整治的特别措施法》〔1987年法律第86号〕第二条第一款第二项所需费用的资金,在预算的范围内,按第六条第一款的规定(对于按照此规定的国家补助比例,当于此规定有不同的法令规定的时候,包括与此规定不同的法令规定,以下同),相当于国家补助的金额的资金可以无利息贷款。

前款的国家贷款的偿还时间为20年(包括5年以内的定期)以内由政令规定的期限。

除前款规定的以外,按附则第七款的规定贷款的偿还方法,用政令规定贷款的延长和其他偿还事项。

国家根据附则第七款的规定,对于港湾管理者的贷款,按该贷款工程有关的第六条规定的国家的补助,在该贷款偿还时,只偿还相当于该款的金额既可。

港湾管理者对于按照附则第七款规定接收的无利息贷款,根据附则第八款和第九款的规定当需要延长归还期限时(政令规定的除外),适用于前款的规定,该偿还可以看作按期偿还。

附则:1984年3月31日法律第10号。

(施行日期)

本法从1984年4月1日起施行。但是,第一条中的附则第一款的规定(中间部分省略)从公布之日起施行。

（经过措施）

根据第一条的规定修改后的奄美群岛振兴开发特别措施法（以下称：新奄美法）适用与附表的规定，在分担的项目中，该表港湾项目和渔港项目中"十分之九点五"为"十分之十"。

新奄美法第二条第一款规定的振兴开发计划决定的1984年度预算的国家负担金和补助金事业，对于奄美群岛振兴开发的紧急实施所必须的内阁总理大臣和有关行政机关协议的决定，可把该事业按该项规定的振兴开发计划看待，适用于新奄美法的规定。

（第四、五、六款略）

（1985年到1990年间的特例）

关于附则第二款的规定1965年度到1990年度之间各个年度的适用情况：该款中的附表为根据附则第四款到第六款的规定改为新奄美附表；该款中的港湾项目和渔港项目为"十分之九点五"，港湾项目"十分之八点五"为"十分之九"；该表渔港项目之中的"十分之八点五"为"十分之九"或"十分之九点五"。

附则：1985年5月18日法律第37号。

（施行日期等）

本修改法从公布之日起施行。

本法修改后的规定（1985年度的特例规定除外）适用于该年度以后的年度预算的国家负担（包括国家、都道府县和市街村的负担，以下的此款和次款相同）和补助（根据1984年以前的年度事务和事业的实施，1985年度以后应该支出的国家负担和补助，以及根据1984年以前年度的国库债务负担行为，1985年度以后应该支出的国家负担和补助除外）以及交付金的交付。根据1984年以前的年度事务和事业的实施情况进行1985年度以后应该支出的国家负担和补助，根据1984年以前年度的国库债务负担行为，1985年度应该支出的国家负担和补助，以及1984年度以前年初预算的国家负担和补助，滚入1985以后年度的仍然按照以前的惯例执行。

本法经过修改后，1985年的特例规定适用于该年度的年度预算的国家负担和补助（根据1984年以前的年度事务和事业的实施，1985年度应该支出的国家负担和补助，以及根据1984年以前年度的国库债务负担行为，1985年度以后应该支出的国家负担和补助除外），以及按照该年度的年度事务和事业的实施1986年度以后应该支出的国家负担和补助。根据1985年年度的国库债务负担行为，1986年度以后应该支出的国家负担和补助，以及1985年度年初预算的国家负担和补助,滚入1986年以后年度的仍然按照以前的惯例执行。

根据1984年以前的年度事务和事业的实施情况进行1985年度应该支出的国家负担和补助,根据1984年以前年度的国库债务负担行为,1985年度应该支出的国家负担和补助,以及1984年度以前年初预算的国家负担和补助,滚入1985以后年度的仍然按照以前的惯例执行。

附则:1986年5月8日法律第46号。

本修改法从公布之日起施行。

本法修改后的规定有:1986年度到1988年度的各个年度的特例规定,以及1986年度和1987年度的特例规定。这些规定适用于1986~1988年度的各个年度预算的国家负担(包括国家、都道府县和市街村的负担,以下的此款相同)和补助(1985年以前的年度事务和事业的实施,1986年度以后应该支出的国家负担和补助,以及根据1985年以前年度的国库债务负担行为,1986年度以后应该支出的国家负担和补助除外)。以及按照从1986年度到1988年度的各个年度的事务和事业的实施,1989年度(尽管1986年度和1987年度为特例,正常为1988年度,以下此款相同)以后应该支出的国家负担和补助,根据从1986年度到1988年度的各个年度的国库债务负担行为,1989年以后应该支出的国家负担和补助,以及1986~1988年的各个年度年初预算的国家负担和补助都滚入到1989年以后的年度。按照1985年以前的年度事务和事业实施的1986年度应该支出的国家负担和补助,根据1985年以前年度的国库债务负担行为,1986年度应该支出的国家负担和补助,以及1985年度年初预算的国家负担和补助,滚入1986以后年度的仍然按照以前的惯例执行。

附则:1987年9月4日法律第87号。

本修改法从公布之日起施行。

附则:1989年4月10日法律第22号。

本修改法从公布之日起施行。

本法修改后的规定有:1989~1990年度的特例规定,以及1989年度的特例规定。这些规定适用于1989年度和1990年度(1989年度为特例,即1989年度。以下此款中相同)的预算的国家负担(包括国家、都道府县和市街村的负担,以下的此款相同)和补助(按照1988年以前的年度事务和事业实施的1989年度以后应该支出的国家负担,以及根据1988年以前年度的国库债务负担行为,1989年度以后应该支出的国家负担和补助除外)。以及按照1989年度和1990年度以前的年度事务和事业实施的1991年度(1989年度为特例,即1990年度。以下此款中相同)以后应该支出的国家负担,根据1989~

1990 年度的国库债务负担行为,1991 年度以后应该支出的国家负担和补助,以及 1989 年和 1990 年度的年初预算的国家负担和补助,滚入 1991 年以后年度的,按照 1988 年以前的年度事务和事业实施的 1989 年度以后应该支出的国家负担。根据 1988 年以前年度的国库债务负担行为,1989 年度以后应该支出的国家负担和补助,以及 1988 年度以前的年初预算的国家负担和补助,滚入 1989 年以后年度的仍然按照以前的惯例执行。

附:关于第六条的附表

事业的区分		国家的负担和比例的范围
道路	《道路法》〔1952 年法律第 180 号〕第二条第一款的规定道路的新设、改筑和修缮	十分之九以内
港湾	《港湾法》第二条第五项规定的港湾设施中的水域设施、外围设施、系流设施、临港交通设施和公用港湾设施用地的建设和改良工程	十分之九点五以内
空港	《空港整治法》〔1956 年法律第 80 号〕第二条第一款第三项的规定,该法第九条第一款和第三款规定的工程	十分之九以内
水道	《水道法》〔1957 年法律第 177 号〕第三条第三款规定的简易水道事业用的水道设施的新设和增设	十分之五以内
屎尿处理设施	关于废弃物的处理和清扫的法律〔1970 年法律第 137 号〕第八条第一款规定的屎尿处理设施以及处理设施的设置	十分之五以内
保育院	《儿童福利法》〔1947 年法律第 164 号〕第三十九条第一款的规定,保育院(只限于地方公共团体)的整治	三分之二以内
防沙设备	《防沙法》〔1897 年法律第 29 号〕第一条规定的防沙工程	十分之八点五以内
海岸	《海岸法》〔1956 年法律第 101 号〕第二条第一款的规定,海岸保全设施的新设和改良	十分之七点五以内
防止地滑设施	《地滑等的防止法》〔1958 年法律第 30 号〕第二条第四款规定的防止地滑的工程	十分之八以内
河川	《河川法》〔1964 年法律第 167 号〕第五条第一款的规定二级河川的改良工程	十分之六点五以内

(续表)

事业的区分	国家的负担和比例的范围
林业设施	《森林法》〔1951年法律第249号〕第四十一条第二款的规定保安设施事业及该法第一百九十三条规定,林道的开设	十分之八点五以内
渔港	《渔业法》〔1950年法律第137号〕第三条第一项规定基本设施以及该条第二项规定的机能设施中的运输设施和渔港设施用地(只限于公共设施用地)的修筑事业	十分之九点五以内
义务教育设施	《义务教育诸学校设施费国库负担法》〔1958年法律第81号〕第二条第二款的规定建筑物,以及《偏僻地区教育振兴法》〔1954年法律第143号〕第三条第二项和第三项的规定,住宅和设施的整治	三分之二以内

(六)日本奄美群岛振兴开发特别措施法施行令

(最终修改:1989年4月10日政令第120号)

(特别措施)

第一款 按照奄美群岛振兴开发特别措施法(以下简称:法)第六条第一款的规定用政令形式确定的事业,即附表一,在该项目中用政令规定的比例,分别按照各项事业分类列出。

第二款 对于本法第六条第一款规定的事业经费,掌握该事业事务的各省各厅的长官,每年度按照该法第六条第二款的规定,国家负担和补助的比例确认时的除外。根据该条第一款的规定,按照国家的负担和补助的比例计算,交付该年度的国家负担金和补助金。

第三款 按前款的规定,根据本法第六条第一款的规定,按照国家负担和补助的比例计算,交付该年度的国家负担金和补助金时,当该条第二款的规定适用时,按照该款的规定国家负担和补助的比例计算,该年度的国家负担金和补助金与前款规定交付金额的差,于该年度的第二年(确认由于不得已的特殊理由时,转到该年度的第二年)交付。

第四款 根据本法第六条第四款的规定,用政令规定的事项,由附表二规定其事业的,按照奄美群岛的地理和自然的特性及其他特殊的情况,确认必须接受国家对奄美群岛的补助。

附表一:有关第一款的附表

事业的区分			国家负担和补助比例
道路	一般国道	(一)新设和改筑,(《土地区划整理法》〔1954年法律第119号〕第三条第三款和第四款规定的土地规划整理事业和道路整治紧急措施法施行令〔1959年第17号政令〕第二条第一款各项的除外)	十分之九
		(二)新设和改筑,道路整治紧急措施法施行令第二条第一款第一项到第四项	三分之二
		(三)修缮	十分之六点五
	县道	(一)新设和改筑(《土地区划整理法》第三条第三款和第四款的规定,土地规划整理事业和道路整治紧急措施法施行令第二条第一款各项除外)	十分之九
		(二)新设和改筑,道路整治紧急措施法施行令第二条第一款第一项、第二项和第四项	三分之二
		(三)作为修缮中灾害防止事业进行的	十分之六点五
	市街村道	(一)新设和改筑(《土地区划整理法》第三条第三款和第四款的规定,土地规划整理事业和道路整治紧急措施法施行令第二条第一款各项除外)	十分之七点五
		(二)新设和改筑,道路整治紧急措施法施行令第二条第一款第一项、第二项和第四项	三分之二

(续表)

事业的区分			国家负担和补助比例
港湾		《港湾法》〔1950年法律第218号〕第二条第五款的规定,港湾设施(以下本表中称:港湾设施)中的水域设施和外围设施的建设和改造工程	十分之九点五
		港湾设施中的系流设施和临港交通设施的建设和改造工程	十分之九
		港湾设施中的公共用港湾设施用地的建设和改造工程	十分之七点五
空港		《空港整治法》〔1956年法律第80号〕第二条第一款第三项的规定,该法第九条第一款和第三款的规定工程	十分之九
水道		《水道法》〔1957年法律第177号〕第三条第三款的规定简易水道用的水道设施的新设和增设	十分之五
屎尿处理设施和垃圾处理设施		关于废弃物的处理和清扫的法律〔1970年法律第137号〕第八条第一款规定的屎尿处理设施的设置	十分之五
		关于废弃物的处理和清扫的法律第八条第一款规定的垃圾处理设施的设置	三分之一
保育院		《儿童福利法》〔1947年法律第164号〕第三十九条第一款的规定:保育院(只限于公共团体的设置)的整治	三分之二
防沙设备		《防沙法》〔1987年法律第29号〕第一条规定的防沙工程	十分之八点五

(续表)

	事业的区分		国家负担和补助比例
海岸		《海岸法》〔1956年法律第101号〕第二条第一款的规定，关于海岸保全设施的新建和改造；海岸法施行令〔1956年政令第332号〕第八条第一款第二项到第四项	十分之七点五
		《海岸法》第二条第一款的规定，关于海岸保全设施的新建和改造；海岸法施行令第八条第一款第六项	十分之五
防止地滑设施		《地滑等防止法》〔1958年法律第30号〕第二条第四款的规定，地滑防止工程，该法第二十九条第一款的规定	十分之八
河川		《河川法》〔1964年法律第167号〕第五条第一款规定的二级河川的改造工程（该法第十六条之二第一款规定的协议，由市街村长负责进行的除外）。河川法施行令〔1965年第14号政令〕第三十七条第二款的规定	十分之六点五
林业设施	《森林法》〔1951年第249号〕第四十一条第二款规定的保安设施事业（保安林整治事业除外）	《森林法》第二十五条第一款第一项到第三项为达到目的而进行	十分之八点五
		《森林法》第二十五条第一款第四项到第七项为达到目的而进行	十分之六点五
		《森林法》第一百九十三条规定的林道开设中森林法施行令〔1951年第276号政令〕附表第三林道的开设需要费用项第一号（一）中规定的林道	十分之八

(续表)

事业的区分		国家负担和补助比例
渔港	《渔港法》〔1950年法律第137号〕第三条第一项规定的基本设施中的外围设施和水域设施的修筑事业	十分之九点五
渔港	《渔港法》第三条第一项规定的基本设施中的系流设施的修筑事业	十分之九
渔港	《渔港法》第三条第二项规定的机能设施中的运输设施和渔港设施用地（只限于公共设施用地）的修筑事业	十分之七点五
义务教育设施	《义务教育诸学校设施费国库负担法》〔1958年法律第81号〕第二条第一款规定建筑物的整治，该法第三条第一款各项的规定以及《偏僻地教育振兴法》〔1954年法律第143号〕第三条第二项和第三项规定的住宅和设施的整治	三分之二

附则：

第一款 本政令从公布之日起施行。

（以下中文略）

第五款 关于第一条第一款的规定1987年到1990年度的适用情况：根据该款中（列举的事业）为列举《事业和土地区划整理法》〔1954年法律第119号〕第三条第三款和第四款的规定，土地区划整理事业中的道路改筑事业（以下称：土地区划整理事业中的道路改筑事业）；该款为（本法第六条第一款）；（该事业）为"附表一所列事业"；（比例）为"当实施土地区划整理事业中的道路改筑事业时，比例为十分之五点五（当建设大臣组织实施时为十分之六）"。

第六款 国家使用日本电信电话株事会社公司的买卖收入，《促进社会资金使用的特别措施法》（1987年法律第86号，以下称：特别措施法）第二条第一款的法律规定，按照该法第六条第一款规定的事业所需费用进行无息贷款时，第一条第二款和第三款的规定适用。在这种情况下，该条第二款中本法第六条第二款为地方公共团体等，如果接受国家给的负担金和补助金进行事业时，该事业按本法第六条第二款执行；该条第一款则在这种情况下，根据日本电信电话株事会社公司的买卖收入促进社会资金使用的特别措施法〔1987年法律第86号〕第二条第一款的法律规定,国家对于该事业的相当于国家负担和补助的金额,进行无息贷款时除外,地方公共团体等在接受国家给的负担金和补助金进行事业时,该事业按本法第六条第一款执行;补助金额为根据相当于补助金额的特别措施法第二条第一款规定的贷款金额;该条第三款中的(前款)为(附则第六款准用的前款);该法第六条第一款为作为该事业的补助事业实施的时候的该法第六条第一款;把补助金额当作为相当于补助金额的贷款金额;该条第二款为地方公共团体等,一但接受国家给的负担金和补助金进行事业时,该事业按本法该条第二款执行;(完成条款)作为把该事业作为事业完成时的条款;(补助金额)恢复为相当于补助金额的特别措施法第二条第一款规定的贷款金额。

第七款 该法附则第八款规定的政令规定时间为10年(包括5年定期)。

第八款 前款规定的时间,根据特别措施法第五条第一款的规定,关于恢复准用补助金等预算执行的正常化法律〔1955年法律第179号〕第六条第一款的规定每项贷款的决定(以下称贷款决定),根据该贷款决定的法律附则第七款的规定国家贷款金(以下称国家贷款金)的交付完成日的次日算起。

第九款 国家贷款金的偿还,按照均等年赋的偿还方法。

第十款 考虑到国家的财政情况,在适当的时候,对于国家贷款的全部或者一部分,按照前三款的规定可以规定提前偿还的期限。

第十一款 该法附则第十一款的规定用政令形式规定时,根据前款的规定提前偿还时间。

附则:1984年3月31日政令第69号。

(施行日期)

第一款 此政令于1984年4月1日起施行。但是,附则第四款的规定从公布之日起施行。

(经过措施)

第二款 对于奄美群岛振兴开发特别措施法施行令附表一的适用情况,该表中的港湾项目和渔港项目中的"十分之九点五"为"十分之十"。

(1965年度到1990年度的特例)

……

第五款 附则第二款的规定1985年度到1990年度的各个年度的适用情况,该项中(附表一)为附则第二款到第四款的规定恢复该令附表一;港湾项目和渔港项目中"十分之九点五"为港湾项目中"十分之八点五"为"十分之九";

该表的渔港项目中"十分之八点五"为"十分之九",以及"十分之九点五"。

附则:1985年5月18日政令第138号。

(施行日期)

第一款 本政令从公布之日起施行。

(经过措施)

第二款 根据第一条的规定,修改后的奄美群岛振兴开发特别措施法施行令附则第二款(中文略)及第六条的规定,改正后的奄美群岛振兴开发特别措施法施行令和小笠原群岛振兴特别措施法施行令的部分修改的政令附则第五款的规定,适用于1985年度预算的国家负担和补助(根据1984年以前年度的国库债务负担行为,1985年度应该支出的国家负担和补助除外),以及根据同年度的国库债务负担行为,1986年度以后应该支出的国家负担和补助,以及1985年度年初预算的国家负担和补助,滚入1986年以后的年度。根据1984年以前年度的国库债务负担行为,1985年度应该支出的国家负担和补助,以及1984年度年初预算的国家负担和补助,滚入1985年以后年度的仍然按照以前的惯例执行。

附则:1986年5月8日政令第158号。

(施行日期)

第一款 本政令从公布之日起施行。

(经过措施)

第二款 修改后的奄美群岛振兴开发特别措施法施行令(中文略)和奄美群岛振兴开发特别措施法施行令和小笠原群岛振兴特别措施法施行令的部分修改的政令的规定,适用于从1986年度到1988年度的各个年度(尽管1986年度和1987年度为特例,以下仍使用1986年度和1987年度)预算的国家负担和补助(根据1985年以前年度的国库债务负担行为,1986年度应该支出的国家负担和补助除外),以及根据从1986年度到1988年度的各个年度的国库债务负担行为,1989年度(尽管1986年度和1987年度为特例,以下仍使用1988年度)以后应该支出的国家负担和补助,以及从1986年度到1988年度的各个年度的年初预算的国家负担和补助,滚入1989年以后的年度。根据1985年以前年度的国库债务负担行为,1986年度应该支出的国家负担和补助,以及1985年度年初预算的国家负担和补助,滚入1986年以后年度的仍然按照以前的惯例执行。

附则:1987年3月31日政令第100号。

(施行日期)

此政令从 1987 年 4 月 1 日起施行。

（经过措施）

修改后的规定,适用于 1987 年度和 1988 年度(尽管 1986 年度和 1987 年度为特例,以下仍使用 1987 年度)预算的国家负担和补助(根据 1986 年以前年度的国库债务负担行为,1987 年度以后应该支出的国家负担和补助除外),根据 1987 年度和 1988 年度的国库债务负担行为,1989 年度(1987 年度为特例,以下使用 1988 年度)以后应该支出的国家负担和补助,以及 1987 年度和 1988 年度的年初预算的国家负担和补助,滚入 1989 年以后的年度。根据 1986 年以前年度的国库债务负担行为,1987 年度以后应该支出的国家负担和补助,以及 1986 年度以前的年初预算的国家负担和补助,滚入 1987 年以后年度的仍然按照以前的惯例执行。

附则:1987 年 9 月 8 日政令第 300 号。

本政令从公布之日起施行。

（内容略）

附则:1988 年 3 月 31 日政令第 79 号。

（施行日期）

此政令从 1988 年 4 月 1 日起施行。

（经过措施）

修改后的奄美群岛振兴开发特别措施法施行令〔1954 年政令第 239 号〕附则第五款的规定,适用于 1988 年度预算的国家负担和补助(根据 1987 年以前年度的国库债务负担行为,1988 年度以后应该支出的国家负担和补助除外),根据 1988 年度的国库债务负担行为,1989 年度以后应该支出的国家负担和补助,以及 1988 年度的年初预算的国家负担和补助,滚入 1989 年以后的年度。根据 1987 年以前年度的国库债务负担行为,1988 年度以后应该支出的国家负担和补助,以及 1987 年度以前的年初预算的国家负担和补助,滚入 1988 年以后年度的仍然按照以前的惯例执行。

附则:1989 年 4 月 10 日政令第 112 号。

（施行日期）

此政令从公布之日起施行。

（经过措施）

修改后的奄美群岛振兴开发特别措施法施行令,按照奄美群岛振兴开发特别措施法施行令和小笠原群岛振兴特别措施法施行令的部分修改的政令的规定,适用于 1989 年度和 1990 年度(1989 年度为特例,即 1989 年度。以下此款中相同)的预算的国家负担和补助(根据1988年以前年度的国库债务负担行为,1989年度以后应该支出的国家负担和补助除外)。根据1989年和1990年度的国库债务负担行为,1991年度(1989年度为特例,即1990年度。以下此款中相同)以后应该支出的国家负担和补助,以及1989年和1990年度的年初预算的国家负担和补助,滚入1991年以后年度。根据1988年以前年度的国库债务负担行为,1989年度以后应该支出的国家负担和补助,以及1988年度以前的年初预算的国家负担和补助,滚入1989年以后年度的仍然按照以前的惯例执行。

附录二:有关第一条的附录

(1)关于被毒蛇咬伤的预防和治疗事业;
(2)关于甘蔗生产的合理化事业;
(3)关于防止奄美群岛有害动物对有用植物的损害事业;
(4)除前三项以外,奄美群岛振兴开发必须的由自治大臣和主务大臣协议确定的事业。

附表二 (略)

二、韩国

(一)韩国岛屿开发促进法

(1986年12月31日法律第3923号颁布)

修订：
1995年12月30日法律第5125号
1999年8月31日法律第6001号

第一条 （宗旨）

本法以整备、扩充岛屿的生产、所得及生活基础设施来改善生活环境，从而谋求岛屿居民的所得增加和福利提高为宗旨。

第二条 （岛屿的范围）

本法中所谓岛屿，系指除济州道本岛以外的海上所有岛屿之。

第三条 （同其他计划的关系）

1.依据本法的开发计划优先于依据其他法令的开发计划。但是，关于军事、国土建设综合计划法和国土利用管理法不在此限。

2.依据本法的开发计划，须与依据其他法令的开发计划相联系加以制定。

第四条 （开发对象岛屿的指定）

1.为了达到第一条的目的，认为有必要开发的岛屿，指定为开发对象岛屿（以下称"指定岛屿"）。

2.关于第一项的岛屿之指定事宜，由行政自治部长官根据直辖市长、道级市长或道知事（以下称"市长、道知事"）的申请，经过岛屿开发审议委员会的审议，予以指定。变更指定时，也照此办理。（1999年8月31日修订）

第五条 （指定岛屿的告示）

当行政自治部长官依据第四条的规定指定岛屿时，须告示以下各款事项。(1999年8月31日修订)

　1.开发目标；

　2.岛屿开发及开发事业的范围；

　3.开发事业的概要；

　4.开发事业的施行期限。

第六条 （事业计划的制定）

1. 管理指定岛屿的市长、道知事，须按照总统令的规定制定事业计划并提交给行政自治部长官。(1999年8月31日修订)

2. 行政自治部长官在经过岛屿开发审议委员会的审议之后，依据第一项的规定，制定事业计划时，可确定其所需要的指针及基准。(1999年8月31日修订)

3. 在依据第一项规定的事业计划中，须列入下列各款事项。

(1)关于为使居民所得增加和生活水平提高所需要的居住环境及设施之改善的事项；

(2)关于产业振兴和资源开发所需要的基础设施设置的事项；

(3)关于为了增进岛屿的交通、通信便利所需要的运输、交通手段和通信设施的改善、扩充事项；

(4)关于防止风害、水害等灾害所需要的防波堤、防潮堤设施和治山绿化等国土保全的事项；

(5)关于为增进居民的福利所需要的教育、福利、医疗、文化及电气设施的设置和改善的事项；

(6)关于岛屿地域的环境保全事项；

(7)关于为了生活必需品的顺利流通和供给而予以支援、补助等事项；

(8)关于为保障国家安全所需要的设施的事项；

(9)其他认定为岛屿开发所需要的事项。

第七条 （事业计划的确定）

关于依据第六条规定的事业计划，经过岛屿开发审议委员会的审议，向国务总理报告，取得总理的承认后，由行政自治部长官确定。变更被确定的事业计划时，也照此办理。但是，总统令确定的轻微事项的变更，不在此限。(1999年8月31日全文修订)

第八条 （年度别事业计划的确定）

1. 有关市长、道知事须按照依据第七条规定确定的事业计划，每年制定下个年度的事业计划（以下称"年度别事业计划"）提交给行政自治部长官。(1999年8月31日修订)

2. 关于依据第一项规定的年度别事业计划，经过岛屿开发审议委员会的审议，由行政自治部长官确定之。(1999年8月31日修订)

第九条 （事业的施行者）

1. 指定岛屿的事业施行者，是国家、地方自治团体、政府投资机关或依据

总统令规定由市长、道知事指定者。(1999年8月31日修订)

2. 关于第一项的事业施行者,为了有效地促进开发事业,必要时可委托国家、其他地方自治团体、政府投资机关或其他开发者。

第十条 (事业费的造成)

1. 国家和地方自治团体为了促进事业计划,须为事业施行者补助、通融或斡旋必要的资金,并采取其他认为必要的措施。

2. 依据第一项规定的国家补助比率,由总统令规定之。

第十一条 (预算上的计入)

1. 有关中央行政机关之长及地方自治团体之长,为了有效地促进开发事业,须将事业费计算在预算之内。

第十二条 (关于其他有关规定等的措施)

有关中央行政机关之长及地方自治团体之长为了给事业计划确定的用途提供岛屿地域内的土地或水面,在事业施行者按照有关法律申请许可或处分的情况下,如无特别处理,须采取该指定岛屿开发的必要措施。

第十三条 (税制上的支援)

政府为了有效地促进事业计划,可给予必要的税制上的支援。

第十四条 (岛屿开发审议委员会的设置)

1. 为了审议下列各款的事项,在行政自治部设立岛屿开发审议委员会(以下称"委员会")。(1999年8月31日修订)

(1) 依据第四条规定的岛屿的指定;

(2) 旨在制定依据第六条第二项规定的事业计划之指针和基准;

(3) 依据第六条规定的事业计划及依据第八条规定的年度别事业计划;

(4) 其他委员长认为必要的事项。

2. 委员会由包括委员长及副委员长各一人的20人以内的委员构成。

3. 委员长由行政自治部长官出任,副委员长在委员中互选。(1999年8月31日修订)

4. 委员由委员长在有关中央行政机关的次官、厅长及2级以上国家公务员和在岛屿领域等拥有学识和经验者中委托。(1999年8月31日修订)

5. 委员长认为必要时,可要求有关中央行政机关及地方自治团体陈述意见和提出资料。

6. 关于委员会的构成和运营的必要事项,由总统令规定之。

第十五条 删除。(1999年8月31日)

附则

1.（施行日）

本法自公布之日起施行之。

2.删除（1995年12月30日删除）

附则

（1995年12月30日颁布）

本法自公布之日起施行之。

附则

（1999年8月31日颁布）

本法自公布之后经过3个月之日起施行之。

（二）韩国岛屿开发促进法施行令

（1987年8月14日总统令第12226号颁布）

修订：

1990年1月3日总统令第12899号（环境处修订）

1991年2月1日总统令第13282号（教育部及其所属机关修订）

1993年3月6日总统令第13870号（通商资源部及其所属机关修订）

1994年12月23日总统令第14438号（财政经济院及其所属机关修订）

1994年12月23日总统令第14446号（保健福利部及其所属机关修订）

1994年12月23日总统令第14447号（建设交通部及其所属机关修订）

1994年12月23日总统令第14447号（建设交通部及其所属机关修订）

1994年12月23日总统令第14450号（环境部及其所属机关修订）

1997年12月27日总统令第15549号

1999年6月24日总统令第16326号（企划预算处修订）

1999年11月22日总统令第16697号

第一条 （宗旨）

本令以规定岛屿开发促进法本身所涉及的事项及解释或处理在该法施行过程中所出现的事项为宗旨。

第二条 （岛屿的范围）

1.在岛屿开发促进法（以下称"法"）第二条中所谓"海上岛屿"，系指涨潮时四面被海水包围的地域（1997年12月27日修订）。

2.根据第1项的规定，以防波堤形态或以桥梁形态与陆地相连接的岛屿，且该岛屿自与陆地相连接之日起经过10年的，不认为是依据法第二条规定的

"海上岛屿"。但是,依据法第四条的规定被指定为开发对象岛屿(以下称"指定岛屿"),且依据法第六条的规定被确定的岛屿开发事业还未结束时,例外。(1997年12月27日新设)。

第三条 (指定岛屿的指定基准等)

1. 依据法第四条的规定,能够成为指定岛屿的岛屿,应为常驻人口在10人以上的岛屿。但是,尽管不到10人常驻人口的岛屿,考虑到岛屿的特殊性认为有必要开发时,可以把该岛屿认定为指定岛屿。(1997年12月27日修订)

2. 依据法第四条规定,指定岛屿的指定期限为10年。但必要时,可以变更此规定。在此情况下,有关指定期限的变更问题准用法第四条的规定之。(1997年12月27日新设)

第四条 (指定岛屿的指定申请)

1. 当特别市长、道级市长及道知事(以下称"市长、道知事")依据法第四条第2项的规定欲申请指定岛屿的指定时,须在该申请书中附上依据法第六条规定的告示事项和开发事业的概略图及位置图(缩小到六万分之一的地形图)提交给行政自治部长官。(1997年12月27日,1999年11月22日修订)

2. 当市长、道知事欲申请指定岛屿的指定变更时,须附上其变更事由书和依据第1项规定的文件。

3. 当市长、道知事依据第1项及第2项的规定欲申请指定岛屿的指定或指定变更时,须提前听取有关市长、郡守或自治区的区厅长(以下称"市长、郡守")的意见。(1997年12月27日修订)

第五条 (指定岛屿的告示)

行政自治部长官须从指定岛屿的指定之日起15日内将法第五条各款的事项告示在官报上,并须向有关中央行政机关各长官予以通报。(1999年11月22日修订)

第六条 (事业计划的制定)

当市长、道知事依据法第六条第1项的规定制定岛屿开发事业计划时,依据法第六条第2项的规定,须遵照行政自治部长官规定的指针及基准,并且在其岛屿开发事业计划中须包含法第六条第3项各款的事项及下列各款的事项。(1999年11月22日修订)

1. 开发目的;
2. 开发方向;
3. 开发事业的概要;
4. 开发事业对环境保护产生的影响及对策;

5. 按事业种类制定投资计划：
(1)按财源种类制定的事业费调拨计划；
(2)按年度制定的投资计划。
6. 开发事业实施期限。

第七条 （协商）

1. 当行政自治部长官依据法第七条的规定欲确定岛屿开发事业计划时，在未经过依据法第十四条规定的岛屿开发审议委员会审议前，须与有关中央行政机关之长进行协商。(1999年11月22日修订)

2. 依据第1项的规定，接到协商邀请的中央行政机关之长，除特殊情况外，自接到其邀请之日起30日内，须向行政自治部长官交付意见书。(1999年11月22日修订)

3. 依据第2项的规定接到意见书的行政自治部长官，须将该中央行政机关之长的意见反映到岛屿开发事业计划书上。(1999年11月22日修订)

第八条 （岛屿开发事业计划的通报）

当行政自治部长官依据法第七条的规定已确定岛屿开发事业计划时，须在15日内向有关中央行政机关之长和相关市长、道知事发出通报。(1999年11月22日修订)

第九条 （轻微事项的变更）

1. 依据法第七条但书规定的轻微事项的变更内容如下：(1999年11月22日修订)
(1)指定岛屿内的事业场所之位置变更；
(2)由于物价上涨等原因造成的开发事业费的变更。

2. 删除(1997年12月27日)。

第十条 （年度别事业计划的确定）

1. 当有关市长、道知事依据法第八条第1项的规定，每年制定下一年度开发事业计划(以下称"年度别开发事业计划")时，须附上下列各款事项的文件，在1月末前提交给行政自治部长官。(1999年11月22日修订)
(1)开发事业的优先顺序；
(2)开发事业财源别调拨计划；
(3)开发事业费明细书；
(4)开发事业施行期限；
(5)开发事业所产生的效果；
(6)管理指定岛屿的地方自治团体的财政现状。

2. 法第七条及第八条的规定,对依据第1项规定的年度别事业计划,准用之。

第十一条 （开发事业施行者的指定等）

1. 依据法第九条第1项的规定,市长、道知事可以将符合下列各款之一者指定为指定岛屿的事业施行者（以下称"事业施行者"）。（1997年12月27日,1999年11月22日修订）

(1) 开发事业所必要的土地面积的二分之一以上土地所有者;

(2) 取得拥有开发事业所必要的土地面积的三分之二以上土地者之同意者;

(3) 由政府投入全部资本金或投入资本金在四分之一以上之法人;

(4) 依照政府投资机关管理基本法的规定,政府投资机关投入全部资本金或投入资本金在二分之一以上之法人;

(5) 依照农业协同组合法规定产生的各地区农业协同组合或专门农业协同组合;依照林业协同组合法规定产生的各地区林业协同组合;依照水产业协同组合法规定产生的各地区水产业协同组合或渔村系列;依照畜产业协同组合法规定产生的各地区畜产业协同组合或各行业畜产业协同组合;

(6) 依照新村运动组织育成法规定产生的新村运动组织;依照地方自治团体条例规定产生的,为促进乡土开发而设置的邑、面、洞开发委员会。

2. 欲被指定为依照第1项规定的事业施行者,须将记载下列各款事项的申请书提交给市长、道知事。（1999年11月22日修订）

(1) 姓名及地址（申请者为法人时,法人的名称、地址及代表者的姓名、地址）；

(2) 开发事业者（指事业计划中的开发事业单位。在本项的下列各款中,相同）的名称、事业施行者的位置及面积；

(3) 开发事业的概要；

(4) 开发事业的施行预定期限；

(5) 开发事业的资金调拨计划；

(6) 开发事业的施行方法。

3. 在依照第2项规定的申请书上,须附上能够证明第1项各款相关事项的文件。

4. 当市长、道知事接到依照第2项规定的申请书时,须审查后立即向申请人通知其结果。（1999年11月22日修订）

第十二条 （开发事业的委托施行）

当被指定的事业施行者依据第九条第2项的规定,以委托开发事业之形式而欲施行时,须与其受托者就下列各款事项进行协商。

1. 准备委托施行的开发事业(以下称"委托事业")的施行地;
2. 委托事业的种类及规模;
3. 委托事业费的调拨及管理方法;
4. 委托事业的施行期限;
5. 委托事业的施行方法;
6. 由于委托事业的施行而产生的有关风险分担的事项;
7. 其他与开发事业的委托相关的事项。

第十三条 (国家的补助比例)

对依据法第十条的规定,地方自治团体所施行的开发事业之国家补助比例,适用有关补助金的预算及管理的法律第九条、第十条及同法令第四条、第五条规定的基准补助比例和差别补助比例。

第十四条 (预算的要求)

1. 当相关中央行政机关之长制定法第八条规定的年度别开发事业计划时,须向企划预算处长官申请其所管开发事业的预算。但是,对不是由相关中央行政机关之长所管理的、而是由地方自治团体之长所管理施行的事业,应由国家予以补助的预算,须由行政自治部长官提出申请。(1994年12月23日修订,1999年5月24日总统令第14438号)

2. 当相关市长、道知事依据法第八条的规定,制定年度别开发事业计划时,须首先确保所属地方自治团体所施行的事业预算。

第十五条 (岛屿开发审议委员会的构成及运作)

1. 依据法第十四条第1项规定所产生的岛屿开发审议委员会(以下简称"委员会"),由国防部次官、行政自治部次官、教育部次官、农林部次官、产业资源部次官、情报通讯部次官、保健福利部次官、环境部次官、建设交通部次官、海洋水产部次官、企划预算处次官、山林厅厅长或所属二级以上国家公务员中该机关之长指定者构成专门委员。由管理岛屿的市长、道知事及在岛屿领域有学识和经验者中,在委员会的委员长委托下,成为委托委员。(1999年11月22日修订)。

2. 委员长召集委员会的会议,并代表委员会做工作报告。

3. 关于向委员会附议的事项,须在召开会议的10日前给各委员本人发出通知。但情况十分紧急的情况下,可另行处理。

4. 如果委员长发生意外情况,由副委员长代理委员长职务。

5. 会议只有在超过半数的全体委员(包括委员长)出席的情况下才可召

开,并且会议议题只有在超过半数的出席委员表示赞成的情况下才可通过。

第十六条 (岛屿开发工作委员会)

1. 为了有效审议委员会的审议事项,在委员会下面设置岛屿开发工作委员会(以下称"工作委员会")。

2. 工作委员会由包括委员长1人在内的20人以内的委员们所构成。

3. 工作委员会委员长要由行政自治部的负责地方财政税制业务的局长来担任,副委员长要在委员中进行选举。(1997年12月27日,1999年11月22日修订)。

4. 委员须符合以下各款之一的条件。(1997年12月27日,1999年5月24日,1999年11月22日修订)。

(1)由国防部、行政自治部、教育部、农林部、产业资源部、情报通讯部、保健福利部、环境部、建设交通部、海洋水产部、企划预算处及山林厅之长在所属3级或4级公务员(指这一领域的专门负责人或科长级公务员)中各自被指定者;

(2)管理岛屿的地方自治团体的所属公务员及在岛屿开发方面有学识和经验丰富者,由委员会的委员长直接任命者。

5. 关于第十五条第2项至第5项的规定,工作委员要准用之。

第十七条 (干事及书记官)

1. 在委员会及工作委员会各设置1名干事和书记官。

2. 干事及书记官在地方自治团体的所属公务员中由委员会的委员长任命之。(1999年11月22日修订)

第十八条 (津贴)

对出席委员会及工作委员会会议的委员,在预算范围内可支付津贴和旅费。但是,如果该委员为公务员,出席与其业务直接相关的委员会及工作委员会会议时例外。

第十九条 (委员的任期)

委员会及工作委员会非公务员出身之委员的任期为2年。

附则

1. (施行日)

本令自公布之日起施行之。

2. 删除(1997年12月27日删除)。

附则

(1990年1月3日)

第一条 (施行日)

本令自公布之日起施行之。
第二条及第三条删除。
附则
（1991年2月1日）
第一条（施行日）
本令自公布之日起施行之。
第二条至第六条删除。
附则
（1993年3月6日）
第一条（施行日）
本令自公布之日起施行之。
第二条至第四条删除。
附则
（1994年12月23日总统令第14438号）
第一条（施行日）
本令自公布之日起施行之。
第二条至第六条删除。
附则
（1994年12月23日总统令第14446号）
第一条（施行日）
本令自公布之日起施行之。
第二条至第三条删除。
附则
（1994年12月23日总统令第14447号）
第一条（施行日）
本令自公布之日起施行之（但书删除）。
第二条至第六条删除。
附则
（1994年12月23日总统令第14460号）
第一条（施行日）
本令自公布之日起施行之（但书删除）。
第二条删除。
附则

(1997年12月27日)

1.(施行日)

本令自公布之日起施行之。

2.(其他法令的修订)

关于行政权限的委任及委托的规定修订为如下。将第24条第10项第31款修订为如下：

(31)依据岛屿开发促进法第7条但书规定的事业计划轻微的事项之变更。

附则

(1999年6月24日)

第一条（施行日）

本令自公布之日起施行之(但书删除)。

第二条至第四条删除。

附则

(1999年11月22日)

本令自1999年12月1日起施行之。

(三)韩国沿岸管理法

(1999年2月8日)

……

第十三条 （沿岸整治计划的制定）

1.为了有效的沿岸整治事业,由海洋水产部部长,以10年为单位制定沿岸整治计划(以下简称"整治计划")。此时,对于使用如下各事项法律的沿岸,只限于在相关行政机关负责人有请求的场合,制定该计划。

(1)城市计划法；

(2)有关产业选址及开发的法律；

(3)流通团地开发促进法；

(4)自然环境保护法；

(5)自然公园法；

(6)有关独岛等岛屿地域生态系保护的特别法；

(7)湖沼水质管理法；

(8)水道法。

……

三、美国

(一)美国 1972 年海岸带管理法

(1972 年 10 月 27 日由总统签署;1976 年 7 月 26 日修订)

……

第三〇四条 为了本法的目的——

1."海岸带"系指邻接若干沿岸州的海岸线和彼此间有强烈影响的沿岸水域(包括水中的及水下的土地)及毗邻的滨海陆地(包括陆上水域及地下水)。这一地带包括岛屿,过渡区与潮间带、盐沼、湿地和海滩。在大湖水域,这一地带延伸到美国和加拿大的国界线;在其他地区则向海延伸到美国领海的外部界限。向内陆,该地带只从海岸线延伸到管理滨陆所需达到的范围,亦即滨陆利用对沿岸水域直接影响所及的范围,但不包括那种按法律规定完全听凭联邦政府及其官员和下属机构使用、或由联邦政府及其官员和下属机构托管的滨陆。

……

7."河口自然保护区"系指某种研究区,这种区域可以包括任何一部分或全部河口以及位于河口内、与之邻接,或邻近的任何岛屿、过渡区和高地,它们在适当范围内构成一个自然单元而被保留下来,以便为科学家和学生提供机会,在一定时期内研究该区内的各种生态关系。

……

第三一五条 部长可以根据本条及他所颁布的规章条例为下述目的向任何沿岸州发放补助金:

1.获得、发展或经管河口自然保护区,作为天然野外实验室,以便收集资料,研究海岸带河口区的各种自然和人为的过程。

2.获得土地,以便提供通往公共海滩及其他具有环境、娱乐、历史、美学、生态或文化价值的沿海区域的通道,并保护岛屿。

任何这种补助金的数额不得超过本计划经费的 50%;联邦在获得河口自然保护区方面分担的费用不得超过 200 万美元。

……

(二)1978年美国外大陆架土地法修正案

(颁布日期:1978年)

……

第二章 外大陆架土地法修正案

……

第二〇一节

(一)现将《外大陆架土地法》第二节第(二)、(三)小节(43 U.S.C1331(b)和(c))修正如下:

第五小节,"海岸带"一词系指相互间有重大影响并靠近沿海各洲滨线的沿岸水域(包括该水域之中和之下的土地)和邻接的滨地(包括滨地之中及之下的水域),并包括岛屿、过渡区及潮间带、盐沼、湿地以及海滩。海岸带向海一方延伸至美国领海的外部界限,并从岸线向内陆延伸至控制滨地所必要的陆地,滨地的利用会对沿岸水域有直接而重大的影响。

……

(四)该法第四节第(四)小节修正如下:

"(四)为了修正的《国家劳工关系法》的目的,发生在本节第(一)小节所提及到的任何人工岛屿、设施或其他装置上的任何不公正的劳务实践,根据该法所规定,应被认为是发生在该州的司法管辖范围内的,根据这一小节的规定,该州的法律适用于这类人工岛屿,设施或其他装置。除非在总统确定这类法律所适用的区域之前,司法管辖区应是离这类人工岛屿、设施或其他装置所在地最近的那个州的管辖区。

(五)该法第四节修正如下:

1.第五小节第1项中,删去"第(一)小节所述的岛屿与构造物",代之以"第(一)小节所述的人工岛屿,设施以及其他装置。"

2.第六小节中,删去"在外大陆架上的人工岛与固定构造物,"而代之以"第(一)小节所述的人工岛屿、设施及其他装置"

3.第(七)小节中,删去"第(一)小节所述的人工岛与固定构造物",代之以"第(一)小节所述的人工岛屿、设施及其他装置。

(六)该法第四节第(五)小节第1项中,删去"首长"代之以"部长"。

(七)该法第四节第(五)小节第2项修正如下：

"第2项当第(一)小节所述的人工岛屿、设施或其他装置的所有人未能根据本法所颁布的规则对这类人工岛屿、设施及其他装置予以适当的标志时，为了保护航行安全，海岸警备队所属的运输部部长可代为标明，所有人应支付标志费用。

……

(三) 1966 年美国海洋资源和工程发展法

(1966 年 6 月 17 日)

……

第八节　为实施本法，"海洋科学"一词应被认为适用于海洋学的和科学的各种努力和学科以及属于海洋环境的和与之有关的工程和技术；"海洋环境"一词应被认为包括(a)所有海洋，(b)美国大陆架，(c)所有大湖，(d)毗连美国海岸至200米深度，或超过这个限度到达容许开发这种区域的自然资源的上覆水域深度地区的水下区域的海床和底土，(e)与构成美国领土的岛屿、海岸相毗连的相似的水下区域的海床和底土，(f)及其资源。

……

(四) 美国康涅狄格州海岸带管理条例

(1979 年 7 月 1 日实施)

第一条　题目：康涅狄格州(以下简译为康州)。本材料是该州海岸带管理立法委员会"推荐的法规"，原则上照原文译出。

第二条　查明事项：

州议会查明：

(1)长岛湾水域及其沿岸资源——包括有潮河流、溪流及支流，湿地和沼泽，潮间带、海滩和沙丘，陡岸和海岬，岛屿，岩礁海岸，以及附近的滨陆，形成一个完整的既独特又易受破坏的天然海湾生态系统；

……

(五) 1976 年美国加利福尼亚州海岸带条例

......

第二章 定义

第 30103 节 海岸带,地图;目的

(A) 所谓"海岸带"系指加利福尼亚州的从俄勒冈州州界至墨西哥共和国国界之间的、在 1975 年议会年会上通过的、使 1972 年海岸带法施行的 1975 至 1976 号制定法第 17 节中宣布的、并用地图标明了的土地和水域,向海延伸至州辖区的外界,包括所有沿海岛屿;向陆地延伸至一般说由中均高潮线向陆地 1 000 码处。在有特殊意义的港湾、居住地和休养地,则向陆地延伸至第一个主要的与海平行的隆起或距平均高潮线五英里,以近的为准;在繁华的城区,海岸带一般向陆地延伸至少达 1 000 码处。但,该海岸带不包括据《行政管理法典》第 72 号法规定组建的"旧金山湾保护与开发委员会"所管辖的地区,也不包括与其接邻的地区,包括各河流、溪流、各支流、小港、小湾及流入该地区的分洪或排水渠道。

......

四、法国

(一)法国《城市化法典》第 86-2 号法律

(1986 年 1 月 3 日)

......

第六章　有关海滨的特殊条款

......

第 L.146-7 条　新修建公路工程的组织工作按本条款的规定进行。

新修建的过境公路到海滨的距离不得少于 2 000 米。

禁止在海滩、潟湖沙洲、沙丘和峭壁突出部兴修公路。

不得在海滨和沿海滨新修地方专用公路。

然而,迫于地形所致或必须在岛屿上兴修公路的,免于执行本条第 2,3 和 4 款的规定。在此情形下,须就新筑此类公路对环境造成影响征求省风景名胜委员会的意见。

......

(二)法国《城市化法典》第 89-694 号法令

(颁布日期:1989 年 9 月 20 日)

......

第四章　有关海滨的特殊条款

第 R.146-1 条　根据第 L.146-6 条第 1 款的规定,下述地区和环境,因从它们构成海滨自然文化遗产的优秀景点或具有特色的景点之时起就对维持生态平衡体现出必不可少的生态价值,须受到保护:

a)沿海的沙丘、荒原、海滩、小岛、悬崖峭壁及其四周;

b)临近海岸的森林、林化区和面积超过 1 000 公顷的内陆水面;

c) 无人岛屿；

d) 港湾天然区、沉降海岸和海岬；

e) 沼泽地、淤泥地、泥炭沼、潮湿地和临时被淹区；

f) 尤如水生植物丛、鱼类产卵场、动物觅食区及活珊瑚类动物、植物的天然聚集区；为保护 1976 年 7 月 10 日第 76-629 号法律第 4 条规定的野生动植物划定的地区和 1979 年 4 月 2 日有关"保护野生鸟类"的第 79-409 号欧共体指令划定的供野生鸟类休息、筑巢和觅食的区域；

……

五、澳大利亚

(一)澳大利亚昆士兰州《1995年海岸保护与管理法》
(根据1999年12月9日生效的再版本)

……

第三部分 控制区

……

48.(1)可以在下列地方宣告建立控制区：

(a)沿海水域上；

(b)前滩上以及从沿前滩的高潮线向内陆400米的土地上；

(c)在一河口或河口三角洲——从河口或河口三角洲向内陆1 000米的土地上；

(d)沿着有潮河、咸水湖以及其他内潮水水体——从沿河流、湖泊或水体的高潮线起的100米土地上；

(e)沿海水域的岛屿上。

……

(二)澳大利亚《1968～1973年大陆架(生物自然资源)法》

……

第五节 (一)在本法中,除另有规定外,"澳大利亚"包括：

1. 诺福克岛；
2. 卡提埃岛和阿什穆尔领地；
3. 珊瑚海各岛屿的领土。

"澳大利亚大陆架"系指邻接澳大利亚海岸的大陆架(包括邻接诺福克岛的大陆架、邻接卡提埃岛和阿什穆尔领地的大陆架和邻接珊瑚海各岛屿领土的大陆架)；

……

(三)澳大利亚诺福克岛保护计划方案

(2002年2月8日)

序言

1. 什么是诺福克岛计划

(1)本计划是根据《2000年计划法案》(以下简称《法案》)制定的。它将作为诺福克岛未来开发及土地管理的框架,是针对诺福克岛所面临的战略计划中现存问题的应对措施。

(2)本计划包括两个主要部分:

书面声明:即本文件,包括:

A篇:战略计划;

B篇:计划要求,包括区划方案、总则、进度表。

计划图:以不同的颜色/或不同的标记显示了本战略计划第4.1条中提到的主要土地使用情况,还显示了第1条中提到的各分区,以及本计划区域内的其他细节。这些计划图包括:战略计划图、区划图、管理图。

2. 本计划涉及哪些地区

本计划适用于平均高潮面以上的土地和水域,并覆盖整个诺福克岛的规划区域。规划区域包括诺福克岛本岛、菲利普岛、尼平岛和其他所有计划区内平均高潮线以上的地区。参照管理性定义中的诺福克岛计划区域的定义可有助于理解。

3. 本计划的意向

A篇中陈述了计划区域内所要达到的各项目标。而且这些目标在B篇的计划中(在分区意向和土地的使用与开发原则中)得到进一步的总结和讨论。当出现对本计划中任何一篇的理解方面的问题时,本战略计划的目标是首要的,而各分区的目标是次要的。

4. 除本计划中所要求的审批手续外是否需要其他审批手续

根据本计划提出的任何审批和对审批的免除决定,均不能免除由诺福克岛政府、澳大利亚联邦或任何其他政府当局根据任何适用立法或规章的规定,要求任何人获取任何许可证、执照、审批和其他认同的必要步骤。

5. 有关本计划的理解事项

在本计划的书面声明中:对章节或进度表参照,指对本计划中章节或进度表的参照;对任何法案或规章的参照,指不断得到修改或更新的法案或规章。在本计划中,如有B篇中的行政管理性定义或目的性定义中未对其定义的词汇,本词汇的含义应被视为在《牛津简明英语词典》中使用的含义。

A 篇:战略计划

1. 概要

1.1 本战略计划的内容

本计划书面声明中的本篇陈述了诺福克岛的政府和人民在长时期内对计划区域内土地的未来优先使用、开发和管理的意向。它提供了土地使用与开发决策所依据的战略计划框架。

1.2 本战略计划的适用范围

本战略计划涉及诺福克岛的所有计划区域,包括:

计划的正文,主要陈述并说明诺福克岛政府在各自的最佳主导土地利用区域和整个诺福克岛范围内的未来开发意向;

战略计划图,主要显示诺福克岛上的最佳主导土地利用区域。

本战略计划不授予或取消任何使用土地的权利。这些权利是根据本计划的 B 篇(区划方案和总则)的规定制定的。

本计划是将实施如下主要功能:

指导诺福克岛政府在土地使用与开发申请方面的未来决策;

向土地所有者、希望使用或开发土地的人以及其他利害关系人说明诺福克岛土地使用或开发的意向,这些意向将通过对土地使用与开发的申请进行审批的方式得以体现;

为土地使用、开发和基础设施供应之间的协调提供合理的战略计划框架,目的是更好地实现社区的愿望。

1.3 本战略计划与区划方案及总则之间有何关系

本战略计划是与本计划书面声明的 B 篇中所包含的区划方案和总则一起制定的。

本战略计划主要包括以诺福克岛为基础的土地使用与开发的各项目标。区划方案和总则体现了在当地实施各项一般性目标的一种方式,并包括在那些区域内实施土地未来使用与开发的具体意向。

将本战略计划的基本原理转化为可用于诺福克岛的土地使用与开发决策管理的实用性指南,这是本战略计划中提供战略计划图和陈述各项战略目标的目的所在。以其目的和目标为基础的本战略计划将作为一种对区划方案和总则进行修改的依据,同时作为对所有土地使用与开发决策(包括区划、细分以及对土地使用与开发的申请)的指南。

对土地的区划、细分,以及土地使用与开发的各项决策应与本战略计划的主要结构一致,也应与用于施行本战略计划中的各项目的和目标的战略计划图一致。

1.4 使用指南

诺福克岛计划的战略目的和目标(见本战略计划中的第2和第3节)体现了本计划的概念依据。在作出诺福克岛土地使用或开发方面的决定时,应参考本节内容。但更详细的指南应从本战略计划的第2、3、4节中获取:第2节包括各项主要目的;第3节包括适用于全岛的各项目标和实施这些目标所需的各项规定;第4节陈述了本战略计划图中标注的各最佳主导土地利用区的用途,以及这些地区的目标和实施标准。

2. 主要目的

2.1 主要目的是什么

主要目的中的各项目的和目标,以及最佳主导土地利用情况均已确定。其主要目的是:由于认识到诺福克岛是当地居民最初、最重要的家园;其目的是:在保护诺福克岛自然环境的前提下促进开发,保护其独特的文化及建筑遗产,保护其景观感受的特色和品质,保持其农业产业,依赖诺福克岛的具体特色开发其可持续的旅游产业,开发用于居住、工作和休闲的娱乐区和功能区。

这一主要目标将通过达到一种环境保护和开发平衡的方式得以实现,即允许并鼓励为在诺福克岛上的特别名胜区旅游观光创造机会,也应注意到如下几个原则:

诺福克岛的环境、景观和自然遗产的品质具有很高的价值,但也很容易遭到破坏;

诺福克岛的基础设施相对较少;

某些开发形式不太理想,在岛上仍有待调整;

有必要对开发意向加以限制,以保持诺福克岛原有的理想特征。

通过实现这一主要目标并承认这些原则,将促进可持续性环境和经济的发展,并提供在居住环境上反映当地居民和游客愿望的、可持续的居住方式。

2.2 如何达到这一目的

本战略计划中2.1表述的主要计划目的,应通过确保土地使用或开发的影响,地点、范围、规模、结构和表现,能够符合本战略计划的各项目标中所述的战略计划的具体意向得以实现。

本区划方案和一般性计划要求中的规定为调控土地使用和开发的影响、

性质、规模、密度、结构和表现提供了补充机制。

为促进本计划的本篇中表述的主要计划目标的实现,一个主要的因素是为诺福克岛划定最佳主导土地利用地区。这些区域已在战略计划图中标出,并在陈述最佳主导土地利用地区的作用的本计划的书面规定中作了解释。诺福克岛的多数地区已被划定为高保护价值/高乡村价值或半乡村的最佳主导土地利用地区。这些划定主要为了促进对诺福克岛的生态、景观和农业基础的保护。城市最佳主导土地利用地区促进了本特派恩及其周边地区的密集型扩展。

区划规定所赋予的城市最佳主导土地利用地区(以及较小范围的半乡村最佳主导土地利用地区)的内部结构用于确保在居住、旅游、商业、工业社区和开阔空间等不同用途之间建立合理的相互关系,从而保证在城市地区、在尽量减少土地使用或开发方面冲突的前提下土地的和谐、有效使用。

旅游开发将集中在中央商业区,为的是使诺福克岛的其他地区尽量保持未开发状态,并因此而保持非城市地区的原有、独特的品质,这一品质正是诺福克岛对当地居民和游客的吸引力,这样也保持了现有的生活质量。

另外,本战略计划还限定了城市发展的最高水平,在本计划有效期内不得超过这一水平。将城市发展长期限制在这一水平之内,这一措施将在本计划有效期内长期持续下去。

3. 目标

3.1 本战略计划的目标

本战略计划的目标是:

为鼓励开发多样化、繁荣的经济基础提供各种机会;

提供适当范围的土地使用和开发机会;

促进设施、基础设施和各项服务的有力、高效利用;

鼓励对资源进行有序、高效的利用和管理;

提高并保障本社区的安全和福利,以及它的社会、文化健康发展;

提供可持续性娱乐和空地机会;

改善高水准的视觉感受并保护重要景观;

保护并提高诺福克岛的环境及自然遗产品位。

3.2 如何实现这些目标

3.2.1 目标1:为鼓励开发多样化、繁荣的经济基础提供各种机遇,本目标将通过如下方式得以实现:

认识到新的行动将在合理的环境及社会范围内推动经济的发展;

为在保护有价值的自然环境和用以维持生活的农业耕地的情况下改变现有经济状况提供各种机会；

认识到旅游活动对经济的繁荣至关重要，并且这些旅游活动可以与其他的土地管理与保护活动共存，旅游活动不应导致环境恶化；

为新出现的适当旅游活动，特别是那些真正的生态旅游、乡村旅游和主题旅游活动提供机会；

在现有的商业区域内创造更广泛的土地使用或开发机会；

促进合理的新兴农村产业的发展并/或鼓励原有产业继续运转。

3.2.2 目标2：提供合理范围的土地使用或开发机会，本目标将通过如下方式得以实现：

确保一系列的土地使用和开发工作能够得以实施，并确保这些工作没有受到无意的限制。

认识到目前还未出现的一些土地使用或开发类型将来可能会有需求，并应为这些类型的出现制定相关的规定；

认识到由于诺福克岛的相对隔离性，一些产业过程无论现在还是将来都是必要和基础性的，并应该为这些位于适当的缓冲区内的设施制定相关规定；

农村地区要求相对较大的最小片土地尺寸，以便保留赖以维持生活的农业土地，并鼓励团体或社区授权采取行动以防止农业耕地不被进一步分割成无法维持生活的小片土地；

用于居住方面的使用或开发的较大块土地仅限于那些目前已主要用于居住或农村居住的地区；

提供一些具有适当分区和建筑限制线控制的居住土地使用或开发的机会；

3.2.3 目标3：促进各项设施、基础设施和服务的有力、高效利用，本目标将通过如下方式得以实现：

在诺福克岛的中央部分集中进行土地的使用或开发工作，以便现有的基础设施、服务和设施能够更充分地利用，并限制这一区域以外地区的开发机会，以便使不太可能实现最大限度利用的地方不需要昂贵的基础设施。

将现场需要大量使用基础设施的企业和其他形式的开发项目设在机场或靠近现有基础设施已经安装到位或经济上值得安装基础设施的沿岸地区；

将大量使用人员服务的土地使用或开发项目设在大量存在或可轻易获得这些人员服务的地区；

确保土地使用或开发的各项计划能够证明这些计划不会对物理性基础设

施(如电力、水源、污水处理、电讯、公路和人员服务)增加不合理的压力;将高强度的居住和商业开发活动集中在基础设施最完善的地区,并确保现有的污水和废水处理系统能够得到有力、高效的利用。

3.2.4 目标4:鼓励有力、高效利用和管理资源,本目标将通过如下方式得以实现:

鼓励采取可持续发展的措施,包括尽量减少用水、对声音污染的管理、利用替代能源和其他高效利用能源的措施;

鼓励使用或开发能够有力、高效利用土地的设施,并限制那些浪费资源的活动和建筑技术;

将需要昂贵基础设施的土地使用或开发项目集中在由"确保供水方案"提供服务的地区,并使用现有的基础设施;

通过最大限度降低土地的分割,最大限度地保留赖以维持生活的农业耕地;通过确保小片土地的大小和方位足够进行现场废水处理,并尽量减少对陡峭坡地的清除,可最大限度降低污水和泵出废水处理系统使用地区受到污染的可能性;

确保不因不合理的土地使用或开发的决策给水供应造成不利影响,并确保尽量不使用地下水。

3.2.5 目标5:提高并保障社区的安全、福利及其社会、文化健康发展,本目标将通过如下方式得以实现:

认识到诺福克岛是当地居民最初、最重要的家园;

加强保持并促进公共健康和安全标准的工作;

确保避免在不确定的土地上进行不合理的土地使用或开发活动;

确保将相互抵触的不同土地使用或开发类型进行分离,并在不能分离的情况下确保土地的使用或开发的矛盾能得到适当缓解;

不鼓励进行会对诺福克岛的社会及文化结构造成有害影响的土地使用或开发活动,在这些活动难以避免的情况下,应尽量做到上述活动在能最大限度地减少其社会及文化影响的地点进行;

认识到诺福克岛在其独特的社会及文化遗产活动和价值方面的重要性,并保护这些活动和价值的实例和证据;

为那些能够提高特殊社会及文化价值的土地的合理利用和开发活动提供机会。

通过采纳团体和社区授权的机制,在不会对其他实用性土地管理和所有权原则造成不利影响的前提下,简化传统的家庭土地保管及管理的方法;

在提供旅游机会和不破坏那些能够也应该有利于旅游业发展的社会及文化活动两者之间力求达到一种平衡。

3.2.6 目标6：提供可持续性娱乐活动及露天活动,本目标将通过如下方式得以实现：

认识到在城市和农村地区为主动和被动性的娱乐活动提供合理的可利用空间的重要性；

确保能够合理使用那些拥有开阔场地和/或娱乐价值的地区,以达到在不对这些价值造成不利影响的情况下进行的娱乐和露天活动；

确保对在国家公园、公共自然保护区和其他露天场所进行的土地使用和开发活动进行合理管理,并确保继续进行现有的长期、低影响的土地使用和开发活动；

承认、遵守和支持国家公园和公共自然保护区的各项管理目标；

考虑到目前被用作开阔地区的除公共自然保护区以外的一些地区可能会成为未来城市和城市边缘地区,在战略计划中应对这些地区作相应考虑；

认识到能够合理使用开阔地区以缓解土地使用或开发方面的相互抵触的矛盾,并能够同时将这些土地合理用于娱乐活动和露天活动。

3.2.7 目标7：提高视觉感受的水平并保护重要景区,本目标将通过如下方式得以实现：

确保对景区进行保护,避免遭到不合理和过度的使用和开发；

鼓励在具有较高景观保护价值的地区进行极低影响的土地使用活动；

确保土地的使用或开发计划能够证明它们不会给诺福克岛的景观特点带来不利影响,并且不会造成视觉上的破坏；

鼓励增加那些能够改善现有景观并且不会破坏诺福克岛的视觉感受的形式、规模、数量、布设、建筑材料和装饰材料；

尽量减少对土地的进一步分割,通过这种方式来保存那些对诺福克岛的景观特点有利的较大块土地。

3.2.8 目标8：保护并提高诺福克岛的环境和自然遗产品位,本目标将通过如下方式得以实现：

划定具有保护价值、并对其保护有利于生态多样性、有利于保护自然遗产的价值和旅游吸引力的区域；

尽量减少土地使用或开发给具有独特环境和遗产价值的地区(包括：国家公园、具有保护价值的自然保护区和在金斯顿和阿瑟韦尔的历史景观及其景观环境)带来的不利影响；

认识到在一些具有保护价值的地区，现有的土地使用和开发严重破坏了环境和遗产的品质，这些地区需要通过区划和特别地区规定机制加以保护；

减少在具有很高保护价值的地区进行会对这些保护区带来不利影响的土地的使用和开发活动；

承认、遵守和支持国家公园、公共自然保护区以及在金斯顿和阿瑟韦尔的历史景观的现有管理结构和各项目标；

确保土地的使用和开发计划能够证明它们不会对诺福克岛的环境或遗产带来不利影响；

鼓励进行具有较低环境影响的和适当的土地使用或开发活动，集中进行那些对环境和遗产可能具有不利影响的土地使用和开发活动；

保护并保持那些具有特殊自然、文化和建筑遗产价值的地点免受不合理的使用或开发；

确保在具有遗产保护价值的地点进行的土地使用或开发活动不会对当地的遗产价值造成严重破坏。

4. 最佳主导土地利用

4.1 什么是最佳主导土地利用

本战略计划覆盖诺福克岛的规划区并包括一份标注有最佳主导土地利用地区的战略计划图，为诺福克岛土地的长期使用或开发提供指导。

本战略计划确定了诺福克岛的 4 个最佳主导土地利用项目：

高度农村化/高保护价值地区的最佳主导土地利用；

半农村化地区的最佳主导土地利用；

城市地区的最佳主导土地利用；

活动节点的最佳主导土地利用。

本节包括与本战略计划图中标注的具体的最佳主导土地利用地区相关的各项目标。那些一般性涉及诺福克岛开发或涉及一个以上的最佳主导土地利用地区的目标包含在本战略计划第 3 节的内容中。

以下内容中将对每一个最佳主导土地利用地区的目标及执行这些目标所采取的方式加以概述。

4.2 高度农村化/高保护价值的最佳主导土地利用

4.2.1 什么是高农村化、高保护价值的最佳主导土地利用

在战略计划图中这些区域以浅绿色显示，代表诺福克岛上的那些具有较高环境价值和/或那些在中、短期内不被用于其他较集中的土地开发活动的地区。

被确定最佳主导土地利用的地区将在长期内保持高度未开发状态。这些地区主要保持原本的乡村特色，并集中在具有自然和文化遗产的环境中，在一些土地的使用或开发不会改变土地的基本性质和特点的情况下应允许这些活动的进行。在需要保护和维持其保护价值的地区，只允许并支持少量的活动，这些活动中必须包含一定的对价值保护有利的活动。

4.2.2 高度农村化/高保护价值地区的最佳主导土地利用的目标

高度农村化/高保护价值地区的最佳主导土地利用的目标是：

保护并加强对诺福克岛生物系统至关重要的开阔地区、自然环境和野生动物栖息地；

保护和保持具有很高自然和/或文化遗产保护价值的地区；

在具有较高自然和/或遗产保护价值的地区兼顾进行少量有用的低密度、低影响的土地使用和开发活动；

保持并保护诺福克岛的优美环境；

保持诺福克岛大部分地区现有的乡村特色；

提供土地以缓解相互抵触的土地使用矛盾；

保护并保留用于现有及未来公共设施、政府和行政管理所需的土地。

4.2.3 如何实施高度农村化/高保护价值地区最佳主导土地利用的各项目标

通过确保只有位于如下适用区域内的土地才被划定为高度农村化/高保护价值地区的最佳主导土地利用地区，高度农村化/高保护价值地区的最佳主导土地利用的各项目标才得以实现：

农村地区；

开阔地区；

保护区；

特殊用途地区。

4.3 半农村化地区的最佳主导土地利用

4.3.1 什么是半农村化地区的最佳主导土地利用

在战略计划图中这些区域以浅粉色显示，代表诺福克岛上的那些在可预见的将来不被用来作为其他最佳主导土地利用的地区。

在半农村化地区中被确定为最佳主导土地利用的地区将在城市周围提供一个框架，并在长期内提供一个由城市地区向高农村化/高保护价值地区过度的区域。在半农村地区中的最佳主导土地利用地区鼓励实施的土地使用或开发类型是那些在城区边缘常见的类型。这些地区主要留作农村居民区的使用或开发,但能适当用于城市或半城市性质的开发以及需要较大量土地和兼具农村或半农村性质的开发活动。

半农村化的最佳主导土地利用地区的基本特点应是乡村特色。但这种地区土地使用或开发的规模和强度的情况是:这些土地的使用和开发不属高农村化/高保护价值地区的一部分,也不符合高农村化/高保护价值的最佳主导土地利用地区的原则和目标。

4.3.2 半农村化最佳主导土地利用的目标

半农村化最佳主导土地利用的目标是:

通过采用中小规模的小块土地,在农村和自然环境中为土地的低密度使用或开发提供机会;

保持诺福克岛多数地区的现有乡村特色,并为适当的非农业型土地的使用或开发提供机会;

提供小规模的农村土地使用和开发以及由农村支持的土地使用和开发;

在土地已失去其原本地农业生产能力的地方,更好地将那些农村和半农村土地用于低密度的居住目的;

在具有自然、文化和遗产价值的地区,提供一定限度的低密度、低影响的土地使用或开发机会;

保持并加强那些对诺福克岛的生物系统至关重要的空地、植物群落和野生动物栖息地;

提供土地以缓解相互抵触的土地使用矛盾;

保护并保留用于现有及未来公共设施、政府和行政管理所需的土地。

4.3.3 如何实施半农村化最佳主导土地利用的各项目标

通过确保只有位于如下适用区域内的土地才被划定为半农村化地区的最佳主导土地利用地区,半农村化地区的最佳主导土地利用的各项目标才得以实现:

农村地区;

农村居住区;

开阔地区;

特殊用途地区。

4.4 城市的最佳主导土地利用

4.4.1 什么是城市的最佳主导土地利用

在战略计划图中这些区域以浅红色显示,代表诺福克岛上的那些在可预见的将来不被用来作为其他最佳主导土地利用的地区。

在城市中被确定为最佳主导土地利用的地区将在长期内提供诺福克岛的基本城市功能。在城市最佳主导土地利用地区鼓励采用的土地使用和开发类型多种多样,并且主要包括居住区、商业区和工业领域的土地使用或开发。

在长期内优先作为城市土地使用或开发的土地,可以适当用于一些中短期的非城市化目的。这些土地的使用或开发类型包括:农村地区、农村居住区和空地的使用。这些被确定为未来城市土地使用或开发的地区应备有适当的基础设施或能够配备有适当的基础设施。

4.4.2 城市最佳主导土地利用的目标

城市最佳主导土地利用的目标是:

为一些城市土地的使用或开发类型(包括:居住区、商业区和工业领域的土地使用或开发)提供机会;

对现有商业区的重点城市土地的使用或开发,其典型是一种相对较高强度的城市土地使用或开发模式;

使居民区、商业区和其他即将座落于较小、较集中的地方的企业部门减轻其对那些细分的、用于城市土地使用或开发的重要非城区土地的需求压力。

利用现有的基础设施并限制城市土地使用或开发可能对环境造成的影响;

通过将城市土地使用或开发活动进行集中,尽量减少相对较高强度的城市土地使用或开发带来的不利影响;

保护并保留用于现有及未来公共设施、政府和行政管理所需的土地。

4.4.3 如何实施城市最佳主导土地利用的各项目标

通过确保只有位于如下适用区域内的土地才被划定为城市的最佳主导土地利用地区,城市的最佳主导土地利用的各项目标才得以实现:

农村地区;

农村居民区;

居民区;

混合使用地区;

商业区;

轻工业区;

工业区;

开阔地区;

特殊用途地区。

4.5 活动节点的最佳主导土地利用

4.5.1 什么是活动节点的最佳主导土地利用

在战略计划图中这些区域以黄色显示,代表诺福克岛上的那些在可预见的将来不被用来作为其他最佳主导土地利用的地区。

在活动节点上被确定为最佳主导土地利用的地区可在长期内提供诺福克岛上必要、基本的工业及基础设施功能。在活动区节点的最佳主导土地利用地区鼓励进行的土地使用和开发的类型仅限于海空运输、基础设施和工业需要。在长期内优先作为活动节点的土地可以适当用于一些中短期的其他目的。这些土地的使用包括农村和开阔地区的使用。

4.5.2 活动节点的最佳主导土地利用的目标

活动节点的最佳主导土地利用的目标是:

为工业使用提供一个密集的缓冲区域;

为尽可能多的居民、游客和商业企业尽量减少高强度工业的土地使用或开发所带来的不利影响;

通过最大限度地利用现有和未来的基础设施,尽量减少工业的土地使用和开发造成的环境影响;

在共同确定适当的工业土地使用或开发机会的同时,保护与机场和航空相关的土地使用与开发的机会;

在共同确定适当的工业土地使用和开发的同时,保护现有的海洋运输设施和相关的未来土地使用和开发的机会;

保护并保留用于现有及未来公共设施、政府和行政管理所需的土地。

4.5.3 如何实施活动节点的最佳主导土地利用的各项目标

通过确保只有位于如下适用区域内的土地才被划定为活动节点的最佳主导土地利用地区,活动节点的最佳主导土地利用的各项目标才得以实现:

农村地区;

工业区;

开阔地区;

特殊用途地区;

机场。

B篇:计划要求

1. 区划方案

诺福克岛的区划;

各分区内的土地使用或开发；

什么是"(依照权利)许可的土地使用或开发"；

什么是"许可的土地使用或开发"；

什么是"(经同意)可允许的土地使用或开发"；

什么是"禁止的土地使用或开发"；

诺福克岛区域内的其他土地使用或开发；

诺福克岛国家公园和诺福克岛植物园内的土地使用或开发；

诺福克岛的机场区内的土地使用或开发。

2. 分区

2.1 农村地区

农村地区的用途；

农村地区的各项目标和指导方针；

农村地区的分区标准；

农村地区的开发标准；

土地使用或开发分类表——农村地区。

2.2 农村的住宅区

农村住宅区的用途；

农村住宅区的各项目标和指导方针；

农村住宅区的分区标准；

农村住宅区的开发标准；

土地使用或开发分类表——农村住宅区。

2.3 住宅区

住宅区的用途；

住宅区的各项目标和指导方针；

住宅区的分区标准；

住宅区的开发标准；

土地使用或开发分类表——住宅区。

2.4 综合使用区

综合使用区的用途；

综合使用区的各项目标和指导方针；

综合使用区的分区标准；

综合使用区的开发标准；

土地使用或开发分类表——综合使用区。

2.5 商务区

商务区的用途；

商务区的各项目标和指导方针；

商务区的分区标准；

商务区的开发标准；

土地使用或开发分类表——商务区。

2.6 轻工业区

轻工业区的用途；

轻工业区的各项目标和指导方针；

轻工业区的分区标准；

轻工业区的开发标准；

土地使用或开发分类表——轻工业区。

2.7 工业区

工业区的用途；

工业区的各项目标和指导方针；

工业区的分区标准；

工业区的开发标准；

土地使用或开发分类表——工业区。

2.8 空地区

空地区的用途；

空地区的各项目标和指导方针；

空地区的分区标准；

空地区的开发标准；

土地使用或开发分类表——空地区。

2.9 保护区

保护区的用途；

保护区的各项目标和指导方针；

保护区的分区标准；

保护区的开发标准；

保护区的土地使用或开发分类表。

2.10 专用区

专用区的用途；

专用区的各项目标和指导方针；

专用区的分区标准；
专用区的开发标准；
土地使用或开发分类表——专用区。
2.11 机场区
机场区的用途；
机场区的各项目标和指导方针；
机场区的分区标准；
机场区的开发标准；
土地使用或开发分类表——机场区。
2.12 道路区
道路区的用途；
道路区的各项目标和指导方针；
道路区的细分表针；
道路区的开发标准；
土地使用或开发分类表——道路区。
3. 总则
3.1 土地使用与开发原则
土地使用与开发原则；
土地使用；
特征；
适宜性；
环境；
继承权；
汽车的出入及停车；
基础设施和服务；
社会利益。
3.2 土地使用或开发的申请、许可、同意和免责
如何对土地的使用与开发进行管理；
对土地的单一和多重使用或开发的诠释；
什么是土地的单一使用或开发；
什么是土地的多重使用或开发；
术语"批准"和"同意"的含义；
术语"批准开发"和"申请开发"的含义；

什么时候需要开发申请,开发申请中必须包括什么信息;

在对开发申请进行评定时必须考虑哪些因素;

在对开发申请进行裁定时应进行哪些商议;

公布土地开发审批结果;

废除和延续对土地开发的审批;

在批准进行土地开发的情况下只允许进行哪些工作;

哪些活动可免除土地开发的审批手续;

对审批的废止;

现有的各项土地使用或开发权利;

被认为处于道路区内的土地;

特定场所的开发。

3.3 计划的变动(包括重新分区)

概要;

哪些人可以申请重新分区或对此计划进行修改;

如何对重新分区的申请或对计划的变动进行评定;

在对计划的变动申请(包括重新分区)进行裁决之前应进行哪些商议;

如何对修改申请(包括重新分区)进行审批。

3.4 细分申请

概要;

在批准一项细分计划之前必须考虑哪些因素;

能够重新调整现有边界的审批;

能够重新配置现有分配情况的审批;

对次要细分的审批。

3.5 特别管理条款

什么是特别管理条款,如何使用这些条款。

3.6 遗产条款

什么是遗产条款,为什么这些条款很重要;

附表1中所列的条款是如何得到保护的;

如何顾及附表1中所列条款中的开发因素;

为确保对继承权的保护而进行的土地开发审批;

对诺福克岛继承委员会的通告;

金斯顿和阿瑟韦尔遗址的土地使用或开发。

3.7 沿海及峭壁环境

什么是沿海及峭壁环境，它为何很重要；

沿海及峭壁环境的各项目标；

如何达到上述目标；

是否对沿海及峭壁环境 50 米以内的土地进行使用或开发。

3.8 障碍界限面

什么是障碍界限面，它为什么很重要；

障碍界限面的各项目标；

在障碍界限面区域内进行土地的使用或开发时为什么必须提交申请；

在对障碍界限面区域内的土地开发申请进行评定时必须考虑哪些因素。

3.9 定义

有哪些定义，为什么使用这些定义。

3.10 行政管理性定义

什么是行政管理性定义；

行政管理性定义一览表；

各行政管理性定义的内容。

3.11 目的性定义

什么是目的性定义；

目的定义一览表；

各目的性定义的内容。

4. 附表(以下表略)

附表 1：遗产条款清单

国家不动产登记册中的条款。

附表 2：依照金斯顿和阿瑟韦尔遗址及金斯顿和阿瑟韦尔遗址的景区管理条款的规定制定的街区清单

金斯顿和阿瑟韦尔遗址。

附表 3：特定场所的开发

根据第 93 条的规定确定的场所名单。

附表 4：换算表

简易换算表；

面积换算表；

长度换算表。

(四) 1975年大堡礁海洋公园法
(1990年修订)

这是一个为建立大堡礁海洋公园及有关目的而制定的法律

第一章 前言

第一条 简称

该法可以作为"1975年大堡礁海洋公园法"引用。

第二条 生效

当该法被收入 Royal Assent（御准）中的那一天生效。

第三条 名词解释

(1)在本法中，如果没有相互矛盾的含义出现：

"协定"包括条约或公约；

"航空器"是指由于空气作用或浮力原因在大气中能够支持的机器或装置，但不包括气垫船；

"动物"指动物王国中的任何成员，无论活的，还是死的（而不是人），包括：

a)卵或卵的部分；

b)动物的皮、羽毛、壳或任何其他部分；

"澳大利亚沿岸海"指有主权的任何海或水域。这一主权是根据"1973年海域和水下土地法"宣布授予联邦君主的，但不包括该法14节中提出的任何水域。

"管理局"指根据本法成立的大堡礁海洋公园管理局；"主席"指管理局的主席；

"委员会"指根据本法成立的大堡礁顾问委员会；

"澳大利亚大陆架"与"1973年海域和水下土地法"中的意义相同；

"主任"指国家公园和野生动物局的主任；

"环境管理"指：

a)环境管理；

b)自然资源管理；

c)公园管理（包括水族馆管理和动物管理）；

d)任何类似的事物。

"放牧设施"指海洋资源放牧用的设备。

"大堡礁区域"指：

a)在计划表中描述的区域；

b)与规定的区域北部边界相邻接的区域,而不是"1973年海域和水下土地法"中14节提到的任何区域的一部分,或是一个岛屿或是岛域的一部分,它们形成昆士兰的一部分而不属于联邦所有。

"气垫船"指支撑到空气垫上的装置。

"检查官"指:

a)根据第四十三条被任命为检查官的人;

b)在第四十四条提到的人。

"着陆区域"指航空器着陆的区域;

"海洋公园"指根据本法建立的大堡礁海洋公园;

"成员"指管理局的一个成员;

"减轻"与损坏有关,包括防止进一步损害;

"国家公园法"指1975年国家公园和野生动物保护法;

"回收矿物作业"包括矿物的勘探和开发;

"兼职成员"指任命为兼职成员的成员;

"植物"指植物王国中或苗类王国中任何成员,包括种子和植物的一部分;

"保护区"指根据国家公园法宣布的保护区;

"权力"不包括主权;

"本法"包括管理条例;

"未区划的区域"指海洋公园中区划计划尚未生效的区域;

"船只"指能够载人或货物通过水面或在水面上的船、艇、德或浮桥,包括气垫船。

"区"指区划计划中的一个小区;

"区划计划"指根据第三十二条制定的区划计划。

(2)在本法中,涉及的海床包括任何珊瑚礁构造的表面,底土包括任何这种构造表面以下的珊瑚礁。

(3)本法中,涉及的公众通告是出版的通告:

a)官方公报 Gazette;

b)在每个州和托管地,在整个州和托管地流通的报纸。

(4)本法中,涉及到违犯本法(不是本小条)包括违法:

a)1914年刑法的六、七条或第七条(a);

b)根据本小条(a)段,那一法的86(1)小条,就是违犯的本法。

第三条(A)区划计划的解释:

(1)在区划计划的解释中,本款加上第3款有效。

(2) 如果：

a) 区划计划的规定（在本项中叫第一规定）有效,那么特别区域中的特别活动要求许可证；

b) 区划计划中的另一规定（本小节称为第二规定）,除本项外还有效,那么同样区域的同样活动不要求许可证；

第一规定优先第二规定。

(3) 在区划计划中,提到经营,从事或制定旅游规划,是指一种活动（无论是单一行为还是一系列行为）：

(a) 进行商业活动的过程；

(b) 是包括交通、住宿或对旅游者的服务。

(4) 在区域计划中,涉及到旅游设施的条款,是指在进行商业过程中对旅游设施的规定。

(5) 在区划计划中,一个旅游规划设施的建设或规定,是指在商业活动过程中一项活动设施的建设或规定（无论是单一的或是一系列的活动）,包括交通、住宿或者为旅游者的服务。

(6) 在区划计划中,经营、从事或制定教育规划,是指交通、住宿或为 6 人以上团体（没一人是旅游者）的服务（无论是单一的还是一系列活动）,其目的在于对这些人进行系统的教育。

(7) 在区划计划中,教育设施条款,是指为 6 人以上小组（没一人是旅游者）进行系统教育目的而设置的设备。

(8) 在区划计划中,教育设施的建设或规定,是指交通、住宿或为系统教育 6 人以上小组服务的设施建议和规定（无论是单一行动还是一系列行动）。

(9) 在这一条和区划计划中：

"设施"包括建筑物、构造物、船只、货物、设备或服务。

"旅游者"是指主要在海洋公园中从事娱乐目的（可包括钓鱼和采集）的人。

(10) 38B(2)款的目的,不能看作是对区划计划的修订。

第四条　法律的效力

(1) 本法依仗联邦、"每个州、北部领地和诺福克岛"约束着王国政府。

(2) 本法不依仗联邦、州、北方领地或诺福克岛使得王国政府被起诉违法。

(3) 本法也适用于每一块外部领地。

第五条　本法的目的

(1) 本法律的目的是根据本法的规定为在大堡礁区建立、控制、保护和发

展海洋公园而制定一些规定。这些规定在国会的立法权限之内,但不排除任何其他有关的权力,它的权限只与下列有关:

a)澳大利亚沿岸海域;

b)与澳大利亚大陆架有关的联邦权利(包括主权)和责任;

c)外部事物;

d)领土界限以外的澳大利亚水域渔业;

e)为公众目的联邦要求的地方;

f)与其他国家的贸易和商业,包括动、植物的进出口;

g)有关动植物的统计;

h)偶尔实施联邦政府权力的事物,以及对本法相应的管理。

(2)国会的意图是该法在部分大堡礁区域或部分海洋公园区域(不管是否根据第三十一条分别声明)完全有效,宪法允许不考虑该法在大堡礁区或海洋公园任何其他部分的效力。

第二章 大堡礁海洋公园管理局的成立、职责和权力

第六条 大堡礁海洋公园管理局根据本法以大堡礁海洋公园管理局的名字成立一个管理局。

第七条 管理局的职责

(1)管理局的职责是

(A)向部长提出有关海洋公园保护和开发的建议,包括随时建议:

a)那些区域应当声明为海洋公园部分;

b)根据该法应当制定的管理条例。

(B)本身或与其他研究所或个人合作,或安排任何其他研究所或个人进行有关海洋公园的调查和研究。

(C)根据第五章制定海洋公园的区划计划。

(CA)向部长提交有关海洋公园方面的情报和劝告,包括:

a)有关联邦和昆士兰州之间这方面事务任何协定(包括任何拟定的协定)的情报和建议;

b)有关下列事情的情报和劝告:

①在海洋公园事务上联邦是否应当给予昆士兰州以财政援助;

②这种援助的数量和分配;

③这种援助应当根据什么项目和条件给予。

c)有关下列事务的情报和劝告:

①在海洋公园的事务方面昆士兰州支会给管理局经费是否是合理的；
②这种支付的数量和分配；
③这种支付应当以何种项目和条件给予。
(CB)接受和支付由国会拨来的经费，这笔经费是由于海洋公园事物国会对昆士兰州进行财政援助，才拨给管理局的。
(CC)根据以下部门间的协定，接受和支付由昆士兰州给管理局的经费：
a)联邦和昆士兰州之间；
b)昆士兰州和管理局之间；
c)联邦、昆士兰州和管理局之间。
(CD)提供和安排与海洋公园有关的教育、咨询和情报服务。
(D)如管理规则所规定与海洋公园有关的职责：
根据第七条(A)对其他研究所提供援助。
(E)附带的或有助于完成上述任何职责而做的任何事情。
(EA)对于本条，但不限于：
(a)(CA)(CB)或(CD)的普遍性，如果事情与下列有关：
①使用和管理一个区(该区可以是昆士兰州的国家公园或昆士兰海洋公园)，而该区的使用和管理可能影响该海洋公园；
②使用与海洋公园有关的海洋公园以外的一个地方。那么问题应该与海洋公园有关。
(EB)该管理局负责海洋公园的管理：
(a)公园管理局应当根据部长发出的任何与该法一致的指示，履行其职责。
(b)公园管理局在根据"1901年审计法"第六十三条(M)条编写的每个报告中应括部长在这个时期根据本条(a)项做的任何指示细节。

第七条(A)帮助其他协会和个人的规定
(1)根据这一节，在另一协会或个人请求时，公园管理局在与环境管理有关的事物方面可以对该协会或个人提供帮助。
(2)这种帮助通过公园管理局本身或通过与另一些协会和个人合作由公园管理局提供。
(3)不限于可提供的大多数帮助，帮助可以采用下列形式：
(A)进行调查和研究；
(B)提供教育，咨询或情报服务；
(C)使其得到设备；

(4)公园管理局不应当执行本条款才有的职责,除非部长书面批准提供有关帮助。

(5)根据(4)项,部长不应给予批准,除非部长满意了有关的帮助条款不可能对执行本法其他条款赋予该管理局的职责有不利影响。

(6)如果遵守了根据批准方法制定的条件和限制(包括要求交换费用的条件),可以根据(4)项给予批准。

(7)本节不限制由管理条件授予的职责。

第八条 公园管理局的职责

(1)为了履行其职责,公园管理局可以做需要和方便做的所有事情,特别是可以:

(A)签定合同;

(B)通过租约占有、使用和控制联邦拥有的任何土地或房屋;

(C)得到、拥有和处置不动产或个人财产;

(D)接受给公园管理礼物、馈赠和遗产,无论是以除账还是其他形式;以现金托管人的形式还是以除账形式授予管理局的其他财产。

(E)做附带权力应做的任何事情。

(2)尽管本法包含了一切,但是以除账形式授予公园管理局的钱或财产,还要根据作为财产托管人——公园管理局的权力和责任进行处理。

(3)公园管理局有权与昆士兰州、与该州的当局或该州的地方管理实体合作执行它的职责。

第三章 公园管理局的组成和会议

第九条 公园管理局的性质

(1)公园管理局

(A)是一个永久性的法人团体;

(B)将有一个公章;

(C)可以以法人名义起诉或被控告。

(2)所有法院,法官和起司法作用的个人,应当采用文件上附有公园管理局公章的司法通告,并认为文件正式附上公章。

第十条 公园管理局的成员

(1)公园管理局由一个主席和2个其他成员组成。

(2)成员应当由澳大利亚总督任命,主席任命为专职的,而其他成员为兼职的。

(3)根据第十条(4),兼职成员之一应当由昆士兰政府提名任命人。
(4)如果:
(A)联邦政府已邀请昆士兰政府向部长提名被指派到兼职成员的空缺办公室(无论办公室以前是否满额);
(B)在邀请以后3个月期满,昆士兰政府还没有提出适合于(5)项指派到办公室工作的人,那么,不是由昆士兰政府提名的人可以指派到办公室,尽管根据这种选派不再是昆士兰政府提名的兼职成员。
(5)成员应当是在公园管理局职责方面称职或有广泛经验的人。
(6)公园管理局的职责履行和权力的实施不受公园管理局成员空缺的影响。
(7)成员的任命是有效的,不能认为这种选择或任命有缺点或不正规。

第十一条 公园管理局的成员任命期限
(1)根据(2)款,一个成员的任命期不超过5年,还可以重新任命。
(2)超过65岁的人不再任命或重新任命为主席,在任命期将要超过65岁的人也不再任命或重新任命为主席。

第十二条 公园管理局成员的报酬和津贴
(1)根据"报酬法庭"的决定,成员将付给酬报,如果"报酬法庭"不做决定,将按规定付给报酬。
(2)成员将按规定付给津贴。
(3)本条根据"1973年报酬法"生效。

第十三条 主席休假
作为一种报酬,部长可以准许主席休假。

第十四条 公园管理局成员辞职,成员可以通过向总督呈交由他本人签字的辞呈而辞职,但在总督接受辞呈以前,这种辞职无效。

第十五条 代理主席和成员
(1)部长可以选派一个人,包括兼职成员作为代理主席;
(A)在主席空缺时,无论这种选派以前是否做出过;
(B)当主席离职或离开澳大利亚,或因为其他理由不能执行它的主要职责时,在任何时期或所有时间;
但是在主席空缺期间选派的人代理不应继续12个月以上。
(2)当根据(1)(B)项一个人代理为主席时,且这人代理而使主席办公室空缺时,该人可以继续代理直到部长另外有指示补充空缺,或者到空缺终止12个月,无论是否是第一次代理。

(3)部长可以选派一个人为兼职成员。

(A)在兼职成员办公室空缺时,无论这种选派以前是否做过。

(B)在任何时间或所有时间当兼职成员代理主席离开岗位或澳大利亚,或因其他任何理由不能够履行他的职责时。

但在空缺期间选派的人不应继续代理超过 12 个月。

(4)部长可以:

(A)决定任命的时间和条件,包括任命为合理主席或兼职成员时的报酬和津贴。

(B)根据本条可以在任何时间终止任命。

(5)一个人代理主席或兼职主席,如果他通过向部长递交辞呈辞去这种任命,这种任命就终止生效,但辞呈直到被部长接受才能生效。

(6)当一个人任命为代理主席或兼职成员仍然有效时,他有权并可以视情况而定实施所有权力,执行主席或兼职成员的职责。

(7)根据这一节任命的人所做任何事情的合法性,无论在没任命他时或任命停止有效时都不产生怀疑。

第十六条 公园管理局成员的任命期的终止

(1)总督可以根据成员的错误行为或身体和健康原因终止他的任命。

(2)如果一个成员:

(A)身为主席,在他的职责之外从事有偿雇用而没得到部长的批准;

(B)身为主席,除了在部长准假外,擅离职守连续 14 或在 12 个月内累积 28 天;

(C)除了部长准假或其他允许连续 3 次不参加公园管理局的会议;

(D)变成破产人或接受任何破产或无偿还能力的债务人的法律救济,与他的债权人解决债务问题,或将他的报酬转让成债权人的利益;

(E)没有按照第十六条(A)项的成员责任去做而又没有适当的理由。

第十六条(A)提示成员的利害关系:

(1)一个成员在公园管理局正在考虑的或将要考虑的事情中有直接或间接的金钱利害关系,该成员应当在知道有关事实以后尽快地在公园管理局的会议上提示该成员利害关系的性质。

(2)根据(1)款的这种提示应当记录在公园管理局会议的备忘录中,除非部长另外决定该成员。

(A)在公园管理局有关这类事件的任何审议期间不参加;

(B)不参加公园管理局有关该事的任何决定。

(3)关于所有直接和间接的金钱利益,主席应当向部长递交一个书面通知;该主席在任何商业或在从事商业的法人团体中有或可能有利害关系。

(4)这一节适用于代理主席或兼职成员。

第十七条 公园管理局的会议

(1)主席为了履行公园管理局的职责认为需要时应当召集这样的会议。

(2)根据其他成员签字的书面请求,主席应当召集公园管理局的会议。

(3)在公园管理局的会议上,2个成员构成一个法定人数。

(4)在所有主席参加的公园管理局的会议上主席都应当主持。

(5)如果主席不参加公园管理局的会议,主席会议的成员应当在他们中间选择一个主持会议的人。

(6)根据(8)款,公园管理局会议上提出的问题,应当根据多数票决定。

(7)主持公园管理局会议的成员有一张慎重考虑的一票,并且根据(8)款在票数相等时他还可以再报一次票。

(8)当仅有两个成员出席公园管理局会议时,并对会议讨论的问题有分歧时,该问题将推迟到下次有3个成员参加的会议上决定。

(9)当一个人代理主席时,本条中的主席应当看作包括这个人。

(10)当一个人代理主席或兼职成员时本条中的成员应当看作是包括这个人。

……

第四章 大堡礁顾问委员会

第二十条 大堡礁顾问委员会

根据本法成立大堡礁顾问委员会

第二十一条 委员会的职责

(1)该委员会的职责

(A)向部长提交有关海洋公园的劝告,无论是他本人动议还是经部长请求;

(B)向公园管理局提交有关海洋公园的劝告,包括哪些区域应当变成海洋公园部分的劝告,供公园管理局参考。

(2)对于与该委员会职责有关的情报,公园管理局应当照办该委员会所有合理的要求。

(3)当部长接到该委员会的建议时,他将这些建议的详情转交给公园管理局。

第二十二条 委员会的成员

(1)该委员会应当由：

(A)公园管理局的一个成员；

(B)随时由部长确定,不少于12人的若干其他成员组成。

(2)根据(4)款,不足(1)(B)项提出的成员数目,1/2时,应当由昆士兰州提名。

(3)在昆士兰州政府提名的成员还不足1/3时,任命(1)(B)项提出的任何成员或几个成员时,部长将书面邀请昆士兰州政府提名一个或几个人选派到该委员会中,但提名的人数不能超过任命数目。

(4)在接到邀请之后3个月后,根据(3)款的邀请,昆士兰政府还没有提出名单,那么部长可以任命一些不是该政府提名的人员到这些缺空位置上。

由(1)(A)项提出的该委员会的成员应当由公园管理局通过带公章的书面材料任命。

(5)(1)(B)项提出的该委员会的成员应该由部长任命。

(6)(1)(B)项提出的该委员会的成员可以代表联邦的一个部或局,或一个组织,并且是大堡礁或大堡礁区域有直接利益的部门、当局或组织,部长应当确保具有这些利益的部门、当局确实具有代表性。

(7)公园管理局的成员不适宜做(1)(B)项提到的委员会的成员。

(8)履行该委员会的职责不会因为委员会的成员空缺而受影响。

(9)在本条中,公园管理局的成员不管是否是代理主席或兼职主席都应视为那个人。

第二十三条 委员会成员的使用期

(1)第二十二(1)款中提到的成员在公园管理局期间拥有办公室。

(A)第二十二(1)款指的委员会成员将任命3年,但不适于连任。

(B)如果二十二(1)(B)项涉及的委员会的一个成员在他的任命期终止之间停职,根据二十二条,另一人可以选派到他的岗位,直到这个时间终止。

第二十四条 委员会成员的报酬

(1)应当根据"报酬法庭"的决定会给委员会成员报酬,但是,如果法庭的决定无效,应当按规定付以报酬。

(2)委员会的成员应当按规定付以津贴。

(3)如果符合"1973年报酬法庭法"这一条有效。

(4)如果公园管理局的主席或代理主席是委员会成员时,(1)款不适用。

第二十五条 委员会主席

(1)该委员会应当选一位成员,但不是第二十二条(1)(A)项中指的成员为该委员会的主席。

(2)被选为该委员会主席的成员,直到他们任命期结束之前都在任职,但如果他终止成员成分,他也不再是委员会主席,通过向部长递交书面辞呈,他可以辞去主席职务。

(3)可以连任委员会的主席。

第 26 条　委员会成员的辞职

(1)第二十二条(1)(A)款指的委员会的成员通过向公园管理局的主席递交书面辞呈,可以辞去他的职务,如果该成员是公园管理局的主席,那么他的辞呈交给公园管理局的另一个成员。

(2)一个人代理公园管理局主席期间(1)款中的公园管理局主席应当认为是他本人。

(3)第二十二条(1)(B)项提到的委员会成员可以通过将他签字的辞呈交到部长那儿辞职。

第 27 条　委员会成员任职的终止

(1)部长可以根据其错误行为或身体或脑力情况终止第二十二条(1)(B)项指的委员会成员的任命。

(2)如果第二十二条(1)(B)项指的委员会成员缺席,除了经部长或委员会主席允许外,连续 3 次不参加委员会的会议,那么部长可以终止该成员的任命。

如果第二十二条(1)(A)提及的委员会成员不再是公园管理局的一个成员或代理成员,那么他就停止任职。

(3)如果根据第二十二条(6)款任命的委员会成员,由于雇用、居住或其他情况的变化,按照部长的意见,不再能代表原任命的那个部门、机构或组织,那么部长可以终止他的任期。

第二十二条(1)(A)项提出的委员会成员中没执行第二十七 A 条的成员职责,又无适当理由部长应终止该成员的任期。

(4)如果第二十二条(1)(B)项指的委员会成员没有执行第二十二条(1)(B)项的成员职责,又没有适当理由,那么部长应当终止该成员的任期。

第二十七条 A 条成员利益的提示:

(1)如果委员会的一个成员在委员会正在考虑或将要考虑的事物中有直接或间接金钱利害关系,在该成员得知有关事实之后尽可能快地在委员会会议上揭示他在这种事物中的利害关系。

(2)根据(1)款的这种说明,应当在该委员会会议备忘录中记录,除非部长另外决定,该成员不应:

(A)出席委员会研究有关事物的会议;

(B)参加委员会对该事物的决定。

第二十八条 委员会的会议

(1)委员会应当如期召开履行其职责所必要的会议。

(2)委员会的主席可以在任何时间召集委员会的会议,确保每年至少召开一次会议。

(3)部长可以在任何时间召集委员会的会议。

(4)委员会主席在接到其他5个成员书面申请时可以召开委员会会议。

(5)在委员会的会议上,半数以上成员才是法定人数。

(6)在委员会主席出席的所有委员会会议上主席都应主持会议。

(7)如果主席在委员会的一次会议上缺席,将选择一个出席会议的代表主持会议。

(8)委员会会议提出来的问题应当由出席和投票的委员会大多数票决定。

(9)委员会会议的主持人有慎重的一票,万一票数相等,他还可以再投一票。

第二十九条 委员会的援助

(1)委员会要求管理援助时,公园管理局的工作人员可以提供。

(2)公园管理局将提供委员会履行其职责所需要的经费。

第五章 大堡礁海洋公园

第三十条 大堡礁海洋公园

将建立一个叫做大堡礁海洋公园的海洋公园,它由目前根据第三十一条宣布为海洋公园的那部分大堡礁区域组成。

第三十一条 海洋公园内的面积

(1)根据(2),总督可以通过公告宣布,公告中指定的大堡礁区内的一个区域为海洋公园的一部分,并对该区域命名或给予其他名称。

(2)如果一个区域目前根据(1)款被声明是海洋公园一部分,那么:

(A)该区域任何海的水域;

(B)该区域内任何海下的海床;

(C)任何这种海床的底土,延伸至公告规定的海床下深度;

(D)该区域内任何土地以下的底土,延伸至公告规定的表层以下的深度,都属于海洋公园的管理范围。

第三十二条 区划计划

(1)根据其重要性可以海洋公园分成若干小区。

……

(6)对于一小区来说,区划计划应当就该区的使用和进入做出规定。

(7)在制定区划计划时,应当注意下列目的:

(A)大堡礁的保护;

(B)海洋使用海洋公园的管理条例,以便在允许使用大堡礁区域时保护大堡礁;

(C)管理开发大堡礁区域资源的活动,以便减少这些活动对大堡礁的影响;

(D)为公众的欣赏保留大堡礁的某些区域;

(E)除科研目的外,绝对保护大堡礁某些区域呈原始状态而不受人类干扰;

本法决不能认为一个区划计划含义中的负责机构是公园管理局之外的机构。

(8)当公园管理局已制定了一个计划,通过公告,它应当:

(A)声明这个区划计划已经制定;

(B)邀请一些感兴趣的人,按照公告的规定在官方通告上发表以后不超过一个月内,对该计划的内容进行评价;

(C)指定一个地点或几个地点,在此可以检查或购买到该计划的复制件;

(D)指定一个地点,在此可以得到有关计划内容的评价。

(9)一个人可以在不晚于通知指定的日期就该计划的内容向公园管理局作出评价,如果公园管理局在区划计划以后认为需要,可以对这种评价给予预先考虑。

(10)公园管理局应当向部长提交:

(A)区划计划;

(B)如果按照(9)款已做了评价,这些评价连同公园管理局就这些评价所做的评论。

(11)部长可以:

(A)接受提交的区划计划;

(B)为今后考虑,连同他的建议一起交给公园管理局。

(12)如果该区划计划已经如此转交给公园管理局,公园管理局在接到该计划后尽快地对计划给予进一步考虑,对部长的建议给以考虑之后,无论是有无改变,将该计划连同对部长建议的评论重新提交给部长。

(13)当该计划重新提交给部长时,他应当在接到该计划之后尽快的认可如此提交的计划或经过他认为合适修改计划。

(14)当部长根据(13)款计划做出改变时,他应当写一个这种改变的报告,由公园管理局就这种改变提出评论,然后,该报告根据第三十三条提交到国会之前还要附上该区划计划。

第三十三条 在国会之前制定区划计划

(1)如果一个区划计划根据第三十二条已被接受,部长就应尽快地提交给国会两院,在接受以后不晚于连续15天。

(2)当区划计划呈交给议院后连续15天内,国会两院可以根据有关通告的申请,通过取消计划的动议。

(3)在计划呈交给议院之后国会连续15天议会终止之前,如果:

(A)议会解散,或众议院期满,或国会休会;

(B)取消计划的决议没有被议会通过;

对于这一条来说,该计划应当被认为在解散、终止或休会以后议会的第一次连续日已呈交给议会。

(4)如果国会两院根据(2)款取消该计划,部长应当指导公园管理局制定一个新的计划,此公园管理局应当重新考虑并制定新计划,因此可应用第32条。

(5)如果国会两院根据(2)款通过了该计划,部长应当在该计划获得通过最后一天终止之后尽快地通过公告声明;该计划在公告中规定的日期生效(不比官方公告上发表的日期早),并且该计划应当在那天生效。

(6)(5)款提到的公告应当指定一个地址或若干地点,在这些地点可以检查或购买该计划的复制件,公告可以包括与计划有关的这些小区的描述或计划的任何其他详情。

第三十六条 公园管理局执行区划计划

(1)当一个区划计划在一个小区产生时,公园管理局应当按照计划而不是别的对该小区执行其职责,实施它的权力。

(2)当一个区划计划对一个小区生效时,为了确保部长管理的部门和部长管理责任有关的每个联邦机构执行计划与该区有关的职责和行使权力,每个部长都应当给予指导和做他能够做的事情。

第三十七条 区划计划的修订和撤销

(1)公园管理局可以在任何时间修订一个区划计划。

(2)有关一个区的区划计划可以被一个该区新的区划计划废除,但这种废除直到新计划生效前才有效。

……

(10)修订区划计划或制定新的区划计划可应用第三十二条和三十三条。

第三十八条 在海洋公园中不允许钻探和采矿

(1)尽管联邦、州或领地都有法律,但本条有效。

(2)根据(3)款,在海洋公园中决不能从事回收矿物的作业。

(3)(2)款中提到的作业,在为了建立、保护和发展海洋公园有关的调查和研究或为了科研目的,经公园管理局批准才可以进行。

(4)个人:

(A)若违犯了(2)款,或

(B)为了矿物回收作业根据(3)款得到公园管理局的批准,但进行了与这种批准不同的回收作业,是违法的,处以不超过5万澳元的罚款。

(5)违反(4)款的违法行为是可控告的行为。

(6)尽管违犯(4)款是可控告的违法行为,有裁决司法权的法院可以听取和决定有关这种违法行为的诉讼,如果法院愿意这样做且原告和被告同意时。

第三十八条 A 唯一被允许使用的区域个人为区划计划所不允许的目的不得进入或使用一个区划小区。

罚款:

(A)如果违法者是自然人为1万澳元;

(B)如果违法者是法人团体为5万澳元。

第三十八条 B 在区划区域应遵守允许证要求:

(1)根据区划计划,如果一个区划小区除下列机构许可外,为特殊目的不能使用或进入:

a)在该计划内的负责机构;

b)公园管理局;

那么个人不能使用或进入该区,除非:

c)这种使用和进入根据管理条例允许;

d)这使用和进入是一个机构根据允许条件批准的。

罚款:

e)如果违法者是自然人为1万澳元;

f)如果违法者是法人团体为5万澳元。

(2)(1)款不适用于下列情况：

a)在以下时间从事的行为：

①在区划计划生效后的 120 天内从事的行为；

②在区划计划修订案生效后 120 天内从事的行为。

b)这个时期如果这个人申请(1)款提的许可证，这个时期结束后这个人从事的行为。

第三十八条 C　在区划区域违犯许可证或授权的条件：

如果第三十八条 B 条提到的许可和授权遵守了条件，这些条件适用的人就没有违反这些条件。

罚款：

a)如果违法者是自然人为 1 万澳元；

b)如果违法者是法人团体为 5 万澳元。

第三十八条 D　在区划区域应遵守通知要求：

根据一个区划计划，为特殊目的不能使用或进入一个区域，但有下列机构的通知例外：

a)该计划的负责机构；

b)公园管理局。

个人不能随意使用或进入区划区域，除非这人已通知了公园管理局打算为某种目的使用或进入该区。

罚款：

本条 a)如果违法者是自然人为 1 万澳元；

本条 b)如果违法者是法人团体为 5 万澳元。

第三十八条 E　在区划区域违反命令：

个人不能违犯管理局根据管理规则对这个人发出的命令，这个命令是：

a)由管理条例宣布的适于本条的命令；

b)有关个人使用或进入区划小区的命令；

c)为了保护海洋公园或海洋公园内财产和东西所需要的命令；

d)并不要求个人迁移海洋公园内的构造物、着陆区、牧场设施、船只、航空器或其他东西的命令。

罚款：

e)如果违法者是自然人为 1 万澳元；

f)如果违法者是法人团体为 5 万澳元；

第三十八条 F　在未区划的区域禁止某些活动

(1)在未区划的区域内,个人不能进行下列活动:
a)建造、安装或现场固定:
①建筑物或类似的构造物;
②浮桥或其他浮动构造物;
③走道、锚泊设施或类似的构造物;
④捕获海洋动物的装置。
b)拥有 8 个以上卧铺的船只在一个相邻地点作业下列天数以上:
①连续 14 天;
②在 60 天期间有 30 天。
c)从事开垦工程、滩涂保护工程、道路修筑工程或其他任何工程。
d)建设着陆区。
e)建造农牧设施。
f)在下列构造物上作业或维修:
①房屋或类似的构造物;
②浮桥或其他浮动构造物;
③走道、锚泊设备或类似构造物。
g)维修任何捕获海洋动物的设施。
h)拆毁或移出任何下列构造物:
①房屋或类似的构造物;
②浮桥或其他浮动构造物;
③走道、锚泊设备或类似构造物。
但下列情况例外:
i)从事根据管理条例授予个人的许可证允许的活动;
k)从事根据这样的许可证条件授予个人的权力所允许的活动。
罚款:
m)如果违法者是自然人为 1 万澳元;
n)如果违法者是法人团体为 5 万澳元。
(2)第(1)款的船只作业包括:
a)在船上进行作业;
b)把船用作从事其他活动的基地;
c)进行船舶维修。

第三十八条 G　如果第三十八 F 条中提到的许可证和授权有若干条件,那么使用这种许可证和授权的个人不得违犯这些条件。

罚款：
a)如果违法者是自然人为1万澳元；
b)如果违法者是法人团体为5万澳元。
第三十八条 H　个人不得违犯根据管理条例下达的命令，这些命令是：
a)根据管理条例宣布的本条采用的命令；
b)要求个人移出海洋公园中的构造物、农牧设施、船只、航空器或其他东西。
罚款：
(c)如果违法者是自然人为1万澳元；
(d)如果违法者是法人团体为5万澳元。
第三十八条 J　有关排放废物的违法：
(1)个人不得在海洋公园中排放废物，但是拥有根据管理条例授予排放废物许可证的人允许排放废物。
(2)如果(1)款提到的许可证附有若干条件，使用这种许可证的人不得违犯这些条件。
(3)本条不适用于在专门为排放废物被区划的区域内排放废物。
(4)本条不适用于从船上或航空器上排放下列废物：
a)人的废物，如果船或航空器上没有专为储存人的废物而设计的储存桶的话；
b)从海洋公园中捕到的鱼的内脏；
c)生物降解废物(不是 a)或 b)中的废物)，如果航空器或船舶离最近的珊瑚礁边缘向海方向500米以上。
(5)违犯(1)或(2)款的人因违法罚款：
a)如果违法者的自然人为不超过5万澳元的罚款；
b)如果违法者是团体法人为不超过25万澳元。
(6)在本条中，"排放"包括沉降；"礁"包括礁盘、礁坡、沟和堤。
第三十八条 K　使用船只和航空器造成的违法：
(1)如果：
a)由于使用船只或航空器而违犯了第三十八条 A～J 项中的任何一项；
b)负责该船或航空器的人：
①知道或有适当理由怀疑该船或航空器将用于犯法目的；
②没有采取适当步骤防止因使用船或航空器违法；
那么，这负责人就是犯法。

(2)(1)款中违法时船或航空器的负责人,是指违法时负责该船的船长或其他人,或负责该航空器的人。

(3)如果：

a)因使用船只或航空器而违犯第三十八条 A~J 项中的任何一项；

b)该船或航空器的拥有者；

①知道或有适当理由怀疑该船或航空器将用于犯法目的；

②没有采取适当步骤防止因使用船或航空器违法；

该船或航空器拥有者就是犯法。

(4)(3)款中违法时船或航空器的拥有者是指：

a)船或航空器的拥有者；

b)船或航空器的共有者；

c)船或航空器的任何部分拥有者。

(5)违犯本条的罚款：

a)如果违法者是自然人不超过 1 亿澳元的罚款；

b)如果违法者是团体法人不超过 5 亿澳元。

对违法起诉：

第三十八条 M

(1)违犯了第三十八条 A~K 项中的任何一条都可以被起诉控告。

(2)尽管(1)款中提到的违法是一种可控告的,但有下列情况,即裁判法院可以听取和决定对这种违法的起诉：

a)法院愿意这样做；

b)被告和原告同意。

(3)如果取决法院根据(2)款对(1)款法人宣判有罪,法院可以强制罚：

a)如果违法者是自然人为不超过 2 000 澳元的罚款；

b)如果违法者是团体法人为不超过 1 亿澳元的罚款。

命令：

第三十八条 N

(1)如果个人已经从事,是正在从事或打算从事,构成或将要构成违犯第三十八条到三十八条 K 项中任何一条的行为,一个州或托管地的最高法院可以根据下列申请：

a)公园管理局的；

b)其利益已经,正在或将要被这种行为影响的任何人；

在法院认为合适的期限内下达一个命令。

(2)如果一个人拒绝或没有或打算拒绝或不采取因违犯第三十八条到三十八条K项中的任何一条要求这人采取的行动,一个州或托管地的最高法院可以根据下列申请:

a)公园管理局;

b)因拒绝或没有采取行动其利益已经、正在或将要受影响的任何人;

在法院认为适合的时间下达一个禁令。

(3)如果根据法院的意见,这样做是最理想的,那么(1)或(2)款决定申请之前,法院可以给一个暂时禁令。

(4)法院可以根据本条取消或改变所发出的禁令。

(5)法院发出限制个人进行违法行为的禁令的权力可能行使:

a)在法院看来不管这人是打算再次从事或继续从事这种行为;

b)这人是否以前有过这种行为;

c)如果这人从事这种行为,不管是否存在重大损坏的危险。

(6)法院发出要求一个人采取行动的权力可以行使:

a)在法院看来不管这人是否打算拒绝或不再采取,或继续拒绝或不采取这种行动;

b)不管这人是否以前拒绝或没有采取这种行动;

c)如果这人拒绝或不采取这种行动,不管是否存在重大损害的危险。

(7)本条中构成违犯第三十八条到三十八条K项中任何一条的行为包括下列行为:

a)企图违犯这样的规定;

b)帮助、支持、劝告或介绍一个人违犯这样的规定;

c)引诱、或企图引诱一个人违犯这样的规定,不管是通过威胁、许诺还是其他方法;

d)以任何方式,不管是直接地、故意地使一个违犯这样的规定;

e)与其他人策划违犯这样的规定。

第三十九条　国家公园法第七条不适用

总督不应当根据"国家公园法"第七条下达有关大堡礁区域的一个区的公告。

第六章　管理

第四十条　公园管理局的工作人员

(1)公园管理局的工作人员应当是根据1922年公共服务法任命或雇用的

人。

(2)主席有全权组织公园管理局的工作人员。

第四十一条　由其他人完成服务

虽然第四十一条已有规定,但经部长同意并根据公园管理局确定的项目和条件聘请,第四十条所指以外的人员为公园管理局服务。

第四十二条　昆士兰州和政府机构的官员和雇员

(1)澳大利亚政府可以与昆士兰政府就履行职责和实施本法权力问题做些安排,即利用昆士兰州的官员或雇员,该州的政府机构,警察部队成员执法。

(2)公园管理局可以与澳大利亚公共服务部部长或一个联邦机构就履行职责和实施本法权力问题作出安排,即视情况而定,利用该部或该机构的官员或雇员执法。

第四十三条　检查官的任命

公园管理局可以通过书面通知的形式任命:

a)公园管理局的一个工作人员;

b)第四十二条中所提到的人。

第四十四条　检查官

根据本条,澳大利亚联邦警察的每个成员或特殊成员都是一个检查官。

第四十五条　身份证

(1)公园管理局应该对每个检查官而不是警察部队的成员发放带有持有者照片的身份证。

(2)停止做检查官的人应当立即向公园管理局交回身份证,并罚款100澳元。

第四十六条　无证拘留

(1)检查官可以无证拘留任何人,如果该检查官有理由认为:

a)该人违犯本法;

b)对该人传讯无效。

(2)如果检查官(不是穿制服的警察)根据(1)款拘留了一个人。

a)如果他是警察,他应当出示证明他是警察的书面证件,以便被拘留的人检查;

b)在任何其他情况,出示身份证被那人检查。

(3)如果一个人根据(1)款被拘留,检查官应当在将他带到地方治安官员之前,依法进行处理。

(4)本节不妨碍依据任何其他法律拘留一个人。

第四十六条 A 项对拘留的人进行搜查：

(1)检查官可以将一个违犯本法的人进行拘留,搜查这个人,这个人穿的衣服和他直接控制的任何财产,如果该检查官认为这样做是必要的；

a)为了查明该人身上,衣服里或他的财产中是否隐藏了武器或可用于下列目的的其他东西：

①致死或使身体受伤；

②帮助这个人逃离拘留点。

b)为了防止隐藏,丢失或毁坏违犯证据。

(2)依据本款对人或这人所穿衣服的搜查应当由下列人员进行：

a)与该人同性的检查官；

b)如果没有与被搜查人同性的检查官,检查官可以请求与被搜查人同性的任何其他人进行搜查。

(3)依据本款进行搜查的检查官不应当用暴力使该人受到较大侮辱,而做适当地和必要的搜查。

(4)检查官可以没收：

a)在搜查中发现的(1)款 a)提到的任何武器或其他东西；

b)检查官有适当根据相信在搜查过程中发现的东西是有关下列东西：

①有关违犯本法的东西；

②给出违犯本法的证据；

③为了违犯本法被使用或打算使用的东西。

(5)根据(4)款,检查官可以保留没收的武器或其他东西：

a)如果从没收到起诉终止的 60 天时间内对因使用武器或其他东西引起的违法进行起诉；

b)在任何其他情况,直到没收后的 60 天的时间终止。

(6)根据本法其他条款或任何其他法律,不应当影响本条对个人的搜查或财产的没收。

第四十七条 没收和罚金

(1)如果法院宣判一个人违犯本法,法院就可以命令没收在犯法时涉及的船只、航空器或其他东西交给联邦。

(2)检查官可以没收他认为在违法中使用或涉及的任何船只、航空器或其他东西,并且检查官可以扣留它们直到没收后 60 天期满。

(3)如果根据(2)款没收并扣留的船只、航空器或其他物品超过 7 天,并且这些东西在犯法时并没有使用或涉及到,那些由于没收遭到损失的任何人都有权要求合理的赔偿。

(4)公园管理局可以批准将根据(2)款没收的船只、航空器或其他物品归还给物主,或没收时物主所有人,这种归还是无条件的,或者已认为合适条件。

(3)和(4)款不适合根据第四十六条A没收的东西。

(5)根据这条没收的船只,航空器或东西可以出售或以公园管理局认为合适的方式处理。

(6)检查可以没收在违犯本法时他认为已被杀死或采集的动、植物。

(7)如果动、植物根据(6)款已被没收,公园管理局就可以令其:

a)扣留;

b)出售或其他处理。

(8)如果根据(6)款没收的动、植物在违法时并没有被杀死或采集,那么因这种没收而受损失的任何人都有权要求给予适当的赔偿。

(9)根据本条的赔偿由联邦支付,也可以由:

a)处理违犯本法而没收了船只、航空器、物品或动、植物的法院给与;

b)联邦法院或州和托管地法院给与。

第四十八条 *检查官的一般权力*

(1)为了查证船上或航空器中是否有下列物品,检查官可以搜查船只和航空器:

a)与犯法有关的任何动物、植物或东西;

b)能够给出犯法证据的东西;

c)在犯罪时使用或打算使用的东西。

(2)检查官可以:

a)要求任何一个他发现违犯本法或他有理由怀疑违犯本法的人说出自己的全名和通常居住的地方;

b)要求任何一个他发现违犯本法或他有理由怀疑违犯本法的人离开海洋公园;

c)要求任何一个他有理由怀疑已经违犯本法的人出示本法要求的许可证或授权证明。

(3)如果检查官(而不是穿制服警察)被阻挡搜查或扣留航空器或船只:

a)如果本人是一位警察,他应当向负责该航空器或船的人出示书面证明他是一位警察,以便被那人检查。

b)对于任何其他情况,他应当出示个人身份证被那人检查。如果他不这样做,他就没权搜查和扣留那个航空器和船只。

(4)如果检查官(不是穿制服的警察)根据(2)款对一个人提出要求：

a)对于检查官是警察的情况,他应当向那人出示书面证明以证明他是一名警察。

b)对于任何其他情况,他应当出示他的身份证,以便被那人检查；

如果他不这样做,这个人就没有义务遵守这种要求。

(5)如果一个人没有适当理由不执行检查官根据(2)款提出的要求,那么这人就算违章,可以对其不超过1 000澳元的罚款。

第四十八条 A　实施权力的限制——位置：

(1)第四十六条中(1)款或第四十八条(1)或(2)款授予检查官的权力只有在海洋公园中才能实施。

(2)如果在下列情况,检查官可以对个人、航空器或调查船在海洋公园以外实施第四十六条(1)款或第四十八条(1)或(2)款授予他的权力：

a)如果该检查官不是一名警察,且该检查官有根据的相信,作为一名警察的检查官不可能实施他的权力；

b)一个以上的检查官(不管是否包括正在实施权力的检查官)已从海洋公园内的一个地方追赶到海洋公园以外的地方；

c)在检查官到达海洋公园以外的地方以前任何时间,这种追赶没有结束或中断。

(3)根据(2)款,追赶个人、航空器或船只不应当因检查官看不到那个人、航空器或船只而停止或中断。

(4)(3)款中看不见那人包括从雷达或其他遥感设备中消失。

第四十九条　攻击检查官

(1)攻击或威胁根据本法正在执行职责的检查官是有罪的、处予不超过5 000澳元的罚款或不超过2年的监禁,或两者兼施；

(2)违犯(1)款是可被控告的罪行；

(3)尽管违犯(1)款是可控告的罪行,但在下列情况,即裁判法院可以按犯罪情况,然后再决定起诉：

a)法院认为这样做是适当的；

b)被告和原告同意。

(4)如果根据(3)款,即法院宣判一个人违犯(1)款,法院可以强行罚款不超过2 000澳元或不超过12个月的监禁。

……

第七章 经费

第五十二条 拨给公园管理局的经费

(1)国会每年为公园管理局拨款;

(2)财政部长按照(1)款中提出的数量和时间将经费拨给公园管理局。

第五十三条 经费的使用

公园管理局的经费,但不是第五十四条A或第五十四条B中指的经费,只能用于下列情况:

a)支付公园管理局或根据本法成立的委员会的费用和其他应偿还的款项;

b)据本法付给每个人的报酬和工资。

第五十三条A 经费投资。公园管理局的钱可以以下列方式投资:

a)在"1901年审计法"范围内存在批准的银行中;

b)购买联邦债券;

c)由财政部批准的任何其他方式。

第五十四条 经费预算

(1)公园管理局应当按照部长提出的形式在每个财政年度和任何其他时期进行经费和花费的估算,并将这一预算在不晚于规定的日期提供给部长。

(2)除了根据部分批准的费用预算外,公园管理局不应当花费额外的经费,这不包括第五十四条A或第五十四条B中所指经费。

第五十四条A 对昆士兰州的财政援助。

为了对昆士兰州进行财政援助,国会先将这笔经费拨给公园管理局,然后公园管理局按照援助的有关条件和项目再付给昆士兰州。

第五十四条B 由昆士兰州支付的经费。

根据协议,因为某一用途的费用由昆士兰州支付给公园管理局的经费,公园管理局应当只为这一用途花费这些经费,不能它用。

第五十五条 1901年审计法第十一章3款的应用

(1)公园管理局是公共机构,1901年审计法第十一章3款适用;

(2)根据1901年审计法第六十三条K项,公园管理局的经费包括本法第五十四条A项或第五十四条B项提到的经费。

第五十六条 购买和处理财产的权力

没有部长的批准、公园管理局不应当:

a)签定(不是与昆士兰州)收支超过 5 万澳元的合同,除非规定可以签定这样高额的合同。

b)签定超过 10 年的土地租约。

……

第五十九条　免除税收

根据联邦、州或托管地法律,公园管理局不属于纳税范围。

……

第六十一条　代表

(1)公园管理局可以通过通知或带有印鉴的书面材料将它在本法的任何权力授予个人。

(2)当该代表为本法目的实施这种授予权力时,应当认为公园管理局已实施了这种权力。

(3)根据本条的授权不妨碍公园管理局实施权力。

第六十一条 A　环境的恢复

(1)当部长有适当根据相信一种行为或过失构造违犯本法时,部长可以促使采取部长认为适当的步骤:

a)补救因行为或过失引起的任何状况;

b)减轻因行为或过失造成的任何损坏;

c)防止因行为或过失可能造成的任何损坏。

(2)当部长有适当理由相信一种行为或过失可能构成违犯移动构造物,着陆区域,农牧设施、船只、航空器,或其他东西的第三十八条 H 时,部长可以采取他认为适当的步骤:

a)移动构造物、着陆区域、农牧设施、船只、航空器或其他东西;

b)补救由于这种移动造成的任何环境变化;

c)减轻由于这种移动造成的任何损害。

(3)部长可以通过书面文件将自己根据本条的全部或任何权力授予公园管理局或主席。

(4)公园管理局和主席在实施(3)款授予的权力时,要遵照部长的指导。

(5)本款并没有授权在海洋公园以外进行任何事情,除非这种行为和事情影响到海洋公园。

(6)本款不影响联邦或公园管理局根据本法另外条款或根据任何其他法律实施权力。

第六十一条 B　由于本法矛盾引起的联邦或公园管理局花费的责任。

(1)根据本条,如果:

a)个人已被宣判为违犯本法;

b)联邦或公园管理局已遭受的花费或其他责任与下列有关:

①如果该种违法是一种附带性违法,即因纠正构成主要违法的行为或过失造成的违法;

②对其他任何情况,纠正构成违法行为或过失;

被宣判违法的人有责任付给联邦或公园管理局相当于联邦或公园管理这种花费的总量的钱。

(2)如果 2 人以上有责任支付(1)款的花费,那么这些人应联合承担支付联邦或公园管理局相当于这种花费总数的钱。

(3)如果:

a)个人有责任支付根据本条联邦或公园管理局因纠正违法行为或过失蒙受的损失费用;

b)这种费用的总量超过了联邦或公园管理局因纠正违法行为或过失蒙受的损失费用数量,那么,该人不负责支付超过部分。

第六十一条C 支付经费命令的执行。

(1)如果:

a)法院命令个人支付一定数量的花费;

b)法院已裁决出花费数量。

那么该命令就应按法院的最后判决执行,而有利于联邦或公园管理局一方。

第六十二条 有关海洋公园的确证

在任何对违犯本法的起诉中,原告起诉书中的证明材料如果属于下列情况,都是足以构成案件的证据:

a)被告犯法时位于海洋公园内或一个指定的区域中;

b)起诉书中提到的动物、植物、物品、船只等在违犯本法时位于海洋公园内或在一个指定的区域内。

第六十三条 法院的权限

(1)1902 年的审判法授予州的法院可以裁决违犯联邦法的案件,该法的规定在裁决违犯本法的案件时仍然有效。

(2)根据澳大利亚宪法第八十条,如果一个在托管地以外违法并在托管地内发现,那么托管地法院有同样的权力裁决这一案件。

(3)对没在一个州违犯本法控告的审判可以由坐落在任何地方的有司法权的法院帮助。

第六十四条 主任、雇员和代理人的品行

如果有必要，为了实施本法的需要，可以树立一种风尚，即个人或团体在它的工作中提高工作水平和提出建设性建议。

第六十五条 应用到国际义务的法律

(1)根据本条，本法适用于包括外国人的所有人，适用于包括外国船只和航空器在内的所有船只和航空器，不管它们是否位于澳大利亚境内和澳大利亚沿岸领海界限内。

(2)根据澳大利亚在国际法中应尽的义务，包括澳大利亚和其他国家任何协定中应尽的义务，本法都有效。

第六十六条 管理规则

(1)总督可以制定与本法或一个区划计划不一致的管理规则，规定本法要求或允许的所有事物。

(2)在(1)款的普遍性意义内，可以制定一些管理规则：

a)为了管理目的授予公园管理局职责；

b)使区划计划生产并实施；

c)授予检查官职责、权力并强加给他一定责任；

d)供与海洋公园有关的服务和服务设施；

e)处理或禁止可能污染海洋公园中水而有害于动、植物的行为(不管是在海洋公园内外)；

f)保护海洋公园和海洋公园中的财产；

g)从海洋公园中捉拿在海洋公园中违犯本法的人；

h)确保海洋公园中个人安全；

i)管理个人在海洋公园中的行为；

j)管理和禁止在海洋公园中进行任何贸易或商业活动；

k)给个人提供因使用公园管理局提供的服务或设施公园管理局增加的费用。

征收海洋公园中的下列费用：

①船只锚泊；

②航空器着陆；

③船只使用。

……

m)从海洋公园中移出因违犯本法留在那儿或废弃的船只，或扣押这样的船只；

n)迫使违犯有关:

①倾倒垃圾;

②使用船只;

③船只锚泊或靠岸;

④航空器的着陆、使用或飞行、规定支付公园管理局的钱。

o)管理海洋公园中船只的使用和通过,航空器的着陆、使用或安全;

p)管理或禁止动、植物带进或带出海洋公园;

q)扣押、移出、消灭或处理在海洋公园中离群的动物;

r)管理或禁止在海洋公园中使用武器、陷阱、网具、捕鱼设施或其他装置;

s)管理或禁止在海洋公园中放置诱饵、使用炸药和毒药;

t)为科研目的可在海洋公园中采集标本和进行调查;

u)发放许可证、特许证和其授权,由公园管理局征收这些许可证、特许证和其他授权的费用;

v)处理偶然发生的或与前述事物有关的问题。

(3)若不限制(1)或(2)款的一般原则,本管理规则可以直接应用于:

a)海洋公园;

b)区划计划还没生效的指定部分;

c)指定区域;

d)一个区域的指定部分。

(4)如果自一个区域划成海洋公园以来已过了5年,区划计划未生效,那么管理规则不应当在该区域实施。

(5)如果符合(6)、(7)款,在本法生效后所制定的法律中出现有矛盾的意义,那么管理规则的规定有效,尽管这一规定与本法生效前后制定的联邦法律不一致。

(6)管理海洋公园中船只航行的管理规则,在与联邦法律不一致时没有任何效力,本项不采用这样的管理规则。

(7)管理海洋公园中船只航行的管理规则,在与联邦法律不一致时没有任何效力,本款不采用这样的管理规则。

(8)由本法授予制定管理规则的权力可以在下列场合下实施:

a)该权力能够延伸到的所有场合,或所有指定的例外情况,指定的任何情况。

b)相同的规定可以适用所有的情况,不同的规定可以适用于不同的场合。

(9)本法授予的制定管理规则的权力不包括仅为下列事物制定规定的权力。

a)根据本法对一件事或另一件事定一条规定；

b)由本法授予根据管理规则为另一件事制定一条规定的权力。

(10)管理规则可以对违犯本管理规则规定不超过5 000澳元的罚款。

参考文献

1. 中国海洋21世纪议程[M].北京:海洋出版社,1996
2. 简明不列颠百科全书(第2卷)[M].北京:中国大百科全书出版社,1985
3. 中国大百科全书简明版(光盘)[M].北京:中国大百科全书出版社发行
4. 辞海(缩印本)[M].上海:上海辞书出版社,1999
5. 邓力群,等主编.当代中国海军[M].北京:中国社会科学出版社,1987
6. 国家技术监督局.海洋学术语[M].海洋地质学.北京:中国标准出版社,1992
7. 杨文鹤主编.中国海岛[M].北京:海洋出版社,2000
8. 张文显.法哲学范畴研究(修订版)[M].北京:中国政法大学出版社,2001
9. 肖乾刚.自然资源法[M].北京:法律出版社,1991
10. 肖国兴,肖乾刚.自然资源法[M].北京:法律出版社,1999
11. 吕忠梅,等.环境资源法学[M].北京:中国法制出版社,2001
12. 蔡守秋主编.环境资源法论[M].武汉:武汉大学出版社,1996
13. 蔡守秋,何卫东.当代海洋环境资源法[M].北京:煤炭工业出版社,2001
14. 蔡守秋.环境政策法律问题研究.武汉:武汉大学出版社,1999
15. [美]格林顿,等著.比较法律传统[M].米健,等译.北京:中国政法大学出版社,1993
16. [意]彼德罗·F·彭梵得著.罗马法教科书[M].黄风译.北京:中国政法大学出版社,1997
17. 周枏.罗马法原论[M].北京:商务印书馆,1994
18. 梁慧星.中国物权法研究[M].北京:法律出版社,1998
19. 陈华彬.物权法[M].北京:法律出版社,2004

20. 游劝荣. 物权法比较研究[M]. 北京:人民法院出版社,2004
21. 尹田. 法国物权法[M]. 北京:法律出版社,1998
22. 尹田. 物权法理论评析与思考[M]. 北京:中国人民大学出版社,2004
23. 史尚宽. 物权法论[M]. 北京:中国政法大学出版社,2000
24. 史尚宽. 债法各论[M]. 北京:中国政法大学出版社,2000
25. 王泽鉴. 民法概论[M]. 北京:中国政法大学出版社,2003
26. 高富平. 土地使用权和用益物权[M]. 北京:法律出版社,2001
27. 崔建远. 土地上的权利群研究[M]. 北京:法律出版社,2004
28. [美]约翰·克拉克著. 海岸带管理手册[M]. 吴克勤,杨德全,盖明举译. 北京:海洋出版社,2000
29. 任海,李萍,彭少麟. 海岛与海岸带生态系统恢复与生态系统管理[M]. 北京:科学出版社,2004
30. 巴逢辰. 海岸带资源[M]. 北京:科学普及出版社,1991
31. 陈学雷. 海洋资源开发与管理[M]. 北京:科学出版社,2000
32. 汪劲. 环境法律的理念与价值追求环境立法目的论[M]. 北京:法律出版社,2000
33. 张梓太. 环境法律责任研究[M]. 北京:商务印书馆,2004
34. 王新建主编. 香港环境保护法实务[M]. 北京:人民法院出版社,1997
35. 钱俊生主编. 香港环境与环境保护[M]. 北京:中国环境科学出版社,1997
36. 黄就顺,李金平主编. 澳门环境保护[M]. 澳门:澳门基金会,1997
37. 黄汉强,吴志良. 澳门总览[M]. 澳门:澳门基金会,1996
38. 黄金兰. 论法律移植[J]. 山东大学学报(哲学社会科学版),2001(6):29
39. 乔健康. 我国市场竞争法的最佳立法模式[J]. 法学杂志,1997(2):18
40. 关保英,张淑芳. 市场经济与立法模式的转换研究[J]. 法商研究,1997(4):20
41. 马新彦. 美国财产法上的土地现实所有权研究[J]. 中国法学,2001(4):167~176
42. 马壮昌. 政府应该怎样调控和管理土地市场[J]. 兰州大学学报(社会科学版),1994,22(3):31~35
43. 王龙泉. 国外海洋资源开发管理模式——访英见闻及启迪[J]. 海洋开发与管理,1996(2):49~51
44. 周放. 美国海洋管理体制介绍[J]. 全球科技经济瞭望,2001(11):9~11

45. 中国土地管理赴韩考察团. 韩国土地管理考察报告（上）[J]. 中国土地，1996(5)：42～44
46. 唐顺彦，杨忠学. 英国与日本的土地管制制度比较[J]. 世界农业，2001(5)：20
47. 杜群. 新西兰资源管理法评述[J]. 世界环境，1999(1)：13～15
48. 黄伟. 现代美国土地利用规划的发展及其启示[J]. 中国土地科学，2002,16(6)：40～42
49. 王静. 日本、韩国土地规划制度比较与借鉴[J]. 中国土地科学，2001,15(3)：45～48
50. 李珍贵. 美国土地征用制度[J]. 中国土地，2001(4)：45～46
51. 汪秀莲. 发达资本主义国家公有土地的流转[J]. 中国土地科学，1998(1)：9～13
52. 邱辉煌. 国外海洋自然保护区管窥[J]. 海洋开发与管理，1996(1)：22～25
53. Kalli De Meyer. 旅游业怎样才能有助于保护环境：博内尔海洋公园案例研究[J]. 产业与环境（中文版），1998(4)：67～69
54. 诸葛仁，Terry De Lacy. 澳大利亚自然保护区系统与管理[J]. 世界环境，2001(2)：21
55. 邢自生，张万才. 加拿大东部的自然保护区[J]. 林业科技通讯，1997(2)：16
56. 崔文林，杨应斌. 无人岛资源的开发利用与保护现状[J]. 海岛保护与利用管理学术研讨会论文集，2003(11)：37
57. 任海. 生态旅游及其可持续发展[J]. 资源生态环境网络研究动态，1999,10(1)：20
58. 李国庆. 中国海洋自然保护区的管理[J]. 海洋开发与管理，1994(1)：18
59. 刘兰. 加强海岛生态环境保护，促进海岛经济发展[J]. 海岛保护与利用管理学术研讨会论文集，2003(11)：12
60. 邹高禄. 香港土地租赁制度[J]. 国土经济，1998(2)：40
61. 蔡秀玲. 香港的土地管理制度与启示[J]. 福建学刊，1996(4)：45
62. 潘乐陶. 香港填海面面观[J]. 地理学报，1997(52)：124
63. 王翰林. 香港环保：全民共同的事业[N]. 科技日报，2004-09-03
64. 吴北明. 澳门的环境状况. 环境教育，1999(4)：40
65. 董珂. 澳门地区环境保护概述[J]. 城市规划，1999(23)：14

66. 米金套.构建澳门环保平台[N].中国环境报,2003-4-28
67. 华夫.澳门大力改善环境质量以开放态度制定城市规划鼓励环保[N].法制日报,2002-09-28
68. 李边疆,等.我国台湾地区土地利用规划的特点及其启示[J].国土经济,2004(4):45~47
69. 李何超,王振山.台湾地籍制度与土地登记[J].国土经济,2003(4):43~44
70. 胡存智,岳晓武.土地估价与地价管理[J].国土资源,2002(3):25
71. 国土资源部土地征用制度改革调研课题组.台湾香港土地征用制度比较[N].中国国土资源报,2001-07-20:(003)
72. 张茂法.论台湾环境与社会经济的协调发展[J].华侨大学学报(哲学社会科学版).1995(4):27
73. 樊静.海峡两岸沿海土地制度比较研究[J].法学论坛,2004(1):52
74. 王忠.台湾面临严重环境危机[N].台港澳世界新闻报,2002-12-16:(010)
75. 宗和.天灾之下有人祸 胡乱开发危险大 台湾出台"地质法"监管土地开发[N].法制日报,2001-09-29:(008)
76. 吴北明.澳门环境状况[J].环境教育,1999(4):41
77. 刘雪.感受澳门生态环境[J].当代亚太,2000(4):64
78. L Freidman. The legal system. New York: Marasinghe and Conklin Press, 1992
79. Mary Ann Glendon, Michael Wallace Gordon, Paolo G. CaroZWa. Comparative legal traditions in a nutshell (2nd edition). China: Law Press, 2004
80. Gary Knight, Hungdah Chiu. The international law of the sea: cases, documents, and readings. London, New York: Elsevier Applied Science, 1991
81. Meng Qing-nan. Land-based marine pollution: international law development. London, Boston: Graham & Trotman, 1987
82. Diane Chappelle. Land law. China: Law Press, 2003
83. S H Goo. Sourcebook on land law. London: Cavendish, 1994
84. Stuart L Deutsch, A Dan Tarlock. Land use & environment law review 1996. Deerfield:IL Clark Boardman Callaghan, 1996
85. Adalberto Vallega. Sustainable ocean governance. London: Rout-

ledge, 2001
86. Lugo A E. Ecological aspects of catastrophes in caribbean island. New York: Acta Cientifica, 1988
87. Whittaker R J. Island biogeography: ecology evolution and conservation. Oxford: Oxford University Press, 1998
88. Joe Murphy. Military, tourism, twin towers of Guam economy. Pacific Daily News, 2004-5-10

后 记

  本书的正文部分系作者在承担国家海洋局海岛立法系列研究课题《国外海岛法律制度比较研究》和《香港、澳门、台湾海岛法律制度研究》的基础上，经补充和修改而成。该课题是在国家海洋局海域使用管理司的领导支持下完成的，中国海洋大学李永祺教授、张克教授对该课题报告及本书的写作给予了宝贵的建议，在此一并表示衷心的感谢。

  在修改、补充课题报告并成书的过程中，参考借鉴了海岛立法系列课题的其他研究成果，附录部分所收录的国外相关法律、法规，取自国家海洋信息中心战略权益部承担的《国外海岛管理法规选编》，谨对该课题负责人胡恩和部长及战略权益部的工作人员致以诚挚的谢意。

作 者
2006 年 10 月